Günter Jena
Brich an,
o schönes Morgenlicht

Günter Jena

Brich an, o schönes Morgenlicht

Das Weihnachtsoratorium
von Johann Sebastian Bach
Erfahrungen und Gedanken eines Dirigenten

Eschbach

Zur Matthäuspassion von Johann Sebastian Bach liegt vor:

Günter Jena, „Das gehet meiner Seele nah“ – Bachs Matthäuspassion. Erfahrungen und Gedanken eines Dirigenten, Piper Verlag, München 1993 (ISBN 3-492-03605-8).

Die Deutsche Bibliothek – CIP-Einheitsaufnahme

Jena, Günter:
Brich an, o schönes Morgenlicht: Das Weihnachtsoratorium von Johann Sebastian Bach: Erfahrungen und Gedanken eines Dirigenten / Günter Jena. –
Eschbach/Markgräflerland: Verlag am Eschbach, 1997
ISBN 3-88671-178-1

Im Alten Rathaus/Hauptstr. 37
D-79427 Eschbach/Markgräflerland

Schutzumschlag: Heinz von Arx, Zürich.
Umschlagbild: Die Sonne scheint während der Wintersonnenwende durch das „Oberfenster“ in den Gang des Grabes in Newgrange (Meath/Leinster), Irland, Megalithzeitalter. – Foto: The Department of Arts, Culture and the Gaeltracht, Ireland.
Reproduktion: Fa. Pensky, Karlsruhe.
Porträtfoto: Heike Thum-Schmielau, Hamburg.

Notengrafik, Satz und Gestaltung: Stefan Jena, Wien.
Schloßskizzen: Stephan Großer, Hamburg.

Druck: B&K Offsetdruck GmbH, Ottersweier.
Verarbeitung: Großbuchbinderei Josef Spinner, Ottersweier.

Den Mitgliedern des St. Michaelis-Chores Hamburg
in Dankbarkeit.

Wenn ich nach den Aufführungen des Weihnachtsoratoriums in die strahlenden, ja lachenden Gesichter der Sängerinnen und Sänger schaue – nach fünf Aufführungen, die unser Chor jedes Jahr an zwei Tagen singt, könnte man Müdigkeit, Überdruß erwarten –, dann weiß ich: Sie haben „das Licht gehört".

Inhalt

Johann Sebastian Bach, Weihnachtsoratorium, Autograph Seite 1.

Vorüberlegungen

„Wie, hör ich das Licht?“

Tristan zu Isolde
in: Richard Wagner, *Tristan und Isolde*,
3. Aufzug, 2. Auftritt

Bei den Sizilianern, diesem stolzen und fröhlichen Volk, gibt es eine köstlich herzliche Verachtung für die Hetze, die Geschäftigkeit, die Tüchtigkeit und die damit ja eigentümlicherweise verbundene Neigung zu Mißmut, Reizbarkeit und Niedergeschlagenheit der großstädtischen Norditaliener. Sizilianer sind, obwohl sie doch ein so viel kargeres Leben führen, fröhlicher und gelassener als Norditaliener. Wenn sie über die Mailänder reden, dann sagen sie, lächelnd und ein wenig herablassend: „Ach laß sie, sie haben nicht genug Sonne."

Manchmal, wenn ich nach Aufführungen des Weihnachtsoratoriums die Menschen mit strahlenden, von den Trompetenklängen erleuchteten Gesichtern in das dunkle Winternaß treten sehe, empfinde ich, sie sind eine ähnlich verschworene Gemeinschaft wie die südlichen Insulaner; eine verzauberte Gemeinschaft von Glücklichen, von Heiteren, von Menschen, die immer wieder aufbrechen möchten, Neues gern und mutig beginnen wollen und sich doch sicher und geborgen fühlen.

Wir haben unser Weihnachten eingerichtet im Geheimnisvollen der Dunkelheit, in der Trautheit der „Stillen Nacht". Hörer des Weihnachtsoratoriums können Weihnachten auch anders erleben: nicht, oder jedenfalls nicht nur so dunkel-heimelig, wie es gerade in Deutschland Brauch ist. Und sie nehmen aus den weihnachtlichen Gedanken Hoffnung und Freude in ihren Alltag, wenn sie den Bachschen Trompetenklängen gelauscht und dabei erstaunt gefragt haben: „Wie, hör ich das Licht?"

Manchmal denke ich, wir müßten den vielen niedergedrückten Menschen unserer Zeit mit ihren verhärmten Gesichtern nur verordnen, sich öfter der Sonne und Freude des Weihnachtsoratoriums auszusetzen. Denn nur Freude kann uns heraushelfen aus alltäglicher Müdigkeit, Niedergedrücktheit und schnellem Resignieren. Sie ist wahrlich ein „Götterfunken", Glanz aus einer andern Welt des Lichts.

Hatte Johann Sebastian Bach in der sieben Jahre früher entstandenen Matthäuspassion anhand der Passionsgeschichte menschliches Leben mit all seinen Konflikten, Irrungen und Abgründen durchleuchtet, so hat man das Gefühl, mit der Musik des jüngeren Weihnachtsoratoriums in eine noch tiefere, elementarere Schicht menschlicher Gedanken und Gefühle vorzudringen. Wir steigen hinab in eine Ebene des „kollektiven Unbewußten", das mit seinen archaischen Instinkten, mit längst vergessenen oder verdrängten Gegebenheiten der Entstehung von Leben weit in eine unbekannte Frühzeit zurückreicht. Wir begeben uns in eine Tiefenschicht, die uns – etwa durch das rätselhafte Phänomen des Lichtes – mit dem ganzen Kosmos verbindet. Nicht so sehr die zwischenmenschlichen Beziehungen und die Konflikte des individuellen Lebens – Leiden, Schuld, Liebe – sind thematisiert als vielmehr unsere Rolle in der Welt, unsere Beziehung zur Welt (die sich freilich von der Beziehung zum Mitmenschen nicht trennen läßt und so oft von Gleichem redet). Es ist die Rede von den großen Pforten des Lebens: von Geburt und Tod. Die Gegensätze des Seins klingen an: Vertrauen und Angst, Licht und Finsternis, hoffnungsvolles Anfangen und trauriges Resignieren, Außgestoßen- und Geborgensein.

*

Naturverbundene Religionen, die das Wiedererstarken der Sonne feiern, sind dem Ursprung des Weihnachtsfestes nah. An welchem Tag der historische Jesus geboren wurde, wissen wir nicht. Im 4. Jahrhundert wurde in Rom sein Geburtstag bedeutungsvoll auf das römische Fest des „sol invictus" (Geburtstag der „Unbesiegten Sonne") gelegt.[1] Aber es war nicht allein das Wiedererstarken der Sonne nach ihrem winterlichen Wendepunkt, die diesen Termin bestimmte; es schwang noch die Erinnerung an eine andere Göttergeburt in den letzten Tagen des Jahres mit. Aus dem alten Ägypten ist durch Plutarch folgende Erzählung überliefert:

Himmel (die Göttin Nut) und Erde (der Gott Geb) hätten sich, trotz der Wachsamkeit der Luft (Gott Schu), die sie getrennt halten sollte, doch vereinigt. Darüber war Re (der höchste Gottvater) so erzürnt, daß er einen Fluch ausstieß: Nut dürfe ihre Kinder weder innerhalb eines Monats noch innerhalb eines Jahres gebären. Die Folge des Fluches war, daß die gezeugten Kinder nicht in die Welt treten konnten. In dieser verstockten, festgefahrenen Situation hilft eine List des Weisheitsgottes Thot weiter: Dieser spielt ein Brettspiel mit der Zeit- und Fruchtbarkeitsgöttin des Mondes. Thot gewinnt täglich einen siebzigstel Tag, das sind innerhalb von 360 Mond-Tagen fünf zusätzliche Tage, die an das Jahr angehängt wurden. Sie bilden die großen Feiertage des Kalenders, an denen Unmögliches möglich wurde. An ihnen wurden die fünf Hauptgötter der Ägypter geboren: Osiris, Seth, Isis, Nephtys und Horus.[2]

„Die Wahrheit kam nicht nackt auf die Welt, sondern sie kam in den Sinnbildern und Abbildern. Die Welt wird sie auf keine andere Weise erhalten" (Koptisches Philippus-Evangelium[3]). Die Sprache unseres Alltages oder die Sprache der Wissenschaft will definieren, argumentieren, beweisen. Die Sprache der Musik wie die der Mythen oder die der Träume und Märchen redet in Bildern, die das Verstehen gleichsam überspringen. Sie erklären nicht, sondern sind „Sinnbilder", sind Symbole. Ich meine das Wort in seiner ursprünglichen Bedeutung: Die Griechen brachen einen Stock auseinander, die beiden Teile waren beim „Zusammenfügen" (= symbállein) als zueinandergehörig zu erkennen und konnten so (z. B. für Gesandte von Völkern) als untrügliches Erkennungszeichen verwandt werden. Ich glaube daran, daß uns in Musik der abgebrochene Teil eines Ganzen begegnet, dessen anderer, abgetrennter Teil meist in einem unserem Verstand unzugänglichen Raum liegt. Die beiden abgebrochenen Teile wirklich zusammenzufügen ist uns Irdischen verwehrt. So nähert man sich den verborgenen Aussagen der Musik nicht mit den Gesetzen der Kausalität, sondern mit den Folgerungen der Analogie, die Kongruenz zu dem Unfaßbaren, Unerklärlichen auf anderem Wege, in anderer Sprache herstellt. Wie eine Saite in Schwingungen gerät, wenn man ihre Frequenz trifft, so vermag Musik sonst Unzugängliches widerzuspiegeln. Das meint wohl Luthers Deutung der Musik: „musica praeludium vitae aeternae" (Musik ist Vorspiel zum ewigen Leben).

Musik deutet auf etwas hin, das uns verborgen bleibt. Diese Be„deutung" kann wechseln wie die der Bilder im Traum oder wie etwa die Assoziationen der Naturreligionen über Tiere: Eine Schlange kann höchste Wachsamkeit bedeuten und schmückt als solche die Krone ägyptischer Könige. Sie kann auch Falschheit und Verschlagenheit bedeuten und wird so in der biblischen Geschichte von der Vertreibung der Menschen aus dem Paradies eingesetzt. In den Unterweltsbüchern der Ägypter wird sie als Metapher sowohl für „Alles Verschlingerin" wie für „Wiedergeburt" eingesetzt. Die Bedeutung eines Symbols ist immer mehrdeutig und kann sich nur dem Betroffenen und nur im Kontext offenbaren. Dies gilt auch für die Musik Bachs. Die zwei abphrasierenden Sekunden des von ihm so oft verwandten „Seufzermotivs" haben zweifellos Gemeinsamkeit mit Seufzen, mit Tränen. Vielleicht aber hat ihre mit der Abphrasierung empfundene Entspannung auch Ähnlichkeit zu Tränen der Freude oder zu beruhigendem Streicheln. Und der bei Bach oft vorkommende, wie ein verborgener Verständigungsschlüssel eingesetzte „passus duriusculus", ein „etwas harter Gang" [4], nämlich chromatisch durch die Quart, hat etwas (so textiert ihn Bach) mit „crucifixus" zu tun. Aber vor allem aufwärts geführt steht er – sicher gerade wegen seiner Verbindung mit dem erlösenden Kreuzestod – auch oft für Freude, für Hoffnung. Wie unterschiedlich Musik als Synonym für eine Empfindung gedeutet werden kann, belegen die verschiedenen, von mir bisweilen absichtlich zitierten Deutungen eines musikalischen Tatbestandes (etwa einer Synkope im Choral Nr. 18). Alle Deutungen haben recht, sind sie doch alle nur legitime Übersetzungen in eine jeweils andere Erlebniswelt.

Die wiedererwachende, lebensspendende Kraft der Sonne wie auch die Trompetenklänge in Bachs Weihnachtsoratorium – sie beide sind Ausdruck und Symbol, ein solch abgebrochener Teil einer uns ganz nicht zugänglichen Wirklichkeit dessen, was wir an Weihnachten feiern: daß Licht in die Dunkelheit kommt, daß oben und unten, Himmel und Erde sich vermählen. Mit den Worten des Nizänischen Glaubensbekenntnisses: „Gott von Gott, Licht vom Licht, wahrer Gott vom wahren Gott ... für uns Menschen und zu unserem Heil ist er vom Himmel gekommen." Die Worte christlicher Erwartung und Hoffnung allerdings sind für uns oft so abgenutzt, daß viele Menschen sie heute nur noch aus dem Mund von staunenden Kindern und Dichtern oder eben von Bachs Musik durchglüht hören mögen. [5]

Als ich zum ersten Mal in Ägypten war, staunte ich über die Kraft und Hoffnung der altägyptischen Religion, wie sie in den wenigen überlieferten Texten zu lesen, besonders aber in den Grab-Abbildungen in Theben, in den geheimnisvollen Pyramiden und den großartigen Tempeln, etwa in Karnak, zu bestaunen sind. Ich war überwältigt wie sonst nur von Bachs Musik. Die Eindrücke dort haben entscheidenden Anstoß gegeben, daß ich mit den Gedanken an die ägyptische Sonnenverehrung begann, an diesem Buch über das „Morgenlicht" zu schreiben. [6] Das mag erklären, daß ich bei meinen Ausführungen oft von altägyptischen Religionsvorstellungen rede. Zugleich mag es helfen, denn deren Bilder und Erzählungen sind in unserem Alltag nicht abgenutzt. Sie sind aber nicht aus der Welt verschwunden, sondern leben im Christentum fort. Alle Einzelheiten auch der Weihnachtsgeschichte finden sich bereits in der altägyptischen Religion (so die Ankündigung einer besonderen Geburt, der Jungfrauengeburt bei gleichzeitiger biologischer Vaterschaft eines Mannes [7], die Gottessohnschaft, die Kindsverfolgung). Auch Darstellungen dieser Ereignisse ähneln sich, etwa die Bilder der Mutter mit dem Kind, Symbol gleichermaßen für Geburt und Anfang wie für Geborgenheit und Behütetsein. Die Ägyptologin Emma Brunner-Traut hat dies im einzelnen in ihrem faszinierenden Buch *Gelebte Mythen* nachgewiesen.[8] Es kann unerörtert bleiben, wie weit solche Übereinstimmungen zurückzuführen sind auf die zweifelsfrei vorhandenen direkten Einflüsse des Alten Ägypten auf Israel und später auf indirekte Einflüsse über Griechenland und Paulus auf das frühchristliche Umfeld oder inwieweit es sich um ein überall ähnliches „Angebundensein" (das bedeutet „religio") an Archetypen menschlicher Gedanken und Sehnsüchte handelt.

*

Ein Kollege sagte mir einmal: „Weihnachtsoratorium? – nein, diese verschandelte Fürstenverherrlichung ist nicht meine Kragenweite." Und eine berühmte Sopranistin erklärte mir: „Ich habe nur noch wenige Jahre zu singen. Da sucht man sich die Werke aus. Weihnachtsoratorium gehört nicht zu den Werken, die ich noch singen will."

Solcherlei Urteilen begegnet man bisweilen – oft vorgebracht mit hochmütig besserwisserischem Trotz gegen die Tatsache, daß das Weihnachtsoratorium Bachs populärstes Werk geworden ist. Ich habe solche Geringschätzung nie geteilt. Je öfter ich das Oratorium dirigiere, um so mehr empfinde ich, einer der größten, kostbarsten, tiefschürfendsten und vor allem: visionärsten Schöpfungen aus Bachs Feder zu begegnen. Das, was selbsternannte Kenner dem Werk vorwerfen, daß es ja weitgehend nur die Überarbeitung schon vorhandener weltlicher Huldigungsmusiken sei, läßt mich statt Mißachtung im Gegenteil Verehrung empfinden: Eine Musik, die Bach so wichtig und wertvoll gewesen war, daß er sie abermaliger Bearbeitung und mehrfacher Aufführung würdigte, kann in seinen eigenen Augen nur zu den wichtigeren seiner Werke gehört haben (das Problem der „Parodie" bespreche ich auf Seite 62 ff.).

Ich wiederhole, was ich bereits im Vorwort meines Buches über die Matthäuspassion gesagt habe: Ich schreibe kein wissenschaftliches Buch (freilich haben die genauen Untersuchungen insbesondere des Kritischen Berichts zur Neuen Gesamtausgabe entscheidend zu meinem Verständnis beigetragen). Ich erzähle ganz persönlich, welche Erfahrungen und Erlebnisse ich mit dem Weihnachtsoratorium gehabt habe. Dies kann oft nur in Geschichten, Gleichnissen oder Bildern geschehen, da ja Musik unsagbar ist. Nie und nimmer soll damit gesagt werden, die Bilder oder Gleichnisse habe Bach im Kopf gehabt, „gemeint", als er diese oder jene Noten niederschrieb. Auch die abgebildeten Gemälde sollen nicht etwa Illustrationen zu Bachs Musik sein. Bilder oder Gleichnisse bei der Musikbetrachtung erachte ich als legitim, weil sie Assoziationen auslösen und sich so dem verborgenen Teil des Symbols auf anderem Weg nähern. In der ganzen Welt gibt es Kongruenz, auffällige Parallelitäten zwischen unterschiedlichen Wahrnehmungen der Sinne. Von „Synästhesien" spricht der Wiener Psychologe Wellek. Solche Entsprechungen beschreiben auch Musiktheoretiker des Barocks: musikalische Figuren, deren Erklingen bei jedem Hörer spontan gleiche Empfindungen auslösen (etwa das Quälende des oben erwähnten, bei Bach häufig auftauchenden „passus duriusculus").

Ich weiß, daß viele Musikfreunde die Erklärung einer Form für nebensächlich erachten oder gar als Zumutung fürchten. Ich verstehe ihre Scheu – sie mag ähnlich der meinen sein, wenn ich in Büchern über Astronomie und Astrophysik, für die ich mich interessiere, auf physikalische oder chemische Formeln und damit auf Lücken in meinem Schulwissen stoße. Aber wenn wir Bachs Formen nicht betrachten, gehen wir an einem der größten Geheimnisse seiner Kunst vorbei. Form sagt etwas aus über Proportionssinn, damit über die Statik, Ruhe, Geborgenheit der Musik oder über ihre Dynamik, ihr Vorwärtsdrängen. Und Bachs Formen sind oft besonders aufregend, weil er mit der einen Hand „sozusagen die Gesetzestafeln der Musik" (Wolfgang Hildesheimer[9]) aufstellt, um sie mit der anderen sogleich wieder zu zerbrechen. Immer wieder, auch im Weihnachtsoratorium, beobachten wir, daß Bach größte Strenge der Form mit stärkstem Ausdruck zusammenschweißt, einer Ausdruckskraft, die die selbstauferlegten Fesseln der strengen Form zu sprengen versucht.

Ich versuche, der Scheu vor der Erklärung formaler Zusammenhänge zu begegnen: Erklärlicherweise scheinen wir in einer Kunst, die sich in der Zeit abspielt und uns ihre Formen nicht übersichtlich in Gleichzeitigkeit präsentiert, weniger deutlich Formen wahrzunehmen. Allerdings denke ich: Die Wahrnehmung über das Ohr ist nur verborgener, weniger offen„sichtlich", in Wahrheit aber erfahren wir das Gefühl von Geborgenheit oder Verlorenheit, das in Form oder in Fehlen von Form vermittelt wird, tiefer. Sprache kann wenig helfen, denn auch sie kann nur nacheinander Einzelteile beschreiben, kann nicht auf einen Blick die Übersicht über Form gewähren. So behelfe ich mich in diesem Buch damit, daß ich alle Formen, die ich beschreibe, als Fassade eines Schlosses zu veranschaulichen suche. Es ist, als hätte ich den Barock-Architekten Johann Conrad Schlaun (1695–1773) beauftragt, mir für einen Bau verschiedene Entwurfszeichnungen anzufertigen – viele Einzelheiten sind gleich, nur die Proportionen (die sich aus der Innengestaltung ergeben) ändern sich. (Immer, wenn Gesang zu den Instrumenten hinzutritt, ist der Sockel des Schlosses geschwärzt, als wäre er angestrichen oder aus anderem Material.) Der Hörer kann so auf einen Blick die unterschiedliche Formung von Arien oder Chören wahrnehmen. Dem Auge ist gewährt, was dem Ohr versagt ist: die Klarheit von Formen unmittelbar und direkt wahrzunehmen. Dem Ohr dagegen ist gewährt, die starke Kraft von Formen in unser Inneres einzulassen.

Ich bin mir nicht sicher, ob es statthaft ist, das Hörbare derart sichtbar, überschaubar zu machen. Ob Musik nicht im Interesse der schnellen Verständlichkeit jenes Geheimnis des Nacheinanders verliert, das uns im Strom der vorüberfließenden Zeit eben höchstens Erinnerung, Redundanz, aber gerade jenen „Überblick" nicht gewährt. Ich wage es in der Zuversicht, daß Zeit und Raum auf höchst geheimnisvolle, zwar nicht unserem Verstand, wohl aber unseren Sinnen zugängliche Weise zusammenhängen.

*

Eine wichtige Rolle bei unserer Betrachtung spielen Tonarten. Wir spüren, daß sie in der Musik so etwas wie die Farben in der Malerei sind. „Chromatik", die die tonleitereigenen Töne erweitert, heißt ja auch nichts anderes als „Farbigkeit". In der ganzen tonalen Musik werden mit unterschiedlichen Tonarten jeweils verschiedene Gefühlsebenen betreten. Aber ähnlich wie in der Malerei Farben nicht nur Ausdrucksmittel sind, sondern auch als Mittel der architektonischen Gestaltung eines Bildes eingesetzt werden, so Tonarten in der Musik. Der Zeitgenosse Bachs, der Hamburger Johann Mattheson, beschreibt die Tonarten und ihre Wirkungen ausführlich. In meinem Buch *Das gehet meiner Seele nah* über die Matthäuspassion, in der die Tonarten, wohl um den schnell wechselnden Gefühlen und Empfindungen gerecht zu werden, viel schneller und viel weiträumiger wechseln als im Weihnachtsoratorium, habe ich aus Matthesons Abhandlung ausführlich zitiert. Hier genügt uns das Wissen um Grundempfindungen, die die beiden Tongeschlechter und die wenigen im Weihnachtsoratorium vorkommenden Tonarten auslösen. So das Wissen um die grundsätzliche Wirkung der beiden Tongeschlechter, die sich schlicht aus der Übersetzung ihrer Bezeichnungen ergibt: Moll empfinden wir als „weich", sanft; Dur als „hart", gespannt, leuchtend. Eine Charakteristik der Tonarten läßt sich – viel eindeutiger und prägnanter als aus Matthessons Beschreibungen – aus Bachs Werken selbst ablesen. So aus dem Wohltemperierten Klavier, in dem er (insbesondere in Teil I) jeder der 24 möglichen Tonarten eine spezifische Eigenheit verlieh; so aus Texten, die oft verblüffende Übereinstimmung in ihrem Grundaffekt verbindet, wenn sie in gleicher Tonart vertont sind.

F-Dur (mit 1 ♭) stellt sich als weich, ins warm Orange-Rote tendierend dar. Es ist im Barock die Tonart der Hirten.

d-Moll, seine Paralleltonart mit den gleichen Vorzeichen, ist wegen ihres achsialsymmetrischen Tonaufbaus Synonym für Zentrum. Wir verbinden die Tonart insbesondere mit dem architektonischen Wunderwerk der Kunst der Fuge (BWV 1080).

C-Dur, die neutrale, gleichsam farblose Tonart ohne Vorzeichen, kennen wir aus Teil I des Wohltemperierten Klaviers als den Anfang des Musizierens, als Ausgangstonart, in der (im Präludium) Ruhe sowie (in der Fuge) Dichte und Konzentration vereint sind. C-Dur kommt im Weihnachtsoratorium in der Umgebung höherer Tonarten (Teil II) als Abstieg zur Erde, in der Umgebung tieferer Tonarten (Teil IV) als lichtvolles Weiß vor.

a-Moll, seine weiche Paralleltonart, assoziieren wir aus zwei Arien der Matthäuspassion („Geduld, Geduld" NBA Nr. 35 und „Aus Liebe will mein Heiland sterben" NBA Nr. 49) sowie zahlreichen ähnlichen Texten in Kantaten mit vehement und inständig vorgebrachten Anliegen der „Liebe" und „Geduld".

G-Dur (mit 1 ♯) wirkt (beispielsweise in Teil I des Wohltemperierten Klaviers) überschäumend fröhlich, frühlingshaft, gelb-grün blühend.

D-Dur (2 ♯), die Tonart der Trompeten, erweckt die strahlende, glanzvolle, gleichsam himmelblaue Vorstellung von König- und Herrschertum.

h-Moll, seine Paralleltonart, ist für immer mit dem großen Lamento der letzten Fuge aus Teil I des Wohltemperierten Klaviers und dem Aufschrei des

„Kyrie eleison“ in der h-Moll-Messe oder der Arie „Erbarme dich Gott, um meiner Zähren willen“ aus der Matthäuspassion verbunden. Trotz ihres Klagetons hat sie an der Würde der parallelen königlichen Dur-Tonart teil.

A-Dur (3 ♯) wirkt hell, licht, gebirgig hoch. Je weiter also Tonarten im Quintenzirkel mit ♭-Vorzeichen nach unten tendieren, um so dunkler und heimeliger, im Farbspektrum zu rot neigend, hören wir sie. Und je weiter Tonarten mit ♯-Vorzeichen im Quintenzirkel nach oben tendieren, um so lichter, im Farbspektrum zu grün-blau neigend, empfinden wir sie. Wenn ich von Farben rede, so soll nicht etwa eine direkte Identität zwischen Farbe und Tonart unterstellt werden. Es handelt sich um zwei unterschiedliche Dinge. Die Bezeichnungen sind nur analog, synästhetisch zu verstehen, gleichsam auf anderer Ebene parallel. Sie sollen den Lesern helfen, die sich unter den einzelnen Tonarten wenig vorstellen können.

In dem Buch über die Matthäuspassion habe ich ausführlich über manch andere grundsätzliche Fragen wie Zahlensymbolik, Figurenlehre oder Proportionen gesprochen, die auch bei einer Betrachtung des Weihnachtsoratoriums eine Rolle spielen. Hier werde ich mich darauf beschränken, nur das zu sagen, was direkt zum Verständnis des Weihnachtsoratoriums unerläßlich ist.

Ich möchte nicht in erster Linie den Hörer belehren, ihn schlauer machen. Kunst ist unausschöpflich wie das Meer, so wird unser Wissen um sie ohnehin immer Stückwerk bleiben. Ich möchte den Hörer an meinen Erfahrungen und Empfindungen teilhaben lassen. Insbesondere aber: Ich möchte sein Staunen verstärken, wenn ich auf Zusammenhänge oder Details aufmerksam mache, die ihm vielleicht bisher entgangen sind. Ich möchte ihn anstecken mit dem, was mich erfüllt, wenn ich das Werk musiziere.

Auch für dieses Buch gilt: Es hätte erheblich kürzer ausfallen können – dann wäre vieles von dem, was mich bewegt, ungesagt geblieben. Es hätte deutlich länger ausfallen können – die Fülle und Vollständigkeit der Musik hätte es doch nie beschreiben oder gar erreichen können. So bleiben Auswahl und Schwerpunkte der Besprechung subjektiv.

*

Ich bemühe mich, musikalische Fachwörter zu vermeiden. Dennoch möchte ich sie dort nicht umgehen, wo sich mit ihnen knapp und treffend ein sonst nur kompliziert und langatmig zu beschreibender Vorgang kennzeichnen läßt. Ich nenne die wichtigsten und häufigsten:

Da capo (wörtlich: vom Kopf an) weist an, einen bestimmten Teil eines Musiksatzes zu wiederholen. Dacapo-Form bezeichnet eine dreiteilige Form, in der der erste Teil am Ende wiederholt wird und so einen zweiten, mittleren einrahmt (A–B–A); eine andere Dreiteiligkeit, die *Barform*, finden wir bei vielen Liedern: In ihr werden zwei gleiche Teile, das „Stollenpaar“ von einem „Abgesang“ gefolgt (A–A–B); in einer Arie des Weihnachtsoratoriums ist auch die (seltene) Form A–B–B zu beobachten.

Das *Ritornell* ist ein instrumentales Vorspiel, das meist als Nach- oder Zwischenspiel wiederkehrt und so eine Form bogenförmig abrundet.

Auch zwei Versmaß-Bezeichnungen verwende ich zur Beschreibung von immer wiederkehrenden Rhythmen: *Anapäst* (kurz – kurz – lang) hat immer etwas Anpackendes an sich, *Daktylos* (lang – kurz – kurz) immer etwas freudig Erregtes.

Eine Erläuterung der von mir verwendeten Fachwörter findet sich am Ende des Buches (Seite 231 ff.).

Es hilft gewiß, wenn der Leser des Buches Noten zur Hand hat. Aber meine Beschreibungen sind so ausführlich mit Notenbeispielen und Kennzeichnungen des Gesagten darin ausgestattet, daß dies nicht unbedingt erforderlich ist.

*

Zum Schluß der Einführung will ich meinen Dank aussprechen. Ich freue mich, so vielen Menschen, auch Menschen, die hier nicht aufgeführt sind, für ihre Hilfe danken zu dürfen. Es ist ein bedenkenswertes Erlebnis, daß selbst das Zustandekommen eines Buches, das man doch viel mehr als das Dirigieren oder das Musizieren im Ensemble als individuelle Einzeltat des Autors betrachtet, so viele Helfer benötigt, ehe es in der Hand des Lesers landet.

Ich bedanke mich in erster Linie und von ganzem Herzen bei meinem Verlag. Er hat mit großer Sorgfalt und Liebe die Entstehung des Buches begleitet; insbesondere hat sein Lektor Martin Schmeisser mit den wertvollsten

Ratschlägen geholfen. Ebenso herzlich danke ich meinem Sohn Stefan Jena für den Satz (auch der Notenbeispiele) und die damit verbundenen Korrekturen, aber auch für wichtige, insbesondere musikhistorische Hinweise. In Einzelfragen hat mir kompetent mit theologischem Rat Claus-Hunno Hunzinger, mit psychologischem Eva-Maria Spiller, mit physikalischem Paul Seiler geholfen. Ihnen allen danke ich herzlich. Ein Gruß des Dankes schließlich gilt Hannelore Krömer, Traute Scheuermann und Anneliese Tuchel – sie alle sind mir mit wichtigen Hinweisen und Textkorrekturen zur Seite gestanden.

*

Abkürzungen in Notenbeispielen:

Tr.	Trompete
Cor. da c.	Corno da caccia
Timp.	Timpani (Pauken)
Fl.	Flöte
Ob.	Oboe
Ob. d'am.	Oboe d'amore
Ob. da c.	Oboe da caccia
Vl.	Violine
Vla.	Viola
Cont.	Continuo

Fußnotenziffern sind im Text unterstrichen, wenn sich in den Anmerkungen mehr als nur ein Quellennachweis befindet.

Schloßabbildungen:
Den jeweils Bachs Formen angeglichenen Bauskizzen eines Schlosses liegt das Residenzschloß Münster zugrunde, 1767 erbaut von Johann Conrad Schlaun. Computerbearbeitete Nachzeichnungen wurden angefertigt von Stephan Großer.

Teil I

Sehen Sie denn nicht, wie alles,
was geschieht, immer wieder Anfang ist,
und könnte es nicht S e i n Anfang sein,
da doch Beginn an sich immer so schön ist?

Rainer Maria Rilke[10]

1. Chor

Jauchzet, frohlocket, auf preiset die Tage,
rühmet, was heute der Höchste getan!
Lasset das Zagen, verbannet die Klage,
stimmet voll Jauchzen und Fröhlichkeit an!
Dienet dem Höchsten mit herrlichen Chören,
laßt uns den Namen des Herrschers verehren!

Eine Rede oder eine Unternehmung „mit einem Paukenschlag beginnen" – das ist schon sprichwörtlich geworden. Nirgends erfüllt sich das Wort überzeugender, zupackender als in den ersten Takten des Weihnachtsoratoriums. Als solle mit einem – nein gleich mit fünf – Paukenschlägen dem Hörer signalisiert werden: „Achtung! Wichtig! Herhören! Alles andere vergessen!" Nur die Continuo-Instrumente stützen das beginnende Paukensolo ab. Und nur flatternde Töne der Flöten, die wie aufgewirbelter Staub durch die Luft fetzen, folgen ihnen (Notenbeispiel 1).

Aber vielleicht ist ein Hörer noch nicht gepackt, hängt noch seinen eigenen Gedanken nach, ist noch nicht bereit, diese Nachricht vor aller Nachricht zu vernehmen. Als würde jemand seinen Satz bekräftigend wiederholen, indem er heftig mit der Faust auf den Tisch hämmert, so werden die beiden Paukentakte wiederholt. Nun aber nicht mit fünf, sondern mit heftigeren neun Schlägen. Wieder folgt ihnen die aufwirbelnde Figur, diesmal in den Oboen:

Notenbeispiel 1

Bach übernahm diesen Eingangs-Satz aus einer Glückwunschkomposition (Kantate BWV 214), die er ein Jahr zuvor auf den Geburtstag der sächsischen Kurfürstin und polnischen Königin Maria Josepha geschrieben hatte.[11] Dort beginnt der Text mit dem Satz: „Tönet ihr Pauken! erschallet Trompeten!" Fast empfindet man solch direkten Bezug als Pleonasmus. Jedenfalls ist eine

Erklärung oder Aufforderung für das aufrüttelnde Paukensolo ebenso wenig erforderlich wie für die sogleich einsetzenden Trompeten.

In jeder Aufführung des Weihnachtsoratoriums möchte man bei diesen ersten vier Takten aufspringen. Sie sind für mich Inbegriff des Anfangens. Anfangen können, sich aufraffen ist eine der wichtigsten Eigenschaften von Lebendigsein. Leben bedeutet: immer neu anfangen. Rilke schreibt in einem Brief an einen jungen, etwas unsicheren, suchenden Dichter: „Sehen Sie denn nicht, wie alles, was geschieht, immer wieder Anfang ist, und könnte es nicht S e i n Anfang sein, da doch Beginn an sich immer so schön ist?"[12]

Die vier Takte wirken wie eine Verherrlichung allen Beginnens, wie der Anfang allen Anfangens in der Musik. Die Paukenschläge und die flatternden Töne der Holzbläser – sie sind gleichsam noch keine Musik. Sie sind Vorbereitung. Sie wollen Aufmerksamkeit erheischen für etwas Wichtiges. Und im fünften Takt erscheint dies Unerwartete, Unerhörte, das uns nicht losläßt und gleichsam vom Stuhl reißt: Eine Trompete setzt mit einer schmetternden, zweitaktigen Aufwärtsfanfare ein:

Notenbeispiel 2

Trompete – ihr Spiel erfordert immense Körperanspannung von Zwerchfell und Lippen; es signalisiert Kraft, Disziplin, Aufbruch, ja Festlichkeit und Freude. Wir assoziieren Herrschaft und Souveränität; Bachs Musik verbindet damit Königtum und Göttlichkeit. Die Musiktherapie setzt das Instrument ein zur Stärkung der Ichkraft von labilen, unsicheren, willensschwachen Menschen. Vielleicht ist es eine unartikulierte, dunkle, uns kaum bewußte Sehnsucht, die unsere Herzen bei ihrem Klang höher schlagen und jubeln läßt. Vielleicht bedürfen sie des schneidend-lichten Klangs besonders, da sie unsicher, kraft- und orientierungslos und voller dunkler Zweifel sind.

Das Auffahren dieses Trompetensignals, so habe ich es immer empfunden, will unsere Blicke auf einen aufgerissenen Himmel richten. Mir kommt der Ezechiel des Michelangelo in der Sistina-Decke in den Sinn: Ungeheueres, Unglaubliches offenbar sieht der Prophet mit seinen weit aufgerissenen Augen. Sein Umhangtuch flattert im Wind von vorn, als wäre er dem Atem Gottes ausgesetzt. Es hält ihn nicht im Sitzen, er möchte aufspringen und mit der geöffneten, ausgestreckten Hand erfassen, worauf das seitlich stehende, überirdisch schöne Wesen mit seinen beiden Hände ihn hinweist.

Es gibt in der Musikgeschichte eine Parallele, wie ein Trompetensignal zum Zeichen für Hoffnung in Hoffnungslosigkeit wird. Ernst Bloch beschreibt es in seinem *Prinzip Hoffnung*. Wenn in Beethovens *Fidelio* der äußerste Punkt der Hoffnungslosigkeit erreicht ist, wenn die drohende Ermordung des unschuldig Gefangenen unmittelbar bevorzustehen scheint – das Grab tief unten im Verlies ist geschaufelt, der Mörder-Henker steht bereit – in diesem Augenblick tiefster Verzweiflung ertönt aus der Ferne ein Trompetensignal (Notenbeispiel 3), ebenso in Fanfaren-Dreiklängen wie hier bei Bach. Es kündet: Wider alles Erwarten, wider jede vernünftige Hoffnung naht der Befreier, der Gouverneur. „Dieses Signal", schreibt Ernst Bloch, „kündet buchstäblich nur die Ankunft des Ministers an [. . .], doch als tuba mirum spargens sonum [die Posaune, wunderlichen Ton verbreitend] kündet es bei Beethoven eine Ankunft des Messias an. So tönt es in den Kerker herunter [. . .]. Wie nirgends sonst wird aber Musik hier Morgenrot, kriegerisch-religiöses, dessen Tag so hörbar wird, als wäre er schon mehr als bloße Hoffnung."[13]

Notenbeispiel 3

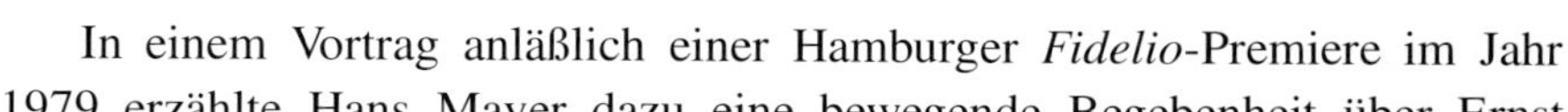

In einem Vortrag anläßlich einer Hamburger *Fidelio*-Premiere im Jahr 1979 erzählte Hans Mayer dazu eine bewegende Begebenheit über Ernst Bloch:

Bild 1: Michelangelo, Der Prophet Ezechiel. Vatikan, Cappella Sistina (1508–1512).

„Am Abend des 3. August 1977 fühlte er sich sehr schwach, verlangte aber, man solle ihm wieder einmal die Dritte Leonoren-Ouvertüre vorspielen [in der dieses Trompetensignal vorweggenommen ist]. [...] Das Unvermeidliche wiederholte sich auch diesmal: als das Trompetensignal erklang, begann Ernst Bloch zu weinen, wie stets an dieser Stelle. Dann ließ er sich, der blinde, 92jährige Mann, ins Schlafzimmer führen. Am andern Morgen, am 4. August 1977, ist er rasch gestorben.“[14]

Bach, dem Überschwenglichen, genügt die Fanfare der einen Trompete nicht. Im Abstand von je einem Takt setzen die zweite und dritte Trompete kanonisch bekräftigend mit dem gleichen Fanfaren-Dreiklang ein (Notenbeispiel 2). (Da die Fanfare der ersten Trompete in ihrem ersten Takt bereits eine Oktav nach oben vorstößt, ist der Einsatz der zweiten und darauf der dritten Trompete nur hörbar, wenn der Dirigent die Spieler anhält, ihren tiefen Einsatzton besonders stark und pointiert zu spielen.)

Es gibt einen Hinweis, daß Bach in diesen Trompetentakten die Blochsche Erwartung auf Erlösung, die Hoffnung auf das „mirum spargens sonum“ teilt: In der h-Moll-Messe flammt bei dem Text „et expecto resurectionem mortuorum“ (und ich erwarte die Auferstehung der Toten) eine ähnliche Trompetenfanfare im dreifachen Kanon auf:

Notenbeispiel 4

Immer wieder in der Musikgeschichte wird der Gedanke an Auferstehung mit dreifachen Trompetenfanfaren verbunden. So begnügt sich Joseph Haydn in seinen *Jahreszeiten* mit zwei Trompeten, doch für den Schlußchor des Oratoriums: „Dann bricht der große Morgen an, [...] die Himmelspforten öffnen sich“ führt er unerwartet und für das Orchester der Frühklassik unüblich eine dritte Trompete ein auf die Worte: „Dann gehn wir ein in deines Reiches Herrlichkeit" (Notenbeispiel 5). Und ganz ähnlich, mit drei nacheinander einsetzenden Trompetensignalen, schließt Anton Bruckner seine gewaltige 8. Symphonie ab; auch hier wirken die Fanfaren wie ein Auferstehungsjubel, ein Begrüßungsfanal des himmlischen Jenseits (Notenbeispiel 6).

Notenbeispiel 5

Notenbeispiel 6

Aus dem aufgerissenen Himmel, auf den die Trompeten die Blicke lenken, fährt ein Lichtblitz herab: Die drei aufwärts tönenden Trompetenfanfaren werden kontrapunktiert von den Streichern, die in Strudeln rasender 32stel-Noten aus höchsten Höhen durch vier Oktaven abwärts fahren. Wie die Trompeten setzen sie kanonisch nacheinander ein (Notenbeispiel 2). Dieser gewaltige „Abstieg" (Catabasis, wie die Figur in den Lehrbüchern der Zeit benannt ist[15]) ist wie das Licht, ja wie Gott selbst in Michelangelos Deckengemälde der Sistina, der in einem Wirbel von drehender Bewegung auf die Erde herabfährt und mit seinen Händen eine gleißende Lichtkugel vor sich her in die Finsternis hineinschiebt (Bild 2). Ich denke an Worte Hermann Hesses, die er zur d-Moll-Toccata für Orgel von Bach (BWV 565) geschrieben hat, die mit einem ähnlich herabfahrenden Motiv beginnt[16]:

„Urschweigen starrt … Es waltet Finsternis …
Da bricht ein Strahl aus zackigem Wolkenriß,
Greift Weltentiefen aus dem blinden Nichtsein,
Baut Räume auf, durchwühlt mit Licht die Nacht."

Daß diese herabblitzenden 32stel, dieses Strahlen eines „schönen Morgenlichts" auch etwas mit Auferstehung zu tun hat, belegt sein notengetreues Vor-

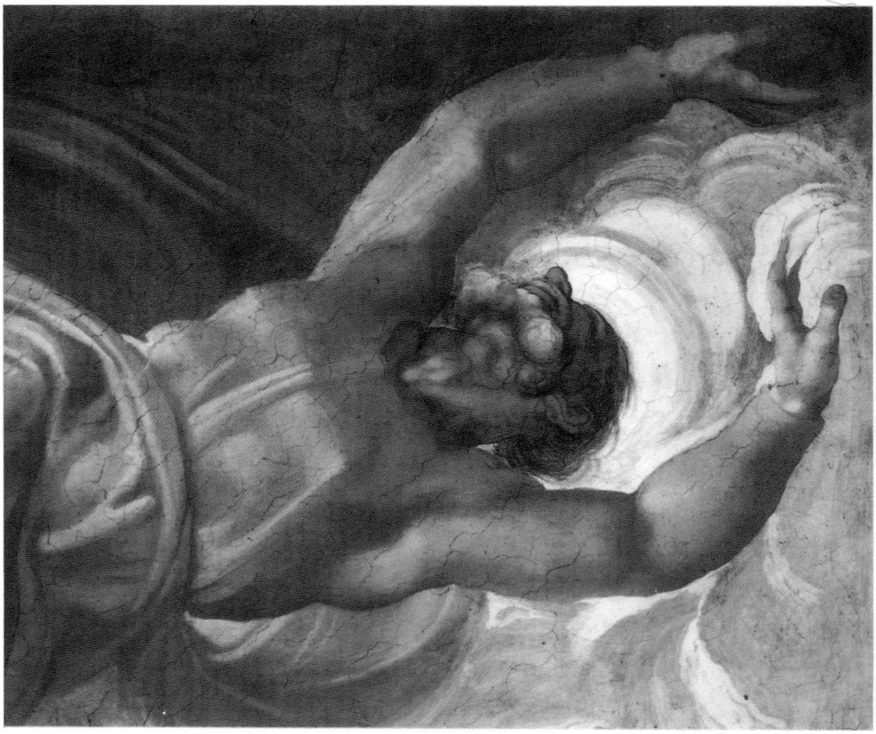

Bild 2: Michelangelo, „Gott sprach: Es werde Licht!" Vatikan, Cappella Sistina (1508–1512).

kommen in einer Osterkantate von Bach.[17]

Das alles – Paukenschläge mit dem Flattern der Holzbläser, Trompetenfanfaren mit dem Sturzbach der Streicher – dauert nur ganze acht Takte. Die Continuo-Instrumente, die das Fundament des Orchesters bilden, scheinen nachzuempfinden, wie unser Herz dabei still steht: Denn alle zwei Takte schlagen sie nur kurz den Grundton D an, dazwischen lange, wie erschrockene Pausen; als würde das Rad der Zeit stillstehen, als würden die sonst die Bewegung treibenden „Füße" des Orchesters nur zögernd auf der Stelle treten und herzklopfend abwarten, was sich da anbahnen will.

Mit diesen ersten acht Takten des Oratoriums erfüllt mich, in jedem Jahr neu, in jeder Aufführung stärker, die Gewißheit, daß alles Leben immer wieder anfangen will, daß der Himmel wunderbar aufreißen, verborgen Jenseitiges in unsere Welt einströmen, Göttliches menschlich werden kann. Also auch: daß es jenseits des Verlieses unserer Welt mit ihren Dunkelheiten und Bedrängnissen eine andere Welt gibt. Ich kann keine sichere Vorstellung von ihr haben, nichts über sie wissen; ich kann aber ihre Fanfaren hören, ihre Lichtstrahlen ahnen. Sie verheißen Anfangenkönnen, Freiheit, Glück, Seligkeit.

Mit den kanonisch einsetzenden Trompeten und den herabfahrenden Streicherklängen hatte sich die Musik zum Äußersten verdichtet, um sich jetzt in einem mitreißenden Tanz zu verströmen. Denn nun erst, im 9. Takt, geht es eigentlich los: Eine einfache, fast volksliedhafte Melodie erklingt in acht Takten sequenzierend durch die Instrumentengruppen (Holzbläser – Blechbläser – Streicher). Mit ihren Tonrepetierungen nimmt sie die anfänglichen Paukenschläge auf, setzt aber gleichsam deren Aufforderung um, indem sie sich zweimal nach den repetierenden Achteln in 16teln emporschwingt, mit dem zweigestrichenen a an die Grenze des Singbaren stößt – der Chor wird später das Wort *rühmet* darauf singen –, um sich alsdann in ein mit zwei Sextsprüngen weit geöffnetes Melisma zu ergießen:

Notenbeispiel 7

Die vier Takte mit den Paukenschlägen und die vier Takte mit den visionären Trompeten waren Vorbereitung, Hinführung. Durch ihre akzentuierte Rhythmik war man des tänzerischen Charakters der Musik kaum gewahr geworden. Jetzt aber, im neunten Takt, beginnt mit der Kantilene der Oberstimmen der große, furiose Tanz der Freude; so übermütig, so keck, wie es nur Kinder oder junge Menschen in ihrer ungebremsten Kraft können. Man sieht förmlich, wie junge Tänzerinnen und Tänzer (ich sehe die Putten der beiden Sängerkanzeln von Donatello und Luca della Robbia [Bild 3] im Dom von Florenz vor mir[18]) quengelig, ungeduldig auf ihren Einsatz gewartet haben und, von Pauken und Trompeten wachgerüttelt, nun einen enthusiastischen Tanz beginnen. Es ist, als hätte man plötzlich Zutritt zu dem Geheimnis, das die Trompeten nur angekündigt hatten. (Ich gehe aus der Dirigierbewegung des zackig wirkenden Dreierschlages, der zur genauen Tempodefinition, zur exakten Koordinierung der Anfangstakte mit ihren schnellen Noten ratsam ist, zu ruhigen Schwüngen ganzer Takte über.)

Bild 3: Luca della Robbia, Sängerkanzel, Firenze, Dom-Museum (Ausschnitt, 1431–1438).

Wie im *Fidelio* nach dem Eintreffen des Gouverneurs alle Düsternis sich in einfachen, sieghaften C-Dur-Klängen auflöst: „Heil sei dem Tag, Heil sei der Stunde, die lang ersehnt, doch unvermeint" – so kann nach der achttaktigen Einleitung im Weihnachtsoratorium nichts anderes geschehen als die Explosion der Freude selbst: ein Tanz, in dem die Instrumente zunächst allein vortragen, was der Chor später singt:

Jauchzet, frohlocket, auf preiset die Tage!
rühmet, was heute der Höchste getan!

Die Freude dieser jubelnden, aber einfachen Melodie kann sich dadurch nur noch steigern, daß sie, in den folgenden 16 Takten, in einen ekstatischen Katarakt aufgeregter, daktylischer Rhythmen einmündet (zunächst acht Takte lang in den ersten Violinen, dann acht Takte lang in der ersten Trompete). Während die Trompete jubelt, setzen die ersten Violinen ihre melodische Sturzflut in sieghaften Dreiklängen und wirbelnd schnellen 32stel-Noten fort. Die Continuo-Instrumente, gleichsam die Füße des Orchesters, begleiten in fröhlich steppenden 16tel-Tanzschritten, die in weite, übermütige Oktavsprünge und rasende, abwärts fahrende 32stel übergehen:

Notenbeispiel 8

Zweimal zwei kurzatmige Takte mit aufrüttelnden Paukenschlägen und wirbelnden Holzbläserfiguren; vier Takte mit visionären Trompetensignalen und Lichtblitzen der Streicher; acht Takte mit der auf die Instrumentengruppen aufgeteilten Freudenhymne; schließlich 16 weitgespannte Takte mit den tänzerisch virtuos wirbelnden Oberstimmen – deutlich empfindet der Hörer die Ausweitung der Perioden: Gleich einer Blume blüht die Musik von kurzen zu längeren Phrasen auf.

32 Takte Einleitung, Orchestervorspiel nicht nur zu einem großen Eingangs-Chor; vielmehr, wie mir scheinen will, die Quintessenz des grandiosen Werkes in nuce. Wie „ein italienisches Seidentuch in einer Nußschale", das beim Herausziehen sich entfaltet, so ist in den ersten Takten des dreistündigen Werkes die ganze erlösende Freude, das ganze mögliche Glück enthalten, fast alles auch, was motivisch im Eingangs-Chor nun folgt. Wenn man bis hierher zugehört hat, hat man eigentlich alles gehört. Diese klare und wunderbare Musik hat es nicht nötig, sich nachträglich in Sprache zu erklären. Sie kann ins Medium der Sprache höchstens übersetzt werden. Im 33. Takt tritt der Chor auf den Plan. Weitgehend wiederholt er – bisweilen nur den Möglichkeiten der Singstimme angepaßt – das bisher Erklungene. Wir erleben eine Steigerung durch das Hinzutreten des neuen Klangkörpers. Die Worte bestätigen, was Musik allein längst gesagt hatte.

Mit seinem *Jauchzet, frohlocket!* greift der Chor die Paukenschläge des Anfangs auf. Dabei werden die acht Eingangstakte auf zehn Takte gedehnt, da Bach sich nicht enthalten kann, die aufrüttelnden Schläge nach dem Chor auch noch einmal von der Pauke selbst erklingen zu lassen.[19] Es folgt das „Tanzlied" der nächsten acht Takte, vom Chor im vierstimmigen Satz in die entsprechenden Vorspieltakte hineingesetzt. Danach aber, in Takt 50, folgt ein Einschub: Das *Lasset das Zagen, verbannet die Klage* ist Bach so wichtig, daß er die Aufforderung zunächst in einem kleinen Fugato jede Stimme je zweimal vortragen läßt. Mit einer kleinen, wie wegwischenden Figur fällt jede Stimme der vorausgehenden im kurzen Abstand von je einem Takt ins Wort, als müsse eine der anderen immer wieder unentwegt versichern: *lasset – lasset – lasset das Zagen!* Die Einsätze beginnen in der Chormitte, im Tenor, weiten sich über Alt und Baß in den Sopran aus, als wollten sie die Ermunterung immer mehr an Umfang gewinnen lassen:

Notenbeispiel 9

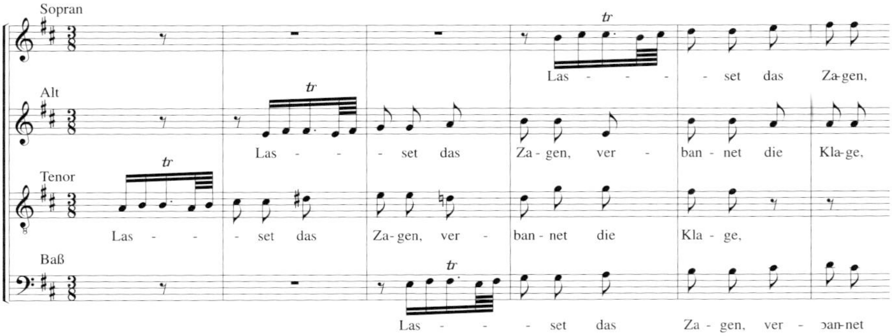

Das Motiv zu den eingeschobenen Takten kennen wir schon: es besteht aus den flatternden Klangfetzen der Holzbläser zum Beginn des Oratoriums. Ihre wegwischende Bewegung erfährt hier ihre textliche Deutung. Das kleine Holzbläser-Motiv verselbständigt sich und löst sich aus der Verklammerung mit den auffordernden Paukenschlägen. Aus dem Miteinander in den Eingangstakten wird ein Nacheinander. Wie ein spielerischer Umgang mit Baukastensteinen mutet diese Verschiebung und Auffächerung an, mit der Bach die stereotype Formwiederholung sprengt. Solche eigenartig gegensätzliche Erfahrung beim Musikhören erleben wir bei Bach oft: Wir spüren klare, strenge Gesetzmäßigkeit von Periodik und ausgewogener Symmetrie. Zugleich fühlen wir uns im Strömen der Melodik, im Ausufern der Harmonik, im kaleidoskopähnlichen Spiel mit den Formteilen frei und beschwingt, als flögen wir über Wellen. Musik wird so zum Exempel des Lebens selbst, in dem auch immer beides, Determinierung und Freiheit wie zwei Pole derselben Kraft gleich intensiv unser Dasein bestimmen.

Das kleine, den Einschub prägende Motiv war in den Anfangstakten des Oratoriums rein instrumental erklungen. Den heftigen 32stel-Anlauf der Instrumente können die Singstimmen unmöglich nachvollziehen. Er ist deshalb, die Möglichkeit von Singstimmen schon bis aufs Äußerste ausreizend, rhythmisch auf zwei 16tel entschärft. Damit die Figur dennoch hektisch, atemlos nach einer Pause beginnen kann, mußte Bach die punktierte Note von einer Achtel auf eine 16tel, den Trillernachschlag gar auf 64stel-Noten verkürzen – ein sängerisch hoffnungsloses Unterfangen. (Man kann jedem Chor nur anraten, diese Noten, alles Klagen gleichsam beiseite fegend, so frech und schnell wie möglich zu singen.)

Nach dem Einschub wird (in Takt 65) erwartungsgemäß das Tanzlied an der Stelle wieder aufgenommen, an der es abgebrochen war. Auch hier gilt: Die nun folgende, überaus heftige Bewegung der instrumentalen Oberstimmen, dazu die steppende 16tel-Bewegung, gar die rasenden 32stel-Noten der Continuostimmen können Singstimmen unmöglich nachvollziehen. So begnügen sie sich mit einer Vereinfachung, einem melodischen Extrakt gleichsam, während die Instrumentalstimmen dieselben blitzenden Melodienketten spielen wie zuvor.

Der ganze Ritornellteil wiederholt sich so, von Singstimmen sekundiert und um ein aufrüttelnd mahnendes Fugato *lasset – lasset – lasset!* ergänzt. Teils nimmt der Chor die Instrumente colla parte auf, teils – wenn die Ausführung die Grenzen des Singbaren allzusehr überschreiten würde – setzt er sich blockhaft in den Orchestersatz hinein. Insgesamt aber dehnt er die 32 Takte des Vorspiels auf 48 Takte aus und führt sie in überschwenglicher Freude um eine Quinte über die Grundtonart D-Dur in die Dominant-Tonart A-Dur.

Immer noch nicht genug der jubelnden Aufforderung. Ein kurzes instrumentales Zwischenspiel wiederholt in A-Dur die acht Takte des Tanzliedes, wieder in drei Instrumentengruppen aufgespalten. Dann folgt der große, bereits zweimal gehörte Formblock ein drittes Mal, wieder mit Chor, wieder um die zwei Takte Einschub beim Paukeneinsatz und um die 14 Takte Fugato auf 48 Takte erweitert. Vom Gipfel des im Zwischenspiel erreichten A-Dur führt dieser dritte Block wieder zurück zur Grundtonart D-Dur.

Dem 137taktigen großen Eingangsteil des Chores folgt ein Mittelteil von viermal 16, also von 64 Takten. (Die ungerade Taktzahl 137 kommt durch den Schlußakkord zustande, der einen eigenen Takt beansprucht: Zuvor überlappen sich immer Schluß und Anfang, Ende der einen und Anfang einer neuen Periode fallen zusammen, so daß sich immer geradzahlige Proportionen ergeben.[20]) Die strahlenden Trompeten verstummen, aus dem leuchtenden D-Dur wird die klagende, flehende Paralleltonart h-Moll, die Tonart des „Kyrie eleison“ (in der h-Moll-Messe), des „Erbarme dich“ (in der Matthäuspassion). Wie in einer tiefen Verbeugung vor dem *Höchsten* neigen sich die Singstimmen mit einem neuen Motiv durch eine Quint hinab und singen: *Dienet*

1. Chor: *Jauchzet, frohlocket, auf preiset die Tage*

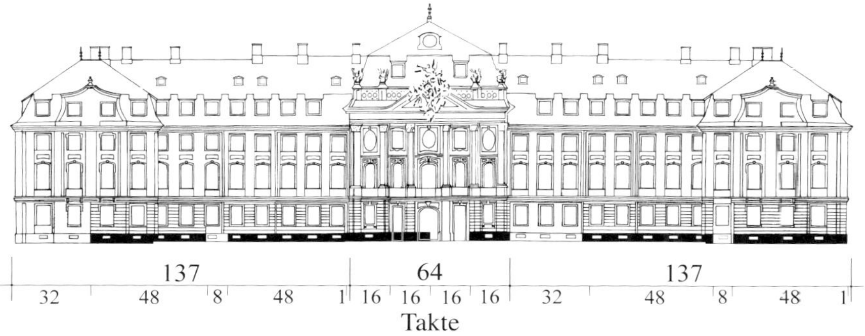

dem Höchsten mit herrlichen Chören (Notenbeispiel 10). In zwei 16taktigen Durchführungen setzen sie immer wieder nacheinander ein, als wollten sie sich gegenseitig in ihrer Untertänigkeit übertreffen. Beim erstenmal begleiten die Streicher mit tupfenden Akkorden. Beim zweitenmal übernehmen die Holzbläser die Akkordstützen, die Streicher begleiten den Chor colla parte.

Notenbeispiel 10

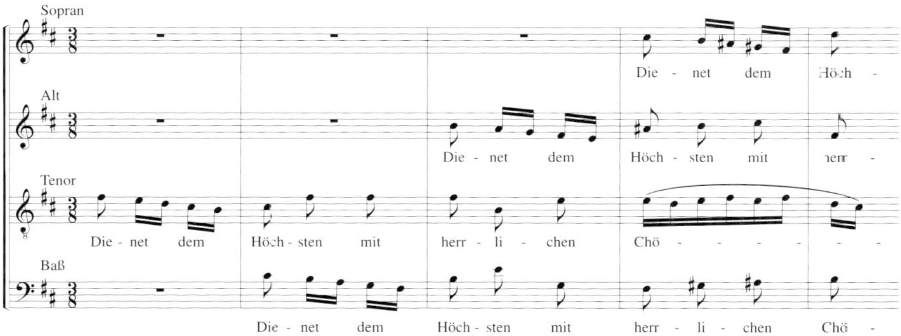

Dann schweigt der Chor 16 Takte lang. Es ist, als höre er seinem eigenen Tanzlied aus dem Anfangsteil zu, das zögernd vorsichtig, immer noch im dunklen Moll, von den Instrumenten vorgetragen und dabei, als wolle es sich selbst Mut machen, in mehrfacher Sequenzierung um eine pathetisch nach oben schwingende Sext erweitert wird (Notenbeispiel 11). Zaghaft, als wüßte sie, daß sie nicht erklingen darf und könne doch beim Erkennen dieser Freudenmelodie nicht schweigen – zaghaft meldet sich vier Takte lang mit nur leisen, hartnäckig auf dem fis beharrenden Noten auch die Trompete zurück.

Notenbeispiel 11

In einer letzten Periode fällt wieder der Chor ein. Er singt: *Laßt uns den Namen des Herrschers verehren!* Während das Orchester die nun schon dreimal vernommenen 16 Schlußtakte aus dem Eingangsteil aufnimmt und deren exaltiert schnelle Bewegung – allerdings immer noch in h-Moll – vorträgt, bestätigen Sopran und Baß des Chores in ständigen Oktavschritten die allumfassende Macht des *Herrschers* (Notenbeispiele 12 und 13): Die Oktave nämlich, als das Intervall, in dem alle anderen enthalten sind, ist das Symbol der Herrschaft, die durch die ganze Welt sich erstreckt und alles in sich umschließt – „Diapason", „durch alle" nannten die Alten das Intervall, das den höchsten Zusammenklang erreicht, nachdem es alle acht Töne unserer Tonleiter durchschritten hat:

Notenbeispiel 12

Notenbeispiel 13

Schließlich wird der ganze, 137taktige Eingangsteil des großartigen Chorsatzes wiederholt. Solche dreiteilige Form A–B–A, uns als Dacapo-Arie vertraut, erhält hier ihren besonderen Sinn. Muß doch der Satz schließen mit seinen aufrüttelnden Paukenschlägen und Trompetenfanfaren, mit seinem tanzliedartigen Lobgesang, mit seinen überschwenglichen Ketten schnellster 32stel-Noten; muß doch das h-Moll des *Dienens* zurückgeführt und überhöht werden in das strahlende D-Dur des *Lasset das Zagen!*

Welche Vision! Welche Verheißung! „Wer über gewisse Dinge den Verstand nicht verliert, der hat keinen zu verlieren" (Gotthold Ephraim Lessing, *Emilia Galotti*). Ich verstehe den Wunsch Ernst Blochs, immer und immer wieder, in tiefster Verzweiflung, im Nahen der Todesstunde die Befreiungsfanfare aus *Fidelio* zu hören. In dunklen Stunden, Stunden der Angst, der Verzweiflung, in der Stunde meines Todes, aber auch überhaupt zur Erhellung meines Lebens möchte ich mich immer wieder dieser ersten Takte erinnern, möchte mich der Vision der Trompetenfanfaren öffnen und den blitzenden Lichtstrahlen der Streicher anvertrauen. Beide erscheinen mir wie eine Himmelsleiter, auf der meine Seele flugs hinauf und hinunter klettern kann.

2. Evangelium

Es begab sich aber zu der Zeit, daß ein Gebot von dem Kaiser Augusto ausging, daß alle Welt geschätzet würde, und jedermann ging, daß er sich schätzen ließe, ein jeglicher in seine Stadt. Da machte sich auch auf Joseph aus Galiläa, aus der Stadt Nazareth, in das jüdische Land zur Stadt David, die da heißet Bethlehem; darum daß er von dem Hause und Geschlechte Davids war, auf daß er sich schätzen ließe mit Maria, seinem vertrauten Weibe, die war schwanger. Und da sie daselbst waren, kam die Zeit, daß sie gebären sollte.

Die festliche, visionäre D-Dur-Musik des Eingangs-Chores ist verklungen. Die Wirklichkeit holt uns ein. In dunkel tiefer Lage beginnt die bewegende Erzählung, dazu in dem eher düsteren h-Moll, das wir als Parallele zum festlichen Grund-D-Dur schon aus dem demütigen Mittelteil des Eingangs-Chores mit seiner Aufforderung *dienet dem Höchsten* kennen. Wir sind in der Welt, in einer historisch genau geschilderten Welt, da Augustus

Kaiser von Rom war. Und doch könnte es auch unsere Welt sein: die Welt der Bürokratie und staatlichen Willkür (ein Verfassungsgericht gab es nicht, das eine sicherlich unsinnige, von der römischen Besatzungsmacht angeordnete Volkszählung oder Steuereinschätzung hätte verbieten können), der Demütigung und Abhängigkeit, der Fremdenfeindlichkeit und Lieblosigkeit, der unbestimmten Sehnsucht und des ängstlichen Wartens. Um vom existentiellen Bezug ablenkende Gedanken gar nicht erst aufkommen zu lassen, läßt Bach den zweiten Vers des Evangeliums mit seinem nur historischen Bezug weg („Und diese Schätzung war die allererste und geschah zur Zeit, da Quirinius Landpfleger in Syrien war"). In h-Moll, der Tonart, mit der wir immer das „Kyrie eleison" aus der großen Messe assoziieren, beginnt die Erzählung. Dann aber, nachdem sie auf *ein jeglicher in seine Stadt* noch einmal das festliche D-Dur gestreift hatte, moduliert sie auf die Verheißung *die war schwanger* aufwärts in das dunkel-mystisch leuchtende fis-Moll, um strahlend in dessen Paralleltonart A-Dur zu enden: Die Zeit ist erfüllt. Die Musik erhebt sich erwartungsvoll eine Quinte über das schon festliche Grund-D-Dur des Eingangs-Chores, wie auch über das h-Moll des Rezitativbeginns (später, im V. Teil des Oratoriums, hören wir diese Tonart ausführlich und differenziert): Es ist, als würde die ganze Geschichte von einer festlichen, aber in Moll immer noch grau-trüben Erdenwirklichkeit in einen strahlenden Himmel erhoben, in dem Engel tanzen.

Wir hören ein Oratorium. „Oratio" heißt Rede. Wesen dieses Musikstückes ist es denn, eine durchgehende Geschichte zu erzählen. (Daß dieser rote Faden der Erzählung das Werk zusammenbindet zu e i n e m großen Musikwerk, das sinnigerweise, anders als zu Bachs Zeit, auch geschlossen erklingen sollte, davon später.) Um die Geschichte zu erzählen, bedient sich Bach (wie in den Passionen) des aus der italienischen Oper stammenden Secco-Rezitativs. Diese Rezitative haben ihren Namen „secco" (trocken) von dem Umstand, daß sie zur Begleitung des Sängers nur die Continuo-Instrumente, und diese meist nur mit wenigen Noten einsetzen. Dadurch ist es dem Sänger möglich, freier dem Fluß der Rede zu folgen, unabhängiger zu deklamieren, als wenn das ganze Orchester spielen würde. Bachs Secco-Rezitative sind ein eigenes hohes Zeugnis seiner Originalität und seines Genies. Kein Komponist seiner Zeit, keiner der ganzen Musikgeschichte (kaum selbst Mozart) hat es verstanden, einer Erzählung so charakteristische Merkmale, so anteilnehmende Prägnanz zu verleihen. Meisterhaft setzt Bach die verschiedensten musikalischen Mittel ein: Die Farbe der Tonarten verleiht dem Bericht Dunkelheit oder Helligkeit, das Tongeschlecht Weichherzigkeit oder Bestimmtheit; der Duktus der Melodie mag, in Dreiklängen schwingend, Würde verleihen, in Skalen Aufrichten oder Herabfahren signalisieren; außergewöhnliche, nämlich weit gespannte, verminderte oder übermäßige Intervalle unterstreichen eine besondere Textaussage; Spitzennoten oder tiefe Lagen, Dissonanzen, Chromatik, innehaltende Pausen – all dies und manches mehr dient einem lebendigen, ergriffenen, oft aufgeregten Erzählen. Dabei geht die Musik ganz vom Wort aus: An einer Stelle der autographen Partitur können wir beobachten, daß Bach in solchen Rezitativen den Bibeltext vor den Noten niedergeschrieben hat.[21]

In einer für Bachs Passionen und Oratorien, teilweise auch Kantaten typischen Reihenfolge lösen verschiedene Berichts- und Betrachtungsebenen einander ab. Der eigentliche Bericht, oft die biblische Erzählung, die mitgeteilt und reflektiert werden soll, steht am Beginn des Werkes. Er folgt unmittelbar auf die Ouvertüre, meist ein Eingangs-Chor, der eine allgemeine Stimmung, den Topos gleichsam des Textes wiedergibt. Das Geschehen, hier die Weihnachtserzählung aus dem Lukasevangelium, wird in einem Secco-Rezitativ vorgetragen. Vorgetragen traditionell vom Tenor, der mit seiner biegsamen, weichen, auch aufgeregt hohen Stimme am ehesten geeignet scheint, den Höhen und Tiefen der Erzählung gerecht zu werden.

In einem anschließenden, von Instrumenten begleiteten Rezitativ, daher „Accompagnato" (begleitet) genannt, wird der erzählte Text erläutert und betrachtet. In einer darauf meist folgenden Arie wird der existentielle Bezug zum Hörer hergestellt; in einem Choral eine abschließende Bekräftigung, das „Amen" des Hörers ausgesprochen.

Es ist darauf hingewiesen worden, daß mit dieser Folge eine Forderung erfüllt wird, die ein Bach-Zeitgenosse, der pietistische Pastor August Hermann Francke, für das rechte Lesen der Bibel aufgestellt hat. Die Folge der Stücke stellt Bach bisweilen um, manchmal fehlt der Choral; nie aber fehlt die Auslegung, die den Text zum Leben des Hörers in Beziehung setzt.

3. Rezitativ (Alt)

Nun wird mein liebster Bräutigam,
nun wird der Held aus Davids Stamm
zum Trost, zum Heil der Erden
einmal geboren werden.
Nun wird der Stern aus Jacob scheinen,
sein Strahl bricht schon hervor;
auf, Zion, und verlasse nun das Weinen,
dein Wohl steigt hoch empor!

Nahtlos schließt sich ein Accompagnato an, in dem die Geburt des Kindes als Ankunft des *liebsten Bräutigam* geschildert wird, der *zum Trost, zum Heil der Erden* geboren wird. Vom düster klagenden h-Moll des Rezitativbeginns sind wir nach Dur, dazu eine Quinte höher, ins lichte A-Dur versetzt. Man spürt das Gedankengut des Hohelieds Salomos. Diese uralten Worte sollten uns nicht fremd sein: Beschreiben wir doch auch heute etwa die intensive Beziehung, die ein Mensch zu seiner Arbeit, zu einer Idee hat, als Liebesbeziehung, wenn wir zum Beispiel von einem Erfolgsmenschen sagen: „Er ist mit seinem Beruf verheiratet."

Gewiß ist es kein Zufall, daß die Altstimme – nach dem Evangelisten – als erste das Wort ergreift. Oft, wie auch hier, kann man ihre Worte unmittelbar Maria in den Mund legen. Solche Identität von Mutter und Geliebter spricht eine tiefenpsychologische Weisheit aus und läßt es sinnvoll erscheinen, daß Kirche als „Mutter Kirche" oft mit der Muttergestalt Mariens identifiziert wird. So hat denn diese warme, mütterliche Stimme, die einer „ruhigen, feierlichen, hohen, heimatvollen Frau"[22] zu gehören scheint, in den ersten drei Teilen des Oratoriums eine tragende Rolle. In jedem dieser Teile ist sie mit einer gewichtigen Arie vertreten. Zwar dürfen wir davon ausgehen, daß Bach bei seinen musikalischen Anforderungen immer berücksichtigt hat, welche Ausführenden ihm gerade zur Verfügung standen. So ist die Besetzung mancher seiner Kantaten, in denen der Chor keine oder eine nur sehr untergeordnete Rolle spielt, oft schnell erklärt mit besonders hohen Anforderungen an den Chor kurz vor der Aufführung des chorarmen Werkes. Oder: Bestimmte Instrumentalpartien schrieb Bach nur, wenn er gerade einen hervorragenden Instrumentalisten zur Verfügung hatte (wie das beispielsweise von dem Trompeter Gottfried Reiche belegt ist). Aber: Die sechs Teile des

Weihnachtsoratoriums wurden innerhalb der kurzen Zeit von 13 Tagen aufgeführt, in der Bach sicher immer die gleichen Ausführenden zur Verfügung standen. Die Bevorzugung der Altstimme in den ersten drei Teilen und ihre relativ geringere Bedeutung in den Teilen IV–VI, in denen sie keine einzige Solo-Arie hat, ist also mit Sicherheit nicht von äußeren Gegebenheiten vorhandener Stimmen verursacht, sondern von einer textlich-musikalischen Idee bestimmt.

Nun – will sagen in dem Kairos, in dem Augenblick der Entscheidung, da Ewigkeit in Zeit einbricht. Zum Zeichen, daß die Zeit gleichsam erschrocken stillsteht, verharren die Continuo-Instrumente vier Takte lang auf dem Grundton A. Eine genau dem Wort folgende Deklamation läßt die Stimme beim *Heil der Erden* eine verminderte, sich klein machende Quint abwärts fallen; läßt *sein Strahl* um eine Septime nach oben hervorbrechen und damit auf die gleiche Spitzennote klettern wie sogleich darauf, wenn sie aussagt: *dein Wohl steigt hoch empor!*

Zwei Oboen d'amore („Liebesoboen") begleiten die Altstimme in unserem Accompagnato. Die verliebte Deutung des Bibeltextes veranlaßt Bach, die im Eingangs-Chor verwandten Oboen gegen diese eine Terz tiefer gestimmten, weichen Oboen zu tauschen, die im Verlauf des Oratoriums noch eine tragende Rolle spielen werden. In den Textzäsuren schieben sie immer ein kleines

Bild 4: Weihnachtsoratorium, Autograph. Rezitativ Nr. 3 mit Korrekturen.

Motiv in die sonst nur grundierend langen Noten. Diese immer zwei Achtel zusammenbindenden und wegen der Tonrepetierung dann abphrasierenden Noten prägen das Accompagnato und verleihen ihm seine Charakteristik. Die seufzende Figur mag durch das Weinen, das wir verlassen sollen, veranlaßt sein, sie trifft aber mit ihrer wie streichelnden Geste den tröstlichen Grundcharakter des ganzen Textes. Bach fügte diese Figur übrigens erst während des Schreibens ein. Ursprünglich standen an ihrer Stelle in den ersten Takten lange Noten, die er dann korrigierte (siehe Bild 4 auf der vorhergehenden Seite). In den letzten Takten stand von Anbeginn die Seufzerfigur. Die Charakterisierung muß ihm also mitten im Komponieren eingefallen sein.

4. Arie (Alt)

Bereite dich, Zion, mit zärtlichen Trieben
den Schönsten, den Liebsten bald bei dir zu sehn.
Deine Wangen
müssen heute viel schöner prangen,
eile, den Bräutigam sehnlichst zu lieben!

Mit einem attackierenden Quartauftakt beginnt die Arie. (Die aggressive Wirkung des Quartintervalls kennen wir vom Martinshorn der Feuerwehr.) *Bereite dich* fordert der Alt, wenn er das Motiv später aufnimmt. In der weltlichen Vorlage dieser Arie stand auf die ersten beiden Noten ebenso sinnvoll ein „Ich will“, das dort vom Darsteller des Herkules, auch einer Altstimme, gesungen wird. Sonst aber ist das Vorbild von der Bearbeitung weit entfernt, wie allein der ursprüngliche Text belegen mag:

„Ich will dich nicht hören, ich will dich nicht wissen,
Verworfene Wollust, ich kenne dich nicht.
Denn die Schlangen,
so mich wollten wiegend fangen,
hab ich schon lange zermalmet, zerrissen.“

Mit wenigen Federstrichen, so scheint es, tatsächlich aber mit einer ungemein liebevollen Überarbeitung ändert Bach den Grundcharakter der ursprünglichen Arie und läßt jeden Gedanken an eine Zweitrangigkeit der Parodie verstummen. Das Wichtigste: Den ersten Violinen fügt Bach den warmen, weichen Klang einer Oboe d'amore hinzu. Die Vorschrift „staccato", mit der er den Violinen im Original eine dem Text entsprechende, martialische Deklamation abverlangt, fehlt im Weihnachtsoratorium und wird durch zahlreiche Bindungsbögen ersetzt, die dem Vortrag einen zärtlich weichen Charakter geben. Wir erkennen, wie ambivalent Musik in ihrer Charakteristik und wie stark ihr gewünschter Affekt von einer treffenden Interpretation abhängig sein kann (eine Ambivalenz, die übrigens in späterer Musik abnimmt, hier aber dem Interpreten besondere Einfühlsamkeit und Erfahrung abverlangt). Bei der Übernahme aus der Vorlage achtet Bach auf außergewöhnliche Textkongruenz. Er behält musikalische Motive und Figuren bei, wenn sie auf den neuen Text passen, ändert sie aber (und sei es geringfügig), wenn es der neue Text erfordert. So entstehen immer wieder unmittelbar einleuchtende Textbezüge, etwa, wenn die Instrumente in einer Abwärtsneigung sich vor dem *Schönsten*, dem *Liebsten* verneigen (Notenbeispiel 14), wo sie in der Vorlage die „ver-

Notenbeispiel 14

worfene Wollust" in den Abgrund der Töne verdammt hatten; wenn dem *sehnlichst zu lieben* durch eine lang ausgehaltene Note der Singstimme (Notenbeispiel 15) Rechnung getragen wird, wo in der Vorlage das Wort „lange" selbst das Stichwort gegeben hatte; wenn die „Schlangen"-bewegung des Originals,

Notenbeispiel 15

die gewundenen 16tel der Continuostimme im Mittelteil, selbstverständlich so gehört werden, als würde in zärtlichen Bewegungen die gerade besungene *Wange* gestreichelt (Notenbeispiel 16); oder wenn – beides im Weihnachtsora-

Notenbeispiel 16

torium neu – die Singstimme auf das Wort *prangen* eine in keckem, anapästischem Rhythmus fröhlich tändelnde Koloratur einfügt (Notenbeispiel 17) oder die Instrumente den Mittelteil der Arie mit ausdrucksvollen Überbindungen *sehnlichst* beschließen (Notenbeispiel 18).[23]

Notenbeispiel 17

Notenbeispiel 18

Die Arie nimmt den schwingend tänzerischen 3/8-Takt des Eingangs-Chores auf. Ebenso wie diesen will man sie in ganzen Takten, ja in zwei- oder viertaktigen Zusammenfassungen hören (und dirigieren!). Sie verzichtet auf das volle Orchester – über dem Continuobaß erklingt nur eine Oberstimme der ersten Violinen und einer Oboe d'amore. Die Kantilene der Oberstimme wirkt dadurch direkter, ungeschützter, als wenn sie in einen vollen Orchestersatz eingebettet wäre. Die 16 Takte des Vorspiels sind deutlich in zweimal acht Takte gegliedert. Die ersten acht Takte sind geprägt von einer zärtlich gesanglichen, aber weich skandierenden, dazu engräumigen Melodik, die sich in zweimal vier Takte aufschlüsselt und – der imitierende Einsatz des Continuos belegt es – eher kontrapunktisch linear erdacht ist (Notenbeispiel 19, 1. System). In den darauffolgenden acht Takten erklingt eine harmonisch erfundene, nämlich in weiträumigen Dreiklangsbrechungen gleichmäßiger 16tel sich verströmende Melodik, die ihr Fließen deutlich asymmetrisch – nämlich zweimal zweitaktig, zweimal eintaktig, einmal zweitaktig ordnet (Notenbeispiel 19, 2. System). Der kleine Kosmos eines Arienvorspiels umfaßt auf wundersame Weise alle nur möglichen Gegensätze.

Notenbeispiel 19

Wenn die Solostimme einsetzt, musiziert sie ihre ersten acht Takte colla parte mit den Instrumenten, die den Beginn des Ritornells wiederholen. Dann, im neunten Takt, trennt sie sich von ihnen: Immer nur mit drei Noten tupft sie tändelnd die Worte *den Schönsten, den Liebsten* in die Dreiklangsbrechungen der Instrumentalstimmen, die sich dadurch wie Blumengirlanden um den so Besungenen präsentieren. Die Gesangsphrase blüht – ähnlich wie im Eingangs-Chor – gegenüber den entsprechenden instrumentalen Ritornelltakten auf: Die ursprünglich 16 Takte werden durch Einschübe zu 20 Takten erweitert. Es folgt (ab Takt 37) das vollständige 16taktige Ritornell, von der Singstimme vorgetragen. Die instrumentale Oberstimme eilt ihr mit einem Themeneinsatz um zwei Takte voraus, belegt damit den kontrapunktischen Charakter des Themenbeginns und verzahnt die beiden Formteile so, daß die Nahtstelle unkenntlich bleibt – ein Verfahren, das wir bei Bach oft vorfinden. Es ist, als wolle er so die Grenzen einer notwendigen Gliederung dem Hörer unkenntlich machen, ähnlich wie ein Architekt vielleicht Formteile überlappen läßt, um eine allzu starre, das Auge ermüdende Gliederung zu vermeiden.

Wenn nach solcher verzahnenden Vorwegnahme der Instrumente die Singstimme einsetzt, begleiten die Instrumente mit weitgeschwungenen 16tel-Ketten. Und nach acht Takten, dort wo wir die Dreiklangsgirlanden erwarten, wandeln Instrumente und Gesangsstimme colla parte diese in weitgespannte, aber immer noch sangliche Melodik ab. Man kann auch sagen: Die Dreiklangsgirlanden werden auf ihr melodisches Skelett, auf ihre zugrundeliegende Motivik zurückgeführt:

Notenbeispiel 20

Es folgt (ab Takt 53) abermals eine 20taktige Gesangsphrase, in der Bach weiter überaus ideenreich mit den Motiven spielt. Schließlich wird das 16taktige Ritornell instrumental wiederholt und schließt den A-Teil der Arie ab.

Die Arie – das erweist sich schon in ihrem ersten Glied – ist ein Musterbeispiel Bachscher Formkraft. In die 16 Takte des Ritornells sind große Gegensätze gebannt. Die zwei Haupteinfälle werden ständig abgewandelt, unterschiedlich zusammengesetzt und lassen gleich einer Monade nahezu das ganze musikalische Geschehen aus sich herauswachsen. Die großartige Achsialsymmetrie des A-Teils von 16–20–16–20–16 Takten findet eine Entsprechung in einer klaren, zweiteiligen Gliederung des Mittelteils.

Dieser gliedert sich in 26 plus 24 Takte und erweitert damit (aus Textgründen) die Symmetrie der zugrundeliegenden weltlichen Arie mit ihren zweimal 24 Takten um 2 Takte. Die Singstimme bleibt 13 Takte lang, also genau die Hälfte der ersten, 26taktigen Phrase, ohne den Schutz der instrumentalen Oberstimme. In dauernden Abwärtsdreiklängen schmeichelt sie den *schönen Wangen* (in der Originalfassung wurde hier das „wiegend fangen" besungen), während das Continuo in einer Kette von sich windenden 16teln gleichsam die Wangen zärtlich streichelt (Notenbeispiel 16; in der Originalfassung gaben die „Schlangen" den Ideenanstoß). In den folgenden 13 Takten, der zweiten Hälfte der ersten Phrase, nehmen die Instrumente ihre Dreiklangsbrechungen aus dem Ritornell auf und wandeln es ab, während die Singstimme frei kontrapunktierend die letzte Textzeile vorträgt und dabei durch Überdehnungen den Worten *eile* und *sehnlichst* Gewicht verleiht (Notenbeispiel 15).

In der zweiten, 24taktigen Phrase des Mittelteils beginnen die Instrumente allein mit dem Hauptthema. Wenn sie bei den Dreiklangsbrechungen angelangt sind, ist die Gesangsstimme neu hineinkomponiert, u. a. mit einer langen, fröhlich virtuosen Koloratur auf *prangen* (Notenbeispiel 17).

Wie bei Bach üblich lebt die Musik auf den neuen Text im Mittelteil von neuen musikalischen Einfällen. Mehr als sonst oft ist sie freilich thematisch mit dem Anfangsteil der Arie verknüpft. Wieder, wie im Eingangs-Chor, wird dieser Anfangsteil als Dacapo wiederholt und formt damit die Arie zu einem großen, dreigliedrigen, achsialsymmetrischen Gebilde.

4. Arie (Alt): *Bereite dich, Zion*

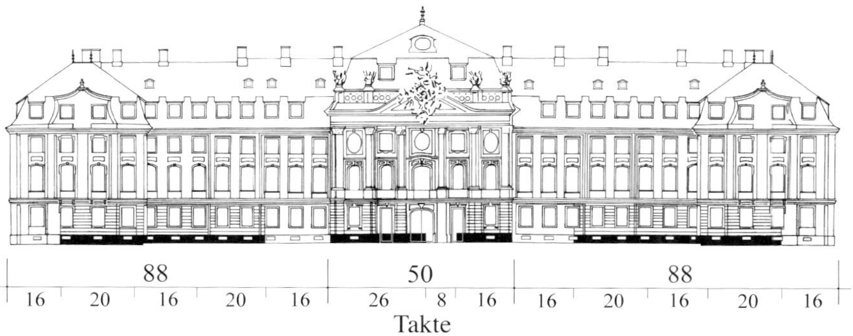

Wir befinden uns mit der Arie in a-Moll – jener Tonart, die durch die zärtliche, den Boden tiefer Instrumente nicht berührende Arie der Matthäuspassion „Aus Liebe will mein Heiland sterben“ für immer bei Bach als Tonart der Liebe und Zuwendung ausgewiesen ist. Wie ist sie geeignet, vom *Schönsten* und *Liebsten* zu singen! Wir sind mit der Tonart aber auch zwei Quinten tiefer, dunkler als im strahlenden D-Dur des Eingangs-Chores. Welche Tonartenfarbe könnte geeigneter sein, um auch unsere ängstliche Scheu, unsere Sehnsucht auszudrücken mit der Frage des anschließenden Chorals:

5. Choral

Wie soll ich dich empfangen,
und wie begegn' ich dir?
o aller Welt Verlangen,
o meiner Seelen Zier!
O Jesu, Jesu, setze
mir selbst die Fackel bei,
damit, was dich ergötze,
mir kund und wissend sei.

Mach's wie Gott, werde Mensch" – dies Graffiti prangte auf einer Kirchenwand in Zürich.[24] Es beantwortet die bange Eingangsfrage des Chorals. Der gleiche Quartauftakt zu Beginn wie in der vorausgegangenen Arie fordert auch hier zu Aufbruch, Entgegengehen auf. Das „Seufzen der ganzen Kreatur" scheint gleich im ersten Takt die Sehnsucht der Frage zu unterstreichen, wenn der Alt sich in ständigen Seufzersekunden ergeht und dabei einen melodischen Halbkreis bildet, der – in der Literatur der Zeit als „circulo" geschildert – Ausdruck von Fesselung, von Nicht-Loskommen symbolisiert (Notenbeispiel 21a). Eine Aufwärtsbewegung der Bässe wirkt wie ein sehnsüchtiges Aufsehen, wie ein Entgegenrecken der Hände zu *aller Welt Verlangen* (Notenbeispiel 21b). Eine Abwärtswendung der gleichen Stimme kurz darauf klingt wie ein scheues Verbeugen vor der bangen Frage *wie begegn' ich dir?*, wie ein resigniertes In-Sich-versenken ob der Unmöglichkeit, diese Begegnung aus eigener Leistung zu bewältigen (Notenbeispiel 21c). Zwei die Choralmelodie verzierende 16tel schmücken anrührend schüchtern der *Seelen Zier* (Notenbeispiel 21d). Terz- bzw. Sextparallelen geben dem Satz weiche Lieblichkeit auf das *O Jesu* (Notenbeispiel 21e); ein „saltus duriusculus" (so von den Theoretikern der Barockzeit benannt[25]), ein harter Sprung durch die verminderte Quint im Tenor läßt etwas von dem Ernst, ja der Qual der *Fackel* ahnen (Notenbeispiel 21f); und Seufzersekunden in den Männerstimmen machen uns *kund und wissend*, wie denn *die Fackel* beschaffen sei, die Jesus *ergötze*: Sie leuchtet in der Dunkelheit von Leid (Notenbeispiel 21g).

Das Wunder der Bachschen Choralsätze bestaunt man schon in früheren Werken, besonders in den Passionen. Es ist in seiner Ausdruckskraft, im Blühen seiner Melodik in den Unterstimmen, in seiner Wort-Kongruenz, in seinem Empfindungsreichtum in der Musikgeschichte nie wieder erreicht

Notenbeispiel 21

worden. Max Reger, manchmal Johannes Brahms und Felix Mendelssohn Bartholdy[26] haben es aufzunehmen versucht und doch in der Natürlichkeit kaum erreicht.

Eine Besonderheit in Bachs Weihnachtsoratorium: Anders als in den beiden Passionen begleiten die Flöten (insofern sie besetzt sind, also in den Teilen I–III) die vom Sopran vorgetragene Melodie der Choräle immer eine Oktave höher. Als Dirigent hat man ja bisweilen mit der Instrumentierung Bachs seine Schwierigkeiten. So führt er oft die Flöten relativ tief, wodurch sie sich schlecht gegen das restliche Orchester durchsetzen. Auch im Weihnachtsoratorium macht dies Problem den Ausführenden zu schaffen, etwa im Eingangs-Chor des III. Teils, in dem bestimmte, von den Flöten allein gespielte Übergänge schwer zu vernehmen sind. (Ein Problem, das übrigens durch die Heranziehung historischer Instrumente nur leicht abgemildert, bei weitem aber nicht aufgehoben wird. Denn historische Instrumente klingen insgesamt leiser als heutige, so daß das Balance-Problem in anderer Relation ähnlich besteht.) Hat Bach in seinen späteren Jahren dieses Phänomen selbst beobachtet und die Flöten hier deswegen oktaviert? Oder, das erscheint mir wahrscheinlicher, sollen die Flöten im Weihnachtsoratorium den Chorälen jenen strahlenden Glanz verleihen, der durch die Höherlegung der Melodie erzielt wird? Ein Leuchten, das dem Hörer gerade im piano (etwa bei diesem Choral) besonders deutlich gemacht werden kann, wenn man die Flöten und die Kontrabässe – also die beiden Instrumente, die nach oben und unten den Klangraum ausweiten, eine Nuance führen läßt.

Das Lied „Wie soll ich dich empfangen“ wurde in Bachs Leipziger Gesangbüchern nicht wie heute auf die Originalmelodie von Johannes Crüger, sondern auf die Melodie von „O Haupt voll Blut und Wunden“ gesungen. Die Einführung dieser Melodie hier ist also keine Bachsche Idee, dennoch darf man ihr bedeutungsvolles, auf die Passion verweisendes Gewicht beimessen. Das Lied erklingt zudem in der gleichen tiefen Lage, in ähnlicher Dunkelheit wie auf den Vers „Wenn ich einmal soll scheiden“ in der Matthäuspassion.[27] Es ist damit von der Grundtonart des ersten Weihnachtsoratoriumsteils, von D-Dur, um zwei Quinten abgestiegen. Der Choral steht im Zentrum dieses ersten Teils und bildet zugleich seine tonartliche Talsohle: Von nun an moduliert die Musik wieder zurück in die strahlenden Höhen des D-Dur. Am Ende des ganzen sechsteiligen Oratoriums wird diese Choralmelodie das Werk zyklisch vollenden und dabei in der höheren Tonart ihre bekräftigende und siegreiche Bestätigung erfahren (vgl. Nr. 64).

6. Evangelium

Und sie gebar ihren ersten Sohn, und wickelte ihn in Windeln, und legte ihn in eine Krippen, denn sie hatten sonst keinen Raum in der Herberge.

Nur ein kurzer Vers aus dem Weihnachtsevangelium (im ersten Rezitativ vertonte Bach, den ausgelassenen Vers nicht mitgezählt, fünf Verse) ist Bach so wichtig, daß er mit ihm die zweite Hälfte des ersten Teils eröffnet. Der bisher abgehandelte Text berichtete von einer Verheißung, dieser eine Vers von ihrer Erfüllung. Der niederschmetternde Bericht von der Herbergslosigkeit schließt sich gut der dunklen, gedrückt-erwartungsvollen Stimmung des vorausgegangenen Chorals an. Die Musik erzählt plastisch von den erniedrigenden Ereignissen. Sie setzt mit dem Sextakkord der Dominante von e-Moll ein und schließt damit an den E-Dur-Schlußakkord der Chorals an (Bach schließt das Lied mit der Dominante des von ihm zu a-Moll umfunktionierten, eigentlich kirchentonalen Phrygischen). In Abschwüngen jeweils von Dominante zu Tonika moduliert sie, der Erniedrigung des Textes folgend, im Quintenzirkel abwärts von H-Dur / e-Moll über A-Dur / d-Moll nach G-Dur / C-Dur (Notenbeispiel 22a), um schließlich in G-Dur kadenzierend einen nahtlosen Übergang ins folgende Accompagnato zu schaffen (Notenbeispiel 22b). Der Tenor klettert mit seinem ersten Satz auf die freudige Mitteilung *Und sie gebar ihren ersten Sohn* zu seiner Spitzennote a´ (Notenbeispiel 22c), um dann in drei Abschwüngen die drei anderen Sachverhalte mitzuteilen (Notenbeispiel 22d). Einen Tiefpunkt erreicht er mit der statt der erwarteten Durwendung überraschend eingeführten d-Mollterz f auf *Krippe* (Notenbeispiel 22e). Sein letzter Satz holt noch einmal aufgeregt weit oben aus auf dem oktavierten f´ *(denn sie hatten sonst keinen Raum)* (Notenbeispiel 22f), um wie kopfschüttelnd seine tiefe, niedrigste Note auf *in der Herberge* zu erreichen (Notenbeispiel 22g). Er verläßt aber die tonartliche Talsohle der vorausgegangenen Arie, des Chorals und Rezitativs, a-Moll / C-Dur, um im heiter gelassenen G-Dur des folgenden Accompagnatos die erste Stufe auf der Tonartenskala zurück zur jubelnden Ausgangstonart D-Dur zu erreichen, die in gleicher Folge wie zuvor: Accompagnato – Arie – Choral erreicht wird.

Notenbeispiel 22

Daß eine Gottes-Mutter mit ihrem Kind keine Herberge findet, heimatlos, ohne Bergung bleibt, ist ein in Legenden und Sagen immer wiederkehrendes Urmotiv. So findet es sich in einer lange vor Christus überlieferten ägyptischen Erzählung[28] von Isis, die mit ihrem Kind Horus auf der Flucht vor Seth vergeblich um Unterkunft bei einer reichen Dame bittet und schließlich von einer Geringgeachteten, die „im sumpfigen Randbezirk des Ortes“ wohnt, aufgenommen wird. Der unerhörte Gegensatz: Gott kommt zu den Menschen, findet aber keine Herberge, ist sicher eine symbolische Aussage über menschliche Existenz überhaupt. Flüchtlinge und Heimatlose aller Welt erleben bitter und unmittelbar, was alle Menschen, und hätten sie ein noch so luxuriöses Heim, ständig vor Augen haben müßten: Der Mensch hat hier keine bleibende Statt. Im letzten bleibt er heimatlos, ohne Bergung. So ist angenommen worden, das Neunte Gebot habe nicht geheißen „Du sollst nicht begehren deines Nächsten Haus“[29], sondern – Nomaden kennen nur Zelte – schlicht: „Du sollst kein Haus begehren!“ Und es ist vermutet worden[30], Mose habe sein Volk 40 Jahre lang durch die Wüste geführt, einen Weg, für den er, alle Strapazen und die Trägheit der Menschenmassen berücksichtigt, höchstens zwei Jahre hätte brauchen dürfen; er habe sie so lange bewußt heimatlos, ohne festen Wohnsitz gelassen, um in ihnen das Gefühl der Pilgerschaft, der immerwährenden Wanderschaft im Leben zu verankern. „Denn wir haben hier keine bleibende Statt, aber die zukünftige suchen wir" (Hebräer 13,14).[31]

7. Choral und Rezitativ (Baß)

Er ist auf Erden kommen arm,
Wer kann die Liebe recht erhöh'n,
die unser Heiland für uns hegt?
daß er unser sich erbarm',
Ja, wer vermag es einzusehen,
wie ihn der Menschen Leid bewegt?
und in dem Himmel mache reich
Des Höchsten Sohn kömmt in die Welt,
weil ihm ihr Heil so wohl gefällt:
und seinen lieben Engeln gleich.
So will er selbst als Mensch geboren werden.
Kyrieleis.

Ein Juwel – wie oft die kleinen Accompagnati Bachs, etwa in der Matthäuspassion. Das Genie Bachs zeichnet sich liebenswert dadurch aus, daß es der kleinen Form gleiche Sorgfalt und gleichen Ideenreichtum angedeihen läßt wie den großen Sätzen mit ihrer überwältigenden Formkraft. Wie im andern Accompagnato dieses Teils, *Nun wird mein liebster Bräutigam* (Nr. 3), prägen zwei Oboen d'amore mit ihrem Klang und ihrer Motivik den ganzen Satz. „Andante, arioso" überschreibt Bach den im 3/4-Takt zärtlich schwingenden Satz, um nicht den geringsten Zweifel aufkommen zu lassen, daß dieser 3/4-Takt kantabler, nicht so erregt wie etwa der 3/8-Takt des Eingangs-Chores zu musizieren ist. Die beiden Oboen überwölben einen weihnachtlichen Choralvers Luthers, der im Sopran erklingt; im ruhig betrachtenden 4/4-Takt eines Rezitativs, das die einzelnen Verszeilen des Liedes unterbricht, bleiben sie mit kurzen Einwürfen präsent und verschweißen so die unterschiedlichen Formteile.

Die erste Oboe beginnt mit dem kleinen Grundmotiv. Mit einer zärtlichen Melodik von zweimal zwei Achteln, die immer abphrasiert erklingen, weil sie

Tonwiederholungen enthalten, erinnert es an das erste Accompagnato. Hier erreicht es mit den vier Noten die Oberquint, um mit vier 16teln abwärts wieder auf den Grundton zurückzufallen. Es scheint mit dieser Quint-Pyramide ein Zelt zu errichten, seine schützende Hand über das hilflose Kind halten zu wollen (Notenbeispiel 23). Das Motiv wandert durch alle drei Stimmen, be-

Notenbeispiel 23

vor es seine Intervalle ausweitet, die Achtel oft zu Seufzersekunden abwandelt, schließlich seine Bewegungen umkehrt (erst die vier 16tel, dann die vier Achtel), um mit dieser Figur die Spitze seines Zeltes von der Quint auf die Septim auszuweiten (Notenbeispiel 24). Ab dem Einsatz der Choralmelodie

Notenbeispiel 24

stützen die beiden Oboen nur noch mit getupften Staccato-Achteln die Melodie harmonisch ab, um erst gegen Ende der jeweiligen Verszeile ihre Motivik aufzunehmen und in das unterbrechende Baß-Rezitativ überzuleiten.

Im Rezitativ werden die Worte wie gewohnt sorgfältig deklamiert. *Wer vermag es einzusehen* oder *der Menschen Leid* etwa werden unterstützt durch ungewohnt sperrige Intervalle (Notenbeispiel 25); *Des Höchsten Sohn kömmt*

Notenbeispiel 25

in die Welt – als sollte die Niederkunft Gottes nachgezeichnet werden, schreiten die Noten vom hohen d´ im königlichen Dreiklang eine Oktav abwärts (Notenbeispiel 26); die Spitzennote e´ des Rezitativs erklimmt der Baß auf die Aussage, *daß ihm ihr Heil so wohl gefällt* und auf: *so will er selbst als Mensch geboren werden.* Der Farbigkeit des Textes entspricht eine Modulation des ganzen Accompagnatos durch die Tonartenlandschaft von G-Dur über

Notenbeispiel 26

e-Moll, über ein kurz gestreiftes, weich-tiefes c-Moll (als Moll-Subdominante zu G-Dur) bei der lang gehaltenen Bitte *daß er unser sich erbarm*, über d-Moll bei der Aussage *wie ihn der Menschen Leid bewegt*, über a-Moll, nachdem mitgeteilt wurde, daß *ihm ihr Heil so wohl gefällt*, zurück nach G-Dur. Das 66taktige Stück wirkt wie ein kostbares Angebinde, das der Hörer mit seinem Kommentar um das Kind flechten will.

Obwohl später die Kombination der beiden Stimmen Sopran und Baß in einem Duett wiederkehrt, besetze ich hier den (übrigens sehr tief liegenden) Sopran chorisch. Ich denke, alle Choralmelodien sind eigentlich für den Gesang einer Gemeinde konzipiert – beschränkt im Tonumfang, sperrige Intervalle vermeidend, einfach, liedhaft. Sie sollten nicht solistisch besetzt werden. Hier möchte ich zudem den Einsatz des Solosoprans bedeutungsvoll verzögern und für die Worte des Engels in Teil II aufsparen.

8. Arie (Baß)

Großer Herr, o starker König,
liebster Heiland, o wie wenig
achtest du der Erden Pracht!
Der die ganze Welt erhält,
ihre Pracht und Zier erschaffen,
muß in harten Krippen schlafen.

In denkbar großem Gegensatz zum innigen Accompagnato steht die ihm folgende Arie, in der der Baß – Symbol des „Gestandenen", tiefste Stimme und damit Träger aller (Ton-)Welt –, sekundiert von der Solo-Trompete – Synonym für Herrscher, König oder Gott, Repräsentant damit einer anderen Welt –, den *großen Herrn* und *starken König* besingt. Wie könnte es anders sein: D-Dur, die Tonart des *Jauchzens* und *Frohlockens* aus dem Eingangs-Chor ist wieder erreicht. Der Continuobaß unterstreicht mit dauernden Oktavschritten die Totalität und Allmacht des Verherrlichten (Notenbeispiel 27); ständige Dreiklangsbildungen der Trompete und ersten Violinen, oft in auftrumpfenden Synkopen lassen Fanfaren zu Ehren des Besungenen hören:

Notenbeispiel 27

Immer wiederkehrende, weiter ausholende Dreiklangsbrechungen der ersten Violinen in 16teln wirken wie die ausgreifende, eigentümlich zugleich gebietende und segnende Gebärde eines Königs (Notenbeispiel 28). Ich denke

Notenbeispiel 28

an das berühmte Reiterdenkmal des Marc Aurel auf dem Capitol in Rom, von dem jeder Betrachter gewiß ähnlich fasziniert ist wie schon Michelangelo. Die rechte Hand des großen Denkers, des „huldvollen und weisen Lenkers der irdischen Geschicke“ (Eckart Peterich[32]) ist nach vorn so ausgestreckt, daß nicht auszumachen ist, ob sie segnet oder gebietet. Gewiß beides.

Ein Mittelteil berichtet in gedämpften h-Moll: *der die ganze Welt erhält …, muß in harten Krippen schlafen.* Die Oktavschritte im Continuo bleiben natürlich erhalten – sie sind es ja, die von der *ganzen Welt* reden. Mehrmalige Abwärtsskalen in den ersten Violinen zeugen von der Niederkunft dessen, der diese Welt erhält (Notenbeispiel 29a); daß dies von Dauer ist, davon zeugen lange Noten auf das *erhält* (Notenbeispiel 29b). Die Pracht durcheilt in einer strahlenden Aufwärtsskala den Tonraum einer Oktav (Notenbeispiel 30); daß die Krippe für das Gotteskind unangemessen war, davon zeugen (ähnlich wie später in einem Choral) Synkopen, die das Metrum aus den Fugen kippen lassen (Notenbeispiel 31). Ein 8taktiges Instrumentalzwischenspiel trennt zwei je 16taktige Gesangsblöcke. Es nimmt in den ersten Violinen die ausgreifende 16tel-Gebärde aus dem A-Teil auf.

Notenbeispiel 29

Notenbeispiel 30

Notenbeispiel 31

Immer wieder staunt man über die Architektur Bachscher Formen. Hier säumen zwei 80taktige Außenteile einen genau 40taktigen Mittelteil. Im A-Teil rahmen zwei 14taktige instrumentale Ritornelle den Gesangsteil, der seinerseits die 14taktige Gliederung zunächst aufnimmt, um sie dann zu ausgreifenderen Phrasen aufblühen zu lassen. Wie in der Bildung von Kristallen spürt man einerseits höchste Gesetzmäßigkeit mit einfachen Proportionen, andererseits organisches Aufblühen in all seiner Natürlichkeit und Unvorhersehbarkeit.

Man hat den Eindruck, daß diese Arie original auf den Text des Weihnachtsoratoriums komponiert ist; zumindest paßt die Musik eindeutiger auf die Verherrlichung des *großen Herrn* und *starken Königs* als auf den Text des

8. Arie (Baß): *Großer Herr, o starker König*

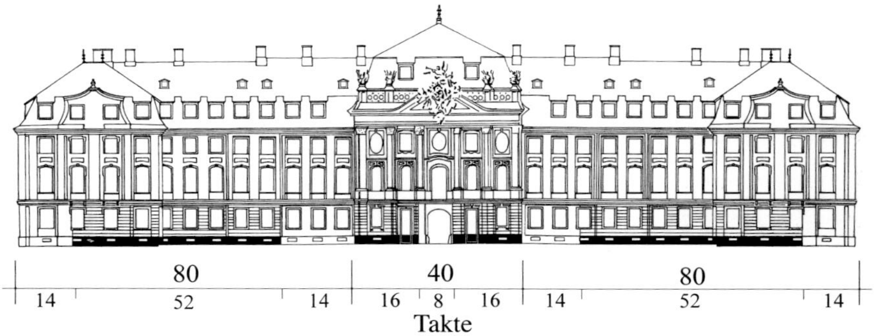

Originals, der eine Königin verehrt, u. a. mit den Worten „Kron und Preis gekrönter Damen, Königin! mit deinem Namen füll ich diesen Kreis der Welt". Freilich fällt auf, daß der Originaltext ähnlich affektauslösende Schlüsselworte enthält wie der des Weihnachtsoratoriums. So sind die alles umfassenden Oktaven hier durch den ganzen „Kreis der Welt" gerechtfertigt, während im Weihnachtsoratorium sowohl der *starke König* wie *die ganze Welt* Anlaß gewesen sein mögen, das alle Töne umfassende Intervall so formbildend einzusetzen. Das enge Wort-Ton-Verhältnis im Weihnachtsoratorium konnte nur in Zusammenarbeit mit einem Textdichter gelingen, der gewandt auf Bachs Vorstellungen einging. Vielleicht aber hat Bach, das erscheint uns sogar wahrscheinlich, auch selbst bisweilen Hand an die Textfassung angelegt. Dafür gibt es einen Hinweis: Gegenüber einem gedruckten Textheft, das überliefert ist und gewiß dem Mitlesen im Gottesdienst diente (siehe Bilder 7 und 8, Seite 65 f.), ändert Bach in seinen Notenhandschriften den Text dieser Arie ein wenig, er schreibt in der vierten Zeile: *Der die ganze Welt erhält*, im Textdruck heißt es „gemacht". Man kann streiten, ob die neue, zweifellos plastischere Version die Zerstörung des Reimes („Pracht – gemacht") wert war. Zumindest aber gibt der kleine Eingriff Einblick in Bachs Schaffensweise: Selbst an der Textfassung korrigiert er, wenn es ihm richtig erscheint.[33] Die Grundkonzeption des Textaufbaus, die Vorgabe der erwünschten Affekte hat er sich ganz gewiß nicht aus der Hand nehmen lassen.

9. Choral

Ach mein herzliebes Jesulein!
Mach dir ein rein sanft Bettelein,
zu ruhn in meines Herzens Schrein,
daß ich nimmer vergesse dein.

Trompetengeschmetter und Worte auf das *herzliebe Jesulein* – wie passen sie zusammen? Gegensätze, wie sie kaum größer zu denken sind. Scheinbar unvereinbar, wie es nun einmal die Hilflosigkeit eines Kindes und die Allmacht eines Königs sind.

Der Vers aus Martin Luthers „Kinderlied auf die Weihnacht Christi: Vom Himmel hoch, da komm ich her“ erklingt im vierstimmigen Chorsatz, colla parte von Streichern und Holzbläsern begleitet; expressive Melodik in den Unterstimmen wird der Innigkeit des Textes gerecht, bildet manchmal schützende Zelte ähnlich der Motivik des vorausgegangenen Accompagnatos, so im Baß auf *Mach dir ein rein sanft Bettelein* (Notenbeispiel 32), im Tenor auf *meines Herzens Schrein* (Notenbeispiel 33). Nach jeder Verszeile lassen Trompe-

Notenbeispiel 32

Notenbeispiel 33

ten und Pauken eine majestätische „Herrscher“-Musik erklingen, vom Continuo sekundiert durch ständige Aneinanderreihung von Dreiklängen und Oktavschritten – beides Synonym für Gott und König:

Notenbeispiel 34

Der Vers erklingt in D-Dur. Wie in einem großen Bogen waren die Tonarten in diesem ersten Oratoriumsteil nach unten gestiegen, um sich dann wieder hoffnungsfroh nach oben zu wenden. Ähnliche große, gliedernde und verbindende, alles in Beziehung setzende Tonartenschwünge werden wir durch das ganze Oratorium beobachten. Auch die Besetzung mit vollem Orchester, darunter wieder Trompeten und Pauken, stellt den zyklischen Bezug zum Eingangs-Chor her.

Intermezzo

Beobachtungen am Autograph
Mitteilungen zur Entstehungsgeschichte und Erstaufführung
Gedanken zum Parodieverfahren

Es ist an der Zeit, einiges zur Entstehung und Überlieferung des Weihnachtsoratoriums zu sagen. Beides gewährt interessante Einblicke in Bachs Werkstatt. Die – glücklicherweise erhaltene – autographe Partitur des Weihnachtsoratoriums ist eine der aufregendsten Handschriften, die wir aus Bachs Hand besitzen. 1960 ist eine Faksimile-Ausgabe im Bärenreiter-Verlag erschienen.[34] Darin zu blättern gehört zu den besonderen Freuden eines Bachliebhabers. Fast alle großen (Eingangs-)Chöre und Arien (wohl nur mit Ausnahme des Chores Nr. 43 und der Arie Nr. 31) sind Übertragungen aus weltlichen und einer (verloren gegangenen) geistlichen Kantate. Bachs Notenhandschrift gleicht in diesen (weiten) Teilen einer Reinschrift, denn er hat dort nur abschreiben und geringfügige Änderungen (u. a. Tonarten-Transponierungen) vornehmen müssen. Korrekturen in diesen Teilen sind oft nur Verbesserungen von irrtümlichen Übernahmen aus der Vorlage. So schreibt Bach versehentlich im Eingangs-Chor zunächst den Text der weltlichen Vorlage „Tönet ihr Pauken, erschallet Trompeten“, bemerkt alsbald seinen Fehler, streicht den alten Text durch und setzt den weihnachtlichen Text ein (siehe unten); oder er versieht sich manchmal bei der Transponierung des Originals in die neue Tonart des Weihnachtsoratoriums, schreibt versehentlich einzelne Noten oder ganze Gruppen in der Tonart der Vorlage (so in den Arien *Schlafe mein Liebster* und

Bild 5: Weihnachtsoratorium, Autograph. Eingangs-Chor mit Textkorrekturen.

Ich will nur dir zu Ehren leben) und korrigiert dies. Hochinteressant freilich ist es, gerade bei den parodierten Stücken zu sehen, wo Bach gegenüber der Vorlage den Notentext oder die Instrumentation geändert hat – oft ganz offensichtlich, um dem neuen Text gerecht zu werden, bisweilen aber wohl auch, um die musikalische Formulierung zu präzisieren. So hat Bach die Figur der Holzbläser in Takt 2 und Takt 4 des Eingangs-Chores zunächst wörtlich aus der weltlichen Vorlage übertragen (Notenbeispiel 35). Erst in Korrekturen ist sie rhythmisch so verschärft, wie wir sie kennen (Notenbeispiel 36):

Notenbeispiel 35

Notenbeispiel 36

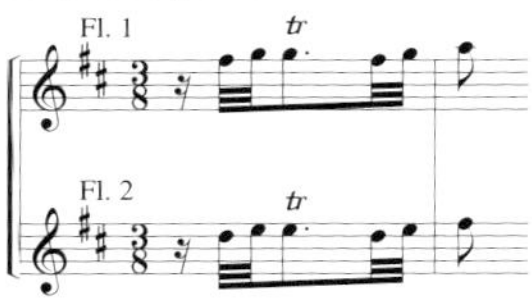

Die original für das Oratorium komponierten Stücke (außer den beiden oben genannten Sätzen alle Evangelisten-Rezitative, fast alle Accompagnati, zwei der drei Bibelwortchöre, dazu wohl alle Choräle[35]) zeichnen sich durch eine Fülle von Korrekturen aus: Hier gleicht die Partitur einer Arbeitsniederschrift. Wir können, wenn wir uns in sie vertiefen, Bach bei seinem Schaffen gleichsam über die Schulter schauen. Oft kann man sich (wie übrigens auch etwa bei Beethoven) gar nicht vorstellen, daß die uns geläufige Fassung aus einer viel uncharakteristischeren Formulierung entstanden ist. Ein Beispiel dafür ist das Accompagnato Nr. 3, dessen nachträglich eingetragenen, gegenüber der Erstschrift originelleren Einfall ich oben geschildert habe (siehe Seite 42).

In der Partitur findet sich eine große Anzahl Eintragungen, die oft so knapp sind, daß nicht klar ist, ob sie von Bachs Hand stammen. Darunter sind Klarstellungen undeutlicher oder unvollständiger Partien (etwa dadurch, daß über einer unklaren Note noch deren Buchstabe steht); darunter sind Bleistiftziffern, die auf eine Seiteneinteilung beim Kopieren bzw. Herausschreiben von Stimmen hindeuten; darunter sind aber auch „Eintragungen von schräggestellten Kreuzen, meist zu Anfang oder in der Mitte eines Taktes, und zwar mit Tinte, Rötel oder Bleistift. Die Bedeutung dieser Zeichen konnte bisher nicht geklärt werden" (siehe Bild 6[36]). Rätsel also gibt die Handschrift genug auf. Zwei besonders interessante Korrekturen (des Rezitativs Nr. 22 *So recht, ihr Engel jauchzt* und der Arie Nr. 31 *Schließe mein Herze*) werde ich an ihrem Ort besprechen.

Bild 6: Weihnachtsoratorium, Autograph. Arie Nr. 4 mit Rötel-Markierung.

Die Partitur wurde immer gemeinsam mit den originalen Stimmen verwahrt. Diese Stimmen, aus denen die Musiker Bachs musizierten, sind allesamt nicht autograph, sondern von Hilfskräften abgeschrieben. Fünfzehn verschiedene Handschriften lassen sich unterscheiden, allerdings nur teilweise bekannten Kopisten zuordnen.[37] Alle Stimmen sind aber von Bach eigenhändig, und zwar – gemessen an sonstigen Korrekturen Bachs – außergewöhnlich sorgfältig korrigiert[38] und haben so bei der Entscheidung von unterschiedlichen Lesarten doch großes Gewicht; denn bisweilen geben sie sicher die spätere, endgültige Intention Bachs wieder. Auch die Sorgfalt dieser Korrekturen zeigt Bachs ungewöhnlich lebhaftes Interesse an seinem Weihnachtsoratorium.

Partitur und Stimmen nahmen den Weg vieler, ja aller wichtigen Autographe Bachs: Bei der Erbteilung erhielt sie der zweite Sohn Carl Philipp Emanuel Bach, der sie mit seinem ausgeprägten Familiensinn wohl verwahrte und eine eigene Komposition zu Ostern aus dem Eingangs-Chor bildete. Danach gelangten die kostbaren Handschriften in den Besitz Carl Friedrich Zelters bzw. der Berliner Singakademie, schließlich in den der Königl. Preußischen Bibliothek, der späteren Staatsbibliothek in Berlin. Im Zweiten Weltkrieg wurden sie aus Sicherheitsgründen ausgelagert und danach treuhänderisch von der Westdeutschen Bibliothek Marburg verwaltet, bis sie schließlich nun wieder nach Berlin verbracht wurden.

Das Oratorium ist in Leipzig zu den Feiertagen des Jahres 1734 entstanden. Das Datum ist von Bachs Handschrift am Ende aller Teile (außer Teil IV, das kann nur ein Zufall sein) vermerkt. Aber auch ein Textdruck, der wohl zum Mitlesen im Gottesdienst bestimmt war, ist erhalten und bestätigt dieses Entstehungsjahr (siehe Bilder 7 und 8[39]).

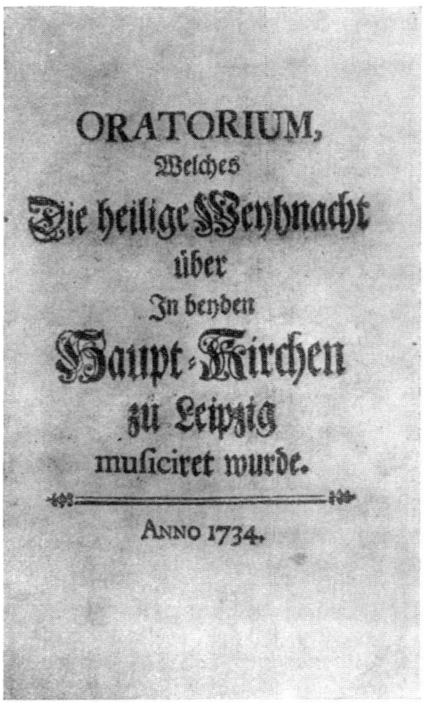
ORATORIUM,
Welches
Die heilige Weyhnacht
über
In beyden
Haupt-Kirchen
zu Leipzig
musiciret wurde.
ANNO 1734.

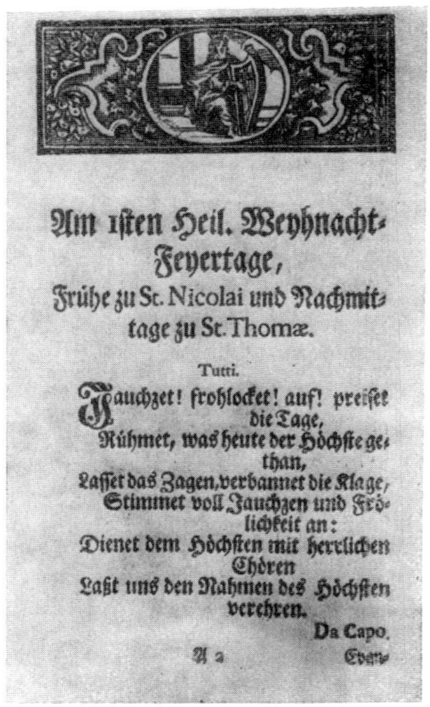
Am 1sten Heil. Weyhnacht-Feyertage,
Frühe zu St. Nicolai und Nachmittage zu St. Thomæ.

Tutti.

Jauchzet! frohlocket! auf! preiset die Tage,
Rühmet, was heute der Höchste gethan,
Lasset das Zagen, verbannet die Klage,
Stimmet voll Jauchzen und Fröhlichkeit an:
Dienet dem Höchsten mit herrlichen Chören
Laßt uns den Nahmen des Höchsten verehren.

Da Capo.

A 2 Evan-

Bild 7: Textheft zur Uraufführung des Weihnachtsoratoriums. Die einzelnen Formgattungen sind durch unterschiedlichen Druck gekennzeichnet. Am größten sind die Überschriften gesetzt, dann folgen der Größe nach: der Bibeltext, die Tutti-Chöre und Arien, die Choräle und schließlich die Rezitative.

Da die Vorlagen, aus denen Bach überwiegend parodierte (Kantate BWV 213 *Laßt uns sorgen, laßt uns wachen* und Kantate BWV 214 *Tönet ihr Pauken, erschallet, Trompeten*), im September bzw. Dezember 1733, also über ein volles Jahr zuvor, aufgeführt worden sind, mag es sein, daß Bach die Komposition des Oratoriums parallel zu seinen Vorlagen bereits so früh begonnen hat. Jedenfalls ist öfters die Vermutung geäußert worden, Bach habe bereits bei der Komposition dieser Huldigungsmusiken an die weihnachtliche Festmusik gedacht und schon die Vorlagen mit der Absicht einer späteren Wiederverwendung komponiert. Die Vorlage freilich zur Arie Nr. 47 *Erleucht auch meine finstre Sinnen* – die weltliche Kantate BWV 215 *Preise dein Glücke, gesegnetes Sachsen* – erklang erstmals wenige Wochen vor der Aufführung des Weihnachtsoratoriums im Oktober 1734. Nach allem, was wir von Bachs Schaffensweise wissen, ist zu vermuten, daß das Oratorium erst in der Adventszeit 1734 Gestalt annahm. Bach mußte an den drei letzten Sonntagen dieser

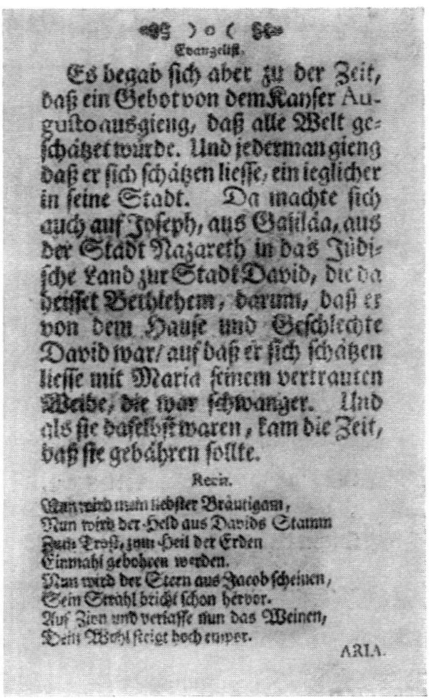

)o(

Evangelist.

Es begab sich aber zu der Zeit, daß ein Gebot von dem Kayser Augusto ausgieng, daß alle Welt geschätzet würde. Und jederman gieng daß er sich schätzen liesse, ein ieglicher in seine Stadt. Da machte sich auch auf Joseph, aus Galiläa, aus der Stadt Nazareth in das Jüdische Land zur Stadt David, die da heisset Bethlehem, darum, daß er von dem Hause und Geschlechte David war/ auf daß er sich schätzen liesse mit Maria seinem vertrauten Weibe, die war schwanger. Und als sie daselbst waren, kam die Zeit, daß sie gebähren sollte.

Recit.

Nun wird mein liebster Bräutigam,
Nun wird der Held aus Davids Stamm
Zum Trost, zum Heil der Erden
Einmahl gebohren werden.
Nun wird der Stern aus Jacob scheinen,
Sein Strahl bricht schon hervor.
Auf Zion und verlasse nun das Weinen,
Dein Wohl steigt hoch empor.

ARIA.

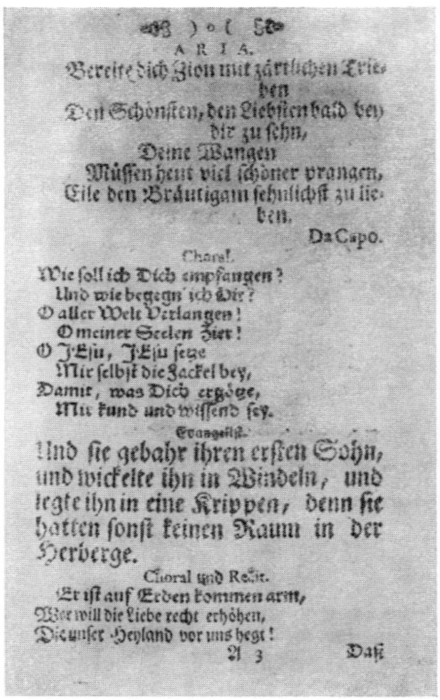

)o(

ARIA.

Bereite dich Zion mit zärtlichen Trieben
Den Schönsten, den Liebsten bald bey dir zu sehn,
Deine Wangen
Müssen heut viel schöner prangen,
Eile den Bräutigam sehnlichst zu lieben.

Da Capo.

Choral.

Wie soll ich Dich empfangen?
Und wie begegn' ich Dir?
O aller Welt Verlangen!
O meiner Seelen Zier!
O JEsu, JEsu setze
Mir selbst die Fackel bey,
Damit, was Dich ergötze,
Mir kund und wissend sey.

Evangelist.

Und sie gebahr ihren ersten Sohn, und wickelte ihn in Windeln, und legte ihn in eine Krippen, denn sie hatten sonst keinen Raum in der Herberge.

Choral und Recit.

Er ist auf Erden kommen arm,
Wer will die Liebe recht erhöhen,
Die unser Heyland vor uns hegt!

A 3 Daß

Bild 8

als Bußzeit begangenen Wochen keine sonntägliche Kantate komponieren und aufführen.[40] So hatte er Muße zur Ausarbeitung des Oratoriums.

Man nimmt heute allgemein an, daß der Textdichter der von Bach in Leipzig viel beschäftigte Postschaffner und Gelegenheitsreimer Christian Friedrich Henrici, alias Picander, war. Er war stets anwesend und somit verfügbar, er hatte sein Talent zur Neutextierung mehrfach unter Beweis gestellt. Allerdings fällt auf, daß der Text des Weihnachtsoratoriums nicht wie andere von Bach vertonte Texte in Sammlungen der Picanderschen Gedichtbände, sondern nur als Einzeldruck ohne Nennung des Urhebers überliefert ist, so daß die Autorschaft nicht völlig gesichert ist. Dennoch dürfen wir annehmen, daß bei der schwierigen Umarbeitung der Texte – es mußte ja nicht nur Silbenzahl und Versmaß, sondern auch der Affekt und die Eingliederung in den Gesamtplan des Oratoriums stimmen – der in dieser Arbeit routinierte Picander die Feder geführt oder zumindest geholfen hat. Es ist freilich denkbar, daß manche Formulierung – besonders wo sie in der autographen Partitur vom Textdruck abweicht – von Bach selbst stammt. Das könnte auch ein Grund sein, warum Picander als Autor im Textdruck nicht mehr genannt ist.[41]

Die sechs Teile des Oratoriums wurden an den entsprechenden Feiertagen sowohl in der Thomaskirche wie in St. Nicolai aufgeführt. So ist verständlich, daß die autographe Seitenzählung der Partitur mit jedem Teil neu beginnt und daß auch die sechs Teile zu Bachs Lebzeiten nie gemeinsam gebunden waren. Denn natürlich wurden zu jedem Gottesdienst nur die Noten aufgelegt, aus denen tatsächlich musiziert werden sollte.[42] Erst im 19. Jahrhundert erhielten sie einen gemeinsamen Einband.

Dennoch spricht alles andere dafür, daß Bach selbst das Werk als eine Einheit gedacht hat und nur keine Möglichkeit einer geschlossenen Aufführung hatte. So sind die Teile nicht wie sonst seine Kantaten mit „Concerto“ bzw. „Cantata“ überschrieben, sondern in Bachs eigener Handschrift mit „Oratorium Tempore Navitatis Christi, Pars I – Pars II“ usw. Bereits in der Überschrift also deutet Bach an, daß es sich für ihn nicht um unabhängige Einzelstücke handelt, sondern um ein durchgehendes Werk mit sechs Einzelteilen. (Wenngleich also der Begriff Kantate das Formprinzip deckt, so wird er nicht der übergreifenden Oratoriumsform mit ihrer durchgehenden Erzählung gerecht. Ich bleibe in diesem Buch daher bei Bachs Originalbezeichnung, übersetze nur und spreche von „Teil I“, „Teil II“ usw.) Die Einheit des Werkes wird zudem durch Bachs Umgang mit den eigentlich vorgeschriebenen Lesungen der Sonntage bekräftigt: Bach hielt sich nämlich nicht strikt an die für die entsprechenden Tage vorgesehenen Perikopen. Um eine durchgehende Erzählung zu gewährleisten, dehnt er die vorgeschriebene Evangeliums-Lesung des ersten Feiertages auf die ersten beiden Feiertage aus; am dritten Feiertag wählt er die (für den zweiten Feiertag verordnete) Fortsetzung statt des vorgeschriebenen Prologs aus dem Johannes-Evangelium; für Neujahr behält er die vorgesehene Lesung bei; die Lesung des Epiphaniastages hinwieder verteilt er auf den Sonntag nach Neujahr (der übrigens liturgisch nicht in jedem Jahr vorkommt, sondern nur dann, wenn er in die Zeit zwischen 1. und 6. Januar fällt, denn die Kirche beginnt die Sonntage nach Epiphanias neu zu zählen) und auf das Epiphaniasfest und läßt das für den Sonntag vorgeschriebene Evangelium von der Flucht nach Ägypten und dem Kindermord entfallen. So zieht sich ein durchgehender Bericht durch das Oratorium (im Sprachgebrauch der Zeit das Kennzeichen eines Oratoriums!).[43]

Nicht die geringsten Zweifel an der Einheit des Werkes können aufkommen, wenn man beobachtet, wie die Komposition in großen Bogenformen die ersten drei Teile, aber auch alle sechs Teile untereinander in tonartliche Beziehungen stellt. Wir stehen hier also vor der ungewöhnlichen Erscheinung, daß unsere Musizierpraxis, das Oratorium geschlossen im Konzert aufzuführen, offensichtlich den künstlerischen Intentionen seines Schöpfers mehr entspricht, als seine eigene Aufführungspraxis es ihm ermöglichte.

Die Größe des Werkes wird für mich – hier unterscheide ich mich von manch anderer Äußerung – nicht im geringsten gemindert dadurch, daß es sich bei vielen Sätzen dieses Oratoriums um Parodien, um Überarbeitungen schon vorliegender weltlicher Kompositionen handelt. Für mich ist bedeutsam, mit welcher Sorgfalt Bach die Musik (oder in Kleinigkeiten auch den Text) den neuen Umständen anpaßte. Darüber berichte ich an manchen Stellen dieses Buches. Nichts deutet darauf hin, daß Bach seine parodierten Werke weniger schätzte als seine Originalkompositionen. Im Gegenteil: Man könnte annehmen, daß Bach die Musik, die er abermaliger Überarbeitung für wert hielt, besonders geachtet hat.

Bei dieser für Bach sehr spezifischen Praxis, eigene Werke zu einer anderen Aufführungsgelegenheit zu überarbeiten, muß berücksichtigt werden, daß er bei seinem enormen Arbeitsaufwand natürlich darauf bedacht sein mußte, seine Kräfte ökonomisch einzuteilen. Was lag also näher, als Huldigungsmusiken, die er zu Geburtstagen oder anderen Feierlichkeiten überwiegend des sächsischen Königshauses schrieb und die naturgemäß über den Festtag hinaus keine zweite Aufführung erleben konnten, für weitere Gelegenheiten zu überarbeiten? Das konnten nur geistliche Gelegenheiten sein. Zu kirchlichen Zwecken komponierte Werke konnte Bach immer wieder aufführen und hat das nachweislich oft getan. Auch vom Weihnachtsoratorium sind solche späteren Aufführungen belegt.[44] Die Notwendigkeit, sie zu einer Wiederaufführung zu parodieren, entfällt also.[45] Allein dieser Umstand, so denke ich, ist Ursache dafür, daß wir zwar viele Parodien kennen, in denen Bach weltliche zu geistlichen Werken umgearbeitet hat, aber keine Parodien in umgekehrter Richtung. Ich glaube, die vielfach geäußerte Meinung, eine Parodierung geistlicher Werke zu weltlichen sei für Bach aus theologischen Gründen ausgeschlossen, berücksichtigt diesen Umstand nicht und entbehrt somit ihrer Beweiskraft. Ich kann mir nicht denken, daß der heute oft beschworene Gegensatz geistlich–weltlich in Bachs Denken eine bestimmende Rolle spielte. Gerade der Glaube an Gottes ständige Präsenz in der Welt verbietet eine so einschneidende Unterscheidung von geistlichen und weltlichen Werken oder gar eine Abwertung der letzteren. „Aller music [...] finis und Endursache“, also auch die weltlicher Musik, soll „zu Gottes Ehre“ sein. Freilich soll alle Musik, auch also die geistliche, ebenso der „Recreation des Gemüts“ dienen.[46]

Teil II

Der Himmel senket sich, er kommt und wird zur Erden:
Wann steigt die Erd' empor und wird zum Himmel werden?

Angelus Silesius[47]

10. Sinfonia

„Wenn es nur einmal so ganz stille wäre.
Wenn das Zufällige und Ungefähre
verstummte und das nachbarliche Lachen,
wenn das Geräusch, das meine Sinne machen,
mich nicht so verhinderte am Wachen –:

Dann könnte ich in einem tausendfachen
Gedanken bis an deinen Rand dich denken
und dich besitzen (nur ein Lächeln lang),
um dich an alles Leben zu verschenken
wie einen Dank.“

(Rainer Maria Rilke[48])

Der zweite Teil des Oratoriums beginnt mit einer musikalischen Vision. Die Musik schildert gleichsam die Szene, die der Evangelist unmittelbar darauf berichtet: Hirten hüten in dunkler Nacht ihre Herde auf dem Feld, als ihnen in leuchtender *Klarheit* Engel erscheinen. Die Musik schildert die Begebenheit aber nicht – wie wäre das auch möglich? – als reales Geschehen, sie schildert sie vielmehr wie ein Traumbild, das heute so wirklich ist wie eh und je. Der Gesang schweigt, nur die Instrumente spielen. Eine Pastorale. Ein Juwel der Stille: einer Stille nicht der Beklommenheit des *Wie soll ich dich empfangen* (Nr. 5), nicht des andächtigen Staunens wie im Accompagnato *Er ist auf Erden kommen arm* (Nr. 6), sondern einer Stille, die auf überirdische Klänge lauscht.

Bach überschreibt den Satz „Sinfonia“ (nur in den Stimmen, in der Partitur bleibt das Stück ohne Überschrift). Tatsächlich ist das Stück mehr als eine Pastorale. Das ist schon an seiner für weihnachtliche Hirtenmusik ungewöhnlichen Tonart zu erkennen. Üblicherweise stehen Pastoralmusiken in F-Dur, der weichen, leicht rötlich-gelben, warmen Tonart. Diese Tonart erscheint im Weihnachtsoratorium erst viel später. Hier erklingt das helle, frühlingshaft leuchtende G-Dur. Bachs Sinfonia, da sind sich (seit Albert Schweitzer) alle Interpreten einig, ist mehr als eine Musik der Hirten. Mit ihren Schalmeien, ihrer einfachen Melodik machen sie nur einen Teil der Musik aus. Der andere besteht, gespielt von Streichern und Flöten, den Instrumenten der Engel, aus ganz anderer, nämlich aus heiter ausgreifender Melodik. Bachs Musik schildert das sich abwechselnde und das gemeinsame Musizieren der Engel und der Hirten. In der autographen Partitur wird die doppelchörige Anlage – hier Engelstreicher, da Hirtenoboen – auf den ersten Blick ersichtlich[49]:

Bild 9: Weihnachtsoratorium, Autograph. Sinfonia, Nr. 10.

Wer sich von dem sanften Wiegen der Musik aufnehmen läßt, spürt: Sie strömt zwar im Schwingen ihrer zwölf Achtel, im Pulsieren ihres punktierten Rhythmus; die Zeit hat aber all ihr hektisches Treiben verloren, ist selbst zur Ruhe gekommen. Der schwingende 12/8-Takt ist charakteristisch für alle Hirtenmusiken der Musikgeschichte. Er taucht bei Händel ebenso auf wie bei Corelli oder anderen Komponisten der Barockzeit. Die Taktart vereinigt die göttliche Drei mit der weltlichen Vier und wird somit selbst zum Symbol der Vereinigung von Himmel und Erde.[50] Sie vereint das schwebend Tänzerische des Dreiertaktes mit der Erdenschwere des Vierertaktes und begegnet uns bei Bach – ungewöhnlich und doch folgerichtig – auch im Eingangs-Chor der Matthäuspassion.

Die Musik der Engel beginnt den Reigen gemeinsamen Musizierens in einem punktierten Rhythmus von drei Noten. Die dritte Note wird meist als erste einer neuen Dreiergruppe repetiert und muß so abgesetzt werden (Notenbeispiel 37a). Beides, Punktierung und Absetzen, läßt das kleine Motiv gleichsam fortschwebend entfliegen. Die Deutung des Motivs als Engelsmusik bestätigt die Kantate zum Michaelisfest *Es erhub sich ein Streit* (BWV 19), in der Bach die Worte „Bleibt ihr Engel, bleibt bei mir“ mit einem ähnlich schwebenden Motiv vertont (Notenbeispiel 38). In lichtem G-Dur setzt (in den ersten Violinen und Flöten) das kleine Motiv bereits über dem Boden des Grundtones, auf der Terz ein, schwingt sich schwerelos zur Oktav empor, die es in dieser Höhe locker, als wäre es eine kleine Schäfchenwolke, mit einer Wechselnote umspielt. In den zweiten Violinen und Flöten wird es sogleich, nach e-Moll eingetrübt, wiederholt. Es erzählt so etwas von der Wirklichkeit der Welt, denn die beiden Tongeschlechter „hart“ und „weich“ sind mehr als nur Synonym für männlich und weiblich, sie sind Ausdruck von Polarität, die nicht nur Musik, sondern die ganze Welt prägt (Notenbeispiel 37b).

Notenbeispiel 37

Notenbeispiel 38

Das Continuo schreitet unter dem Musizieren der Engel in ähnlich seufzenden Sekunden, wie wir ihnen im ersten Teil des Oratoriums schon mehrfach begegnet waren und wie wir sie aus der Matthäuspassion kennen – immer mit der Assoziation von „Weinen“ (Notenbeispiel 37c). Aber wer vermöchte hier, da sie schwingend, fast tänzerisch zu triolischer Bewegung formiert sind, noch Tränen zu assoziieren? Sie scheinen von der schwerelosen Figur der Oberstimmen wie „weggewischt“, in den Untergrund verdammt. Übrigens hat Bach diese Idee, die im weiteren Verlauf der Sinfonia noch Bedeutung gewinnt, erst später eingefügt. Ursprünglich bestand die Continuostimme nur aus einer sich abwärts neigenden Tonskala (Notenbeispiel 39[51]). Antizipierende

Notenbeispiel 39

Einsätze folgen, verlegen den Beginn der Oberstimmen auf leichte Taktzeiten und nehmen damit der Musik jedes Taktierende, auftretend Schreitende, verleihen ihr noch mehr den Charakter des schwebend Unwirklichen. Als wolle der Himmel wirklich „zur Erde sich neigen“, wandert das kleine Engel-Motiv im vierten Takt in die Continuogruppe. Dort, im Fundament des Orchesters, wird es sogleich auf die Oktav ausgeweitet (Notenbeispiel 40), als solle es

Notenbeispiel 40

tatsächlich ähnlich die ganze Erde umspannen, wie die Oktav den Raum der Töne umschließt. Die Engelsmusik erhebt sich damit vom lichten, heiteren G-Dur zum königlichen, himmlisch strahlenden D-Dur. Erst auf dem Schlußakkord der ersten, neuntaktigen Engelsphrase wird diese strahlende Tonart mit der Einführung eines c im Baß als Dominantakkord zum Grund-G-Dur gedeutet, in dem nun die vier Schalmeien der Hirten einsetzen.

Alle vier Oboen sind tiefer gestimmt und klingen somit weicher und dunkler als gewöhnliche Orchesteroboen: Zwei Oboen d'amore (ihren Namen verdanken sie wohl dem lieblich-weichen Klang) sind eine Terz, zwei Oboen da caccia eine Quinte tiefer gestimmt. Der dunkel-erdhafte Klang dieser vier Oboen bestimmt den ganzen zweiten Oratoriumsteil: Immer begleiten sie jetzt die Streicher des Orchesters (so daß mit Fagott ein durchgehender, vierstimmiger Bläsersatz entsteht) oder bestreiten Accompagnati allein. Nur in einer Solo-Arie (Nr. 15) und in den Rezitativen des Evangelisten schweigen sie.

Die Oboen lassen zunächst das Seufzer-Motiv erklingen, das wir im ersten Takt in der Continuogruppe gehört hatten (Notenbeispiel 41a). Die einfache Sekundmelodik im schwingenden Rhythmus von einer Viertel- und einer Achtelnote läßt Assoziationen an Dudelsackmusik wach werden. Freilich: „Wann steigt die Erd' empor und wird zum Himmel werden?" (Angelus Silesius) – schon einen halben Takt nach ihrem Einsatz, als müßten die Menschen sogleich nachahmen, was sie vom Himmel gehört, nimmt die erste Oboe den punktiert schwebenden Rhythmus der Violinen auf, wenngleich sie melodisch das Motiv abwandelt: Die Sext, die dort in federnden Zwischenschritt einer Terz erreicht war, wird hier unmittelbar angesprungen (Notenbeispiel 41b). Diese Aufwärtssext wird in der Musikliteratur der Zeit als „exclamatio" beschrieben – „eine Rhetorische Figur, wenn man etwas beweglich ausruffet; welches in der Music gar füglich durch die aufwerts springende Sextam minorem geschehen kan", steht bei Elias Walther (1664) zu lesen über diese in der Barockmusik häufig als Ausdrucksmittel verwandte Intervallfigur.[52] Die schwebende Leichtigkeit des Engelmotivs wird verwandelt ins Pathos der Menschen.

Notenbeispiel 41

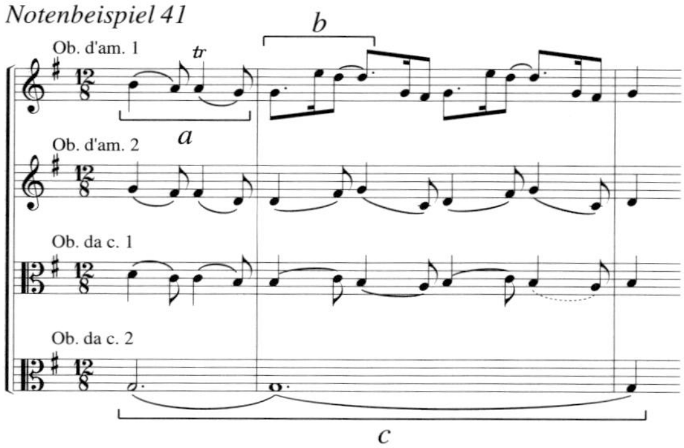

Fast immer, wenn die Schalmeien der Hirten erklingen, hält eine von ihnen einen langen Halteton, die Ruhe und Gelassenheit dieser Menschen nachzeichnend (Notenbeispiel 41c). Der lang gehaltene Ton kehrt später beziehungsreich wieder in der vierten Oboe bzw. in der Singstimme der Arie *Schlafe, mein Liebster, genieße der Ruh* (Nr. 19). Der letzte Halbtakt der Oboen wiederholt wörtlich (auch später meist annähernd) die Noten des vorletzten Halbtaktes. Gern musizieren wir diese Wiederholung als Echo, als wollten die Hirten schon nach so kurzem Ansatz ihrer Instrumente erstaunt innehalten, um der eben verklungenen Musik aus dem Himmel zu lauschen, und vernähmen dann als erstes das Echo ihres eigenen Musizierens. Kaum aber ist auch dies Echo verklungen, nach nur anderthalb Takten Hirtenmusik, vernehmen wir tatsächlich wie aus visionärer Ferne (ich lasse die wenigen Noten pianissimo musizieren), wieder kurz, nur einen halben Takt lang, die Engelsmusik. Dreimal insgesamt lassen die Hirten ihre eineinhalb-taktige Musik erklingen: beim zweiten Einsatz in der abgedunkelten Paralleltonart e-Moll und mit dem besonders labilen Quartsextakkord, als wären die Hirten in ihrem selbstverständlichen Musizieren verunsichert. Ein dritter Einsatz erklingt in einem hier erdhaft tief wirkenden C-Dur. Jedesmal wird das Musizieren der Hirten von einer kurzen, nach dem dritten Einsatz von einer etwas längeren Engelsmusik beantwortet.

Wechselweise leiten die beiden Instrumentengruppen über zur großen Überraschung des Stückes: Nach genau 18 Takten musizieren Engel und Menschen vier Takte gemeinsam, die Engel mit ihrem durch die Instrumente (Flöten und Streicher) abwärts wandernden, punktierten Motiv, die Oboen der Hirten vorwiegend mit ihrem Seufzermotiv, das sie allerdings frohgemut nach oben wenden. Während das punktierte Motiv der Engel von den Violinen in die Bratschen und schließlich in die Continuogruppe gleitet, stimmen die Violinen für kurze Zeit das schwingende Seufzermotiv an (Notenbeispiel 42). Was sich im ersten Takt mit den Seufzern der Violoncelli schon angedeutet hatte, hier wird es in hohen Lagen glänzende Wirklichkeit: Die Musik der Engel und die Musik der Hirten gleichen sich an, als übernähmen die Menschen das schwerelose Musizieren des Himmels, die Engel das Seufzen der Menschen. So läßt uns die Musik erleben, wie Oben und Unten sich vermengen; wie zwei Sphären kreisen und bald von unten nach oben, bald von oben nach unten wechseln. Mit Worten von Thomas Mann[53]:

> „Die Strecke hat kein Geheimnis. Das Geheimnis ist in der Sphäre. Diese aber besteht in Ergänzung und Entsprechung, sie ist ein doppelt Halbes, das sich zu Einem schließt, sie setzt sich zusammen aus einer

Notenbeispiel 42

oberen und einer unteren, einer himmlischen und einer irdischen Halbsphäre, welche einander auf eine Weise zum Ganzen entsprechen, daß, was oben ist, auch unten ist, was aber im Irdischen vorgehen mag, sich im Himmlischen wiederholt, dieses in jenem sich wiederfindet. Diese Wechselentsprechung nun zweier Hälften, die zusammen das Ganze bilden und sich zur Kugelrundheit schließen, kommt einem wirklichen Wechsel gleich, nämlich der Drehung. Die Sphäre rollt: das liegt in der Natur der Sphäre. Oben ist bald Unten und Unten Oben, wenn man von Unten und Oben bei solcher Sachlage überhaupt sprechen mag. Nicht allein daß Himmlisches und Irdisches sich ineinander wiedererkennen, sondern es wandelt sich auch, kraft der sphärischen Drehung, das Himmlische ins Irdische, das Irdische ins Himmlische, und daraus erhellt, daraus ergibt sich die Wahrheit, daß Götter Menschen, Menschen dagegen wieder Götter werden können."

Die Sprache der Bibel sagt Ähnliches, wenn sie davon spricht, daß der Mensch „Ebenbild" Gottes ist.

Ab Takt 23 beginnt ein zweiter Formblock. Alles bisher Erklungene wiederholt sich. Eingetrübt in die Paralleltonart e-Moll beginnen die Engel, fünf Takte allein zu musizieren; dann heben in der Dominanttonart D-Dur neun Takte wechselndes Musizieren der Engel und Hirten an; gemeinsam schließlich musizieren beide Gruppen vier Takte lang in der Dominantparallele h-Moll. Drei Takte, in denen sich Hirten und Engel wieder abwechselnd betätigen, schließen den zweiten Formteil ab. Die Musik moduliert ausdrucksvoll ausschweifend (zum ersten Mal erscheinen erniedrigende ♭ im Notentext) aus den erhöhten Tonarten zurück und leitet über zu einem dritten Teil.

Wie eine Reprise hebt dieser dritte Formteil im Takt 44 an mit einer Wiederholung der ersten Sinfonia-Takte. Bereits nach vier Takten aber bricht die Musik des Himmels ab (es fehlt der Abstieg des Motivs in die Continuoinstrumente und damit die Modulation in die Dominanttonart). Hirten und Engel lösen sich dann ab wie im ersten Teil, verbleiben aber in der Grundtonart mit Schwüngen in die Subdominante. Es folgen vier Takte gemeinsamen Musizierens, die harmonisch wie in einer abschließenden Krone weit ausschweifen. Mit einem halben Takt schließen die Streicher-Engel mit ihrer ureigenen Motivik; die Oboen wiederholen wörtlich diese Schlußsequenz – es „steigt die Erd empor und wird zum Himmel“ –, und gemeinsam leuchten Hirten-Oboen und Engel-Streicher in einem lang gehaltenen, lichten, friedvollen G-Dur-Schlußakkord.

10. Sinfonia

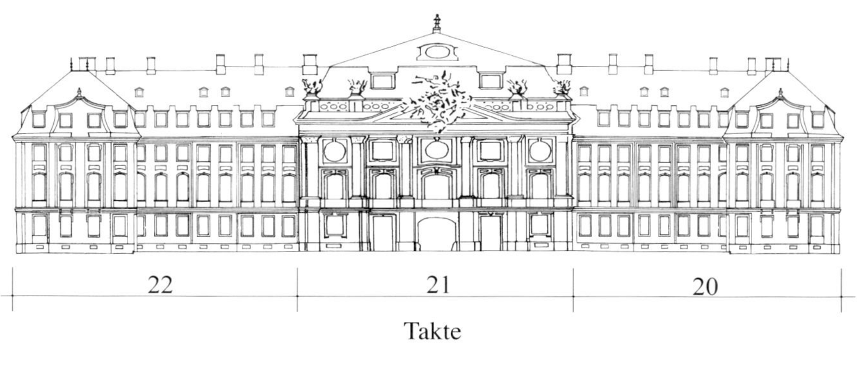

In drei großen Einheiten von 22, 21 und schließlich 20 Takten erfahren wir das Wunder, das in jeder Aufführung neu verzaubert und spüren läßt, wie das Mysterium der Vereinigung von Himmel und Erde klingen könnte. Trotz allen Strömens der Melodik, trotz der ständigen Ablösung der Instrumentengruppen in unregelmäßigem Abstand empfindet der Hörer mit dem Anheben der jeweiligen Teile, mit dem reprisenhaften Einsatz der ersten Engelsmusik die Dreiteiligkeit des Satzes und kann in ihr ein „Symbol", den abgebrochenen Teil einer verborgenen, aber bedeutungsvollen und alles bestimmenden Dreiheit ahnen. (Die Drei ist als „Dreieinigkeit" in nahezu allen Religionen Symbol für die Überwindung der Polarität, die die Welt prägt.) Zudem läßt die organisch unterschiedliche Ablösung der Instrumentengruppen und die fortschreitende, wie perspektivische Verkürzung der Teile um je einen Takt etwas von der Natur, von der Natur auch der Musik ahnen. Ihre Gesetzmäßigkeiten werden um jene winzigen Unregelmäßigkeiten durchbrochen, die das Leben an sich hat und die es von der Starrheit des Todes scheiden. Denn „dem Leben schauderte vor der genauen Richtigkeit, es empfand sie als tödlich, als das Geheimnis des Todes selbst" (Thomas Mann).

Es ist, als öffne die Sinfonia einen Blick nicht nur auf die Geheimnisse der Erde, sondern auch auf die des Himmels. Die Stille der Musik läßt die Nähe eines Gottes spüren, der sich „nicht im Sturm, nicht im Erdbeben, nicht im Feuer", sondern im „stillen, sanften Sausen" offenbart (1. Könige 19,11–12). Die besondere Stellung dieser Sinfonia in Bachs Œuvre wurde immer wieder beschrieben, mit schönen Worten bereits vom ersten großen Bach-Biographen, Philipp Spitta: „Dieses wunderbare, wie aus Silberfäden gewobene und durch seinen Farbenschmelz bezaubernde Stück ist von einer stillen Heiterkeit und doch unaussprechlich feierlich, es ist kindlich und dennoch übervoll von schwellender Sehnsucht."[54]

Gibt es auch heute Orte, wo Himmel und Erde sich berühren, Gott und Mensch sich begegnen? Orte mitten in einer Welt des Angst- und des Werbe-Geschreis, an denen „es nur einmal so ganz stille wäre"? Kommen auch heute Engel – und sei es „nur ein Lächeln lang"? Mir kommt eine alte Legende in den Sinn:

„Es waren zwei Mönche, die lasen miteinander in einem alten Buch, am Ende der Welt gebe es einen Ort, an dem der Himmel und die Erde sich berühren. Sie beschlossen, ihn zu suchen und nicht umzukehren, ehe sie ihn gefunden hätten. Sie durchwanderten die Welt, bestanden unzählige Gefahren, erlitten Entbehrungen, die eine Wanderung durch die ganze Welt fordert, und alle Versuchungen, die einen Menschen vom Ziel abbringen können. Eine Tür sei dort, so hatten sie gelesen, man brauche nur anzuklopfen und befinde sich bei Gott. Schließlich fanden sie, was sie suchten. Sie klopften an die Tür, bebenden Herzens sahen sie, wie sie sich öffnete, und als sie eintraten, standen sie in ihrer Klosterzelle. Da begriffen sie: Der Ort, an dem Himmel und Erde sich berühren, befindet sich auf dieser Erde, an der Stelle, die Gott uns zugewiesen hat."[55]

An jeder Stelle, die Gott uns zugewiesen hat, befindet sich der Ort, an dem Himmel und Erde sich berühren. Sicher dort, wo Bachs Musik erklingt. Gewiß immer dort, wo seine weihnachtliche Sinfonia erklingt. Vom Erklingen ihres ersten Taktes an spürt man:

„Zum Ursprung zurückkehren heißt: in die Stille gehen.
In die Stille gehen heißt: zu seiner Bestimmung zurückkehren.
Zu seiner Bestimmung zurückkehren heißt: das Ewige erkennen.
Das Ewige erkennen heißt: erleuchtet sein.“

(Lao Tse[56])

11. Evangelium

Und es waren Hirten in derselben Gegend auf dem Felde bei den Hürden, die hüteten des Nachts ihre Herde. Und siehe, des Herren Engel trat zu ihnen, und die Klarheit des Herrn umleuchtete sie, und sie furchten sich sehr.

Die Ankündigung besonderer Ereignisse durch Boten oder gar Götter selbst ist ein religiöser Archetyp. Mit Ausnahme von Mose, der der Überlieferung zufolge direkt mit Gott sprach, traut die Bibel offenbar den Menschen nicht zu, direkt das unvermittelte Hereinbrechen des Numinosen in die Welt des Alltags zu ertragen. In altägyptischer Vorstellung sind es Götter des Himmels, oft der Botengott Thot, aber auch Hathor oder gar Amun selbst, die auf die Erde eilen, um die Geburt des „Gottessohnes" anzukündigen oder ihr gar beizuwohnen. Und in ähnlich bukolischer Stimmung wie im Evangelium wird, wie uns Plutarch überliefert, die Geburt des Osiris angekündigt: Eine Stimme aus der Höhe erging an einen Mann beim Wasserschöpfen.[57]

Hier im Lukas-Evangelium ist es ein Engel, also ein Bote Gottes. Ist es überraschend, daß er nicht zuerst zu Schriftgelehrten oder Priestern, sondern zu eher ungebildeten Menschen des Landes gesandt wird? Er sucht Hirten auf – vielleicht, weil deren Beruf es ist, Tiere zu hüten und sie sich in ihrer Einsamkeit ein Ohr für die Stille bewahrt haben.

In wenigen Takten berichtet der Evangelist von der Verkündigung des Engels an die Hirten. Er beginnt mit einer schwingenden Kantilene in e-Moll, die sich an einen schlichten Dreiklang erst der Grundtonart, dann der Dominante anlehnt, um schließlich wieder auf dem Grundakkord e-Moll zu landen: Das lichte G-Dur der Sinfonia wird in das weiche Moll abgewandelt. Das Continuo ruht indessen lang, gleichsam mit der Geruhsamkeit der Hirten, auf dem Grundton e aus. Mit dem *Und siehe* wird die Tonart, als sähe der Hörer eine wunderbare Erscheinung, überraschend nach oben gerückt (auf einen Sekundakkord über G, also dem Septakkord der Wechseldominante von G-Dur). Die kurze Erzählung durchschreitet den weiten Raum zwischen ihren Spitzennoten auf *des Herren Engel* und seiner *Klarheit* und den tiefsten der *Nacht* und des *furchten* und endet mit zwei 16tel-Abschwüngen im Continuo durch eine quälend verminderte Oktav bzw. verminderte Septim (Notenbeispiel 43): als sollten die Blicke von der Klarheit der Erscheinung in unermeßlicher Furcht wieder abwärts zur Erde gerichtet werden. Ein lang ausgehaltener h-Moll-Schlußakkord hält, wie erstaunt nach all dem überirdisch Gehörten, seine Blicke auf der Erde verharrend fest:

Notenbeispiel 43

12. Choral

Brich an, o schönes Morgenlicht,
und laß den Himmel tagen!
Du Hirtenvolk erschrecke nicht,
weil dir die Engel sagen,
daß dieses schwache Knäbelein
soll unser Trost und Freude sein,
dazu den Satan zwingen
und letztlich Friede bringen.

In denkbar großem Gegensatz zum eben Gehörten fällt der Chor ein mit einem visionären Choralsatz. Er kehrt – wie könnte es bei dem Text anders sein! – zum frühlingshaft-leuchtenden G-Dur der Sinfonia zurück. Aber den fröhlich-tänzerischen Dreiertakt, in dem das Lied sonst, auch bei Bach, erklingt, ändert dieser in einen erdverbundenen Vierertakt. Zu sehr wirkt das h-Moll des Rezitativs nach: Noch sind wir nicht wirklich im Morgenlicht, noch ersehnen, erflehen wir es nur. Wie auf dem Umschlagbild dieses Buches: Wir sind im Dunkeln, gefangen in der Enge von Zwängen und Abhängigkeiten wie in einem Grab, vor uns aber erstreckt sich der Weg in die Freiheit, in das Licht. Auf das *Brich an* beginnt der Tenor mit einer attackierenden Synkope (Notenbeispiel 44a); der Chorbaß läßt den *Himmel* in einem schwungvollen Umlauf *tagen* (Notenbeispiel 44b); auf *dieses schwache Knäbelein* macht der Alt den

Notenbeispiel 44

Hörer mit einer anrührenden, wie schwach hinterherhinkenden Rhythmusverschiebung aufmerksam (Notenbeispiel 44c); die große Verheißung *und soll unser Trost und Freude sein* charakterisiert der Baß bedeutungsvoll in einem chromatischen Aufwärtsgang durch die Quart (Notenbeispiel 44d). Diese bei Bach oft wiederkehrende Wendung wurde in der Literatur der Zeit als „passus duriusculus“ – als ein „etwas harter Gang“ beschrieben. Es bedarf aber der theoretischen Erörterungen gar nicht. Jeder Bachhörer assoziiert mit diesem chromatischen Gang das penetrant sich wiederholende Continuo-Motiv im „Crucifixus“ der h-Moll-Messe oder in einer Kantate unter den Worten des Chores „Weinen, Klagen, Sorgen, Zagen sind der Christen Tränenbrot“, mit deren Texten das kleine, bei Bach so oft wiederkehrende Motiv hinlänglich beschrieben ist. Freilich scheint die depressive Grundaussage bei Bach – auch an anderen Textstellen – auffällig ins Optimistische gewandt, wenn statt der üblichen Abwärtswendung des Motivs die Melodieführung wie hier hoffnungsfroh aufwärts verläuft. Um den Satan zu *zwingen*, begeben sich die Bässe in einer langen Abwärtswendung tief hinab (Notenbeispiel 44e), bevor sie gemeinsam mit den Tenorstimmen männlich kräftig in Achteln zuschlagen (Notenbeispiel 44f). Das kostbare *und letztlich Friede bringen* wird in der Tenorstimme durch seufzende Sekunden und durch liebevoll verzierende 16tel-Bewegung hervorgehoben. Die den Chortenor begleitende zweite Oboe da caccia spielt eine Verzierung mehr als die Chorsänger und die begleitende Violastimme – als solle die Farbe der dunklen Hirteninstrumente, die uns durch den ganzen zweiten Teil begleitet, kurz solistisch in Erinnerung gerufen werden (Notenbeispiel 44g).

Für den Interpreten stellt sich immer wieder die Frage, wie weit es erlaubt ist, klare, strenge Formen, wie hier die wenigen 16 Takte des Liedes, emotional aufzubrechen. Unstrittig, daß gerade der Reiz des Textes und der Musik darin liegt, Bedeutungsschweres auch in einer kleinen, scheinbar schlichten Form aussagen zu können. Diesen Umstand darf man nicht beiseite schieben wollen. Dennoch erachte ich es als legitim, mit einem Chor – anders als eine Gemeinde das könnte – die Ausdruckskraft des kunstvollen und expressiven Liedsatzes Bachs in all ihren Facetten behutsam aufblühen zu lassen. Ich achte freilich darauf, daß das alles möglichst innerhalb der vorgegebenen Form, hier insbesondere innerhalb des vorgegebenen Metrums zu geschehen hat. Es besteht heute Einigkeit darin, daß die von Bach bei Verszeilenschlüssen gesetzten

Fermaten nicht etwa Haltepunkte im Tempo bedeuten, sondern daß sie nur den Instrumentalisten, die keinen Text in ihren Noten hatten, auf einen ersten Blick zeigen sollten, wo der Text anhält, wo eine Zeile des Textes zu Ende geht. Die Fermaten fehlen denn bei allen Doppelstrichen, die eine Wiederholung der Noten auf anderen Text anzeigen: Dort versteht es sich nämlich von selbst, daß eine Textzeile zu Ende geht. Dennoch, trotz aller Argumente, die ich selbst gegen eine solche metrische Verzerrung vorbringen möchte: Die letzte Verszeile mit ihrem *und letztlich Friede bringen* lasse ich erst nach einer kleinen Pause des Erstaunens beginnen. Es passierte einfach in einer Aufführung, daß ich selbst mitten im Musizieren stockte, fast erschrak: Nicht nur *Trost und Freude* solle das Kind bringen, nicht nur das Schlechte besiegen – sondern *Friede bringen*? – Die Pause des stockenden Erstaunens war geboren. Seitdem halte ich meist daran fest. Ich hoffe, es verkommt nicht zur Routine.

Das Morgenlicht, die aufgehende Sonne ist seit den Tagen der alten Ägypter (und wahrscheinlich schon zuvor) bis hin ins Schrifttum von Ernst Bloch Symbol für Wahrheit („Die Sonne bringt es an den Tag" und „Mir geht ein Licht auf", sagen wir).[58] Sie ist Symbol für Leben, das ohne das Sonnenlicht nicht möglich wäre. Sie ist Symbol für Bewußtsein, das in seiner durchdringenden Helligkeit offenbar in unglaublicher Weise an das Licht gebunden ist, ja ohne es nicht hätte entstehen können.[59] Schließlich ist sie wegen ihres täglichen Auf- und Untergehens in nahezu allen Religionen der Welt – besonders

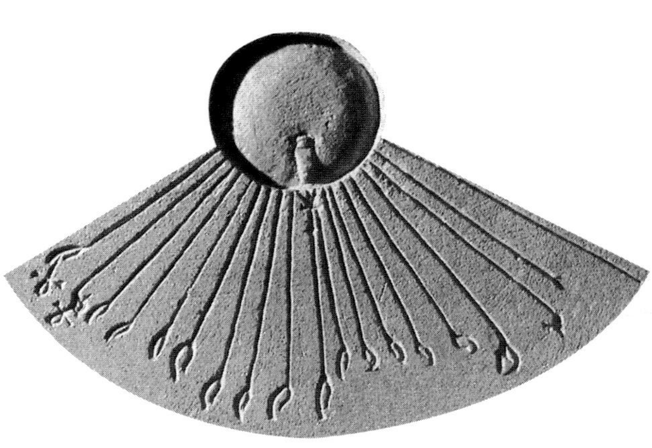

Bild 10: Altägyptisch, Aton (Sonnenscheibe).

ausgeprägt in altäygptischen Vorstellungen – Symbol für Wiederauferstehung. Wie bei jedem echten Symbol ist das alles mehr als ein Bild. Es ist der abgebrochene Teil einer uns vollständig sich nicht erschließenden Wahrheit. Auch wir Naturferne empfinden noch die stimmungsaufhellende Wirkung eines Sonnentages, die tatsächlich medizinisch erwiesen ist.[60] Daß Menschen gerade in dunklen Wintertagen sich nach der Helligkeit der Sonne sehnen und die winterliche Sonnenwende als Neubeginn feiern, als Möglichkeit des Lebens, immer wieder anzufangen und sich noch in tiefster Dunkelheit dem Licht zuzuwenden, ist nicht einfach ein heidnischer Vorläufer des christlichen Gedankenguts. Es ist, in mythischer Form, dieselbe Aussage. Das altägyptische Zeichen für die Sonnenscheibe Aton (Bild 10) symbolisiert es: Mit Händen, zahlreich wie ihre Strahlen, will die Sonne an uns austeilen. Wir müssen uns ihr nur zuwenden und die Weisung des Propheten befolgen: „Mache dich auf, werde licht!“ (Jesaja 60,1).

13. Evangelium

Und der Engel sprach zu ihnen:
(Sopran:) *Fürchtet euch nicht, siehe, ich verkündige euch große Freude, die allem Volke widerfahren wird. Denn euch ist heute der Heiland geboren, welcher ist Christus, der Herr, in der Stadt David.*

Der Erzähler-Tenor rückt die Tonart vom G-Dur des vorausgegangenen Chorals eine Quinte aufwärts nach D-Dur, der Grundtonart des ersten Teils, und führt damit (mit dem Sextakkord seiner Dominante) den Engel ein, dessen Worte einem in hohen Lagen leuchtenden Solosopran anvertraut sind. Zum ersten Mal im Oratorium, nach immerhin fast 45 Minuten Musik, nachdem alle anderen Solostimmen schon bedeutende Aufgaben hatten, tritt aus großer Höhe diese Stimme auf den Plan (wenn man vom Choral im Rezitativ Nr. 8 absehen will, den ich chorisch besetze). In überirdisch hohen Lagen – die große Freude führt sie bis zum hohen a´´ – bekräftigt sie die verwunderliche, aus der Höhe kommende Botschaft. Der Überraschungseffekt des Sopraneinsatzes ist mir schlagartig klar geworden in einer Aufführung, in der eine wunderbare, junge Sopranistin mit „engelsgleicher", klarer Stimme und dabei doch persönlichem weiblichem Timbre[61] bei uns den Part sang. Mir wurde berichtet, daß in allen vier Aufführungen des entsprechenden Jahres gebannt die Tausende von Zuhörern plötzlich zur Empore aufschauten, als käme von dort Unerwartetes, Unerhörtes. Um diesen Effekt nicht zu zerstören, mag sich nachträglich die Entscheidung als richtig erweisen, den Choral des Soprans im Accompagnato Nr. 8 dem Chor zu überlassen.

Mit seinem zweiten Satz *Denn euch ist heute der Heiland geboren, welcher ist Christus, der Herr, in der Stadt David* moduliert der Sopran ahnungsvoll in die düstere Paralleltonart h-Moll. Wir sind da wieder angelangt, wo wir bei *und sie furchten sich sehr* schon waren. Die Welt wird von der Prophezeiung ihrer Erlösung in Angst und Schrecken versetzt.[62]

14. Rezitativ (Baß)

Was Gott dem Abraham verheißen,
das läßt er nun dem Hirtenchor erfüllt erweisen.
Ein Hirt hat alles das zuvor von Gott erfahren müssen,
und nun muß auch ein Hirt die Tat,
was er damals versprochen hat,
zuerst erfüllet wissen.

Beide Accompagnati des zweiten Teils werden ausschließlich von den vier Oboen und vom Continuo begleitet: Die Atmosphäre der Hirten bestimmt den ganzen Teil. Hier tupfen die Oboen bei jeweils geänderter Harmonie ihre Akkorde nur mit kurzen Vierteln über die ausgehaltenen Noten der Continuostimmen.[63] Als wollten sie die Dauer der Verheißung betonen, beharren diese – ähnlich wie im ersten Evangelistenrezitativ des Teils – lang auf einem Ton, nämlich viereinhalb Takte auf dem Grundton G, bevor sie mit wenigen Schritten nach e-Moll kadenzieren. Die glaubenssicheren Worte sind der tiefsten Stimme, dem Baß, anvertraut. Keine 16tel-Hektik stört, in ruhigen Achteln und schwingenden Dreiklängen verbreitet er die Würde eines Propheten.

15. Arie (Tenor)

Frohe Hirten, eilt, ach eilet,
eh ihr euch zu lang verweilet,
eilt, das holde Kind zu sehn!
Geht, die Freude heißt zu schön,
sucht die Anmut zu gewinnen,
geht, und labet Herz und Sinnen!

Diese Arie ist eine der wenigen (im Weihnachtsoratorium die einzige), die keinerlei Anflug von Dacapo, ja überhaupt von irgendeiner Dreiteiligkeit zeigt. Sie besteht deutlich aus nur zwei Teilen. Solche Zweiteiligkeit ist in der Musik ähnlich selten wie in der Architektur. Daß eine Musikform kein Zentrum, keinen Mittelbau hat, nimmt der Hörer vielleicht nicht so deutlich wahr wie der Betrachter das Fehlen eines Mittelbaus im Schloß. Die Wirkung freilich ist ähnlich: Die Gestaltung ist weniger in sich ruhend, vielmehr dynamischer als die zentrierte Dreiteiligkeit. Freilich wird die Arie durch die Wiederholung des Ritornells an ihrem Ende doch wie unter einem Bogen gerundet. Zudem wird sie durch ihre im Ritornell ausgebreitete Grundmotivik zusammengehalten, die den ersten Arienteil bestimmt und im zweiten noch präsent bleibt. Vielleicht wünscht Bach, daß der letzte Satz des Textes mit seiner Aufforderung an den Hörer die Musik beschließt und verzichtet deshalb

15. Arie (Tenor): *Frohe Hirten, eilt, ach eilet*

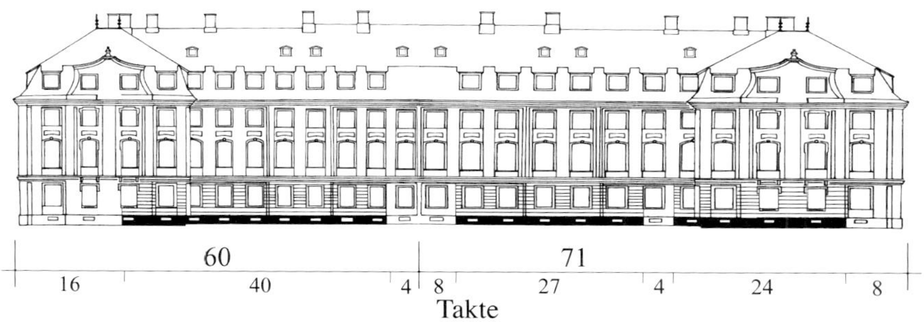

auf eine Wiederholung des A-Teils. Vielleicht ist insgesamt der Text und vor allem seine musikalische Ausdeutung zu forsch-übermütig, um sich mit der in sich ruhenden Achsialsymmetrie einer Dacapo-Arie vereinbaren zu lassen. So ist die Architektur der Arie nicht abgezirkelt. Dennoch ergibt sich eine schlüssige, in sich stringente Formung (siehe Schloß-Skizze).

Das Instrumentarium besteht nur aus einer Soloflöte und den Continuo-Instrumenten. Im 16taktigen Vorspiel läßt die Flöte eine bewegte Phrase überwiegend von 16tel- und 32stel-Noten hören, die den Hörer auf den Impetus des Textes vorbereitet; es ist, als wolle sie ihn mit ihrem anapästischen Rhythmus (Notenbeispiel 45a) und der übermütig oft von der ersten Staccato-Note abspringenden Phrasierung (Notenbeispiel 45b) ständig anschubsen. Den 16

Notenbeispiel 45

Takten Ritornell folgen zweimal 20 Takte Gesangsteil und vier Takte Überleitung in den zweiten Arienteil. Wenn der Tenor mit einer vereinfachten Fassung der Flötenthematik einsetzt, imitiert die Flöte (jeweils zu Beginn der beiden 20taktigen Phrasen) mehrmals dessen Wendungen (Notenbeispiel 46): ein

Notenbeispiel 46

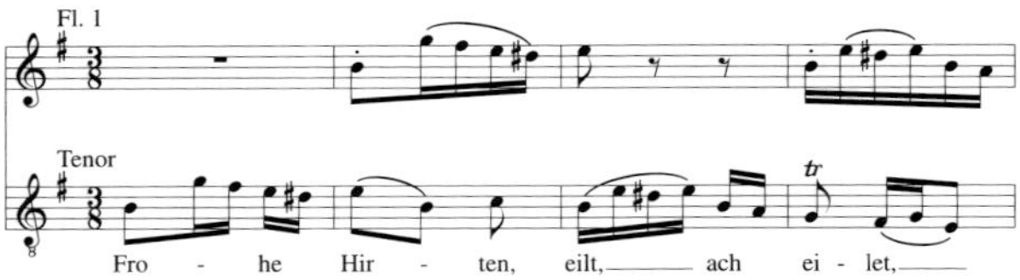

beliebtes Stilmittel Bachs, die „Nachfolge“ anzuzeigen, das er im zweiten Arienteil (und später im Chor Nr. 26 *Lasset uns nun gehen gen Betlehem*) noch eindeutiger einsetzt. Die einzelnen Textgedanken – *Frohe Hirten, eilt – eh ihr euch zu lang verweilet* – verzahnt, ja vermengt Bach, indem er sie entweder auf gleiche Motivteile (mit ihren jeweiligen Charakterisika wie der Aufwärtssext) oder auf Notensequenzen singen läßt (Notenbeispiele 47 und 48). Wie hurtig das *eilet!* zu erfolgen hat, demonstriert er in einer aufgeregt hohen Koloratur (Notenbeispiel 49).

Notenbeispiel 47

Notenbeispiel 48

Notenbeispiel 49

Nach einem viertaktigen, instrumentalen Nachspiel beginnt der zweite Arienteil in der Dominanttonart h-Moll zwar mit einem Ritornell, das die 16 Takte des anfänglichen Instrumentalvorspiels auf acht Takte zusammenzieht (es fehlen die Takte 5–12), dann aber, mit den Worten *Geht, die Freude heißt zu schön, ... geht, und labet Herz und Sinnen!*, beginnt der Tenor mit völlig neuer Thematik, die – halsbrecherisch durch den Tonraum rasend – ihrer *Freude* Ausdruck verleiht (Notenbeispiel 50) und dann mit virtuos-jubelnden 32stel-Noten *labet* (Notenbeispiel 51). Die Flöte hält zunächst noch bruchstückhaft

Notenbeispiel 50

Notenbeispiel 51

an der Thematik des ersten Teils fest (und verschweißt damit die beiden Teile); dann aber greift sie streng kanonisch die 32stel-Ketten des Tenors auf: So eilig also, wie sie es vorexerziert, sollen wir uns auf den Weg machen und nachfolgen. Noch ein zweites Mal hebt der Tenor (ab Takt 100) zu seinen übermütigen Ausführungen an. In Takt 112 beginnt die Flöte die lange Kette von 32steln, denen der Sänger fünf Takte später kanonisch imitierend folgt und mit seiner überschwenglichen Aufforderung *labet Herz und Sinnen* schließt.

Wieder kann man studieren, wie überaus sorgfältig Bach aus der Vorlage, der Arie „Fromme Musen! meine Glieder“ aus der Kantate BWV 214, überträgt und ändert. Er transponiert um eine Quart nach oben, besetzt statt der Hirten-Oboe die wendige Flöte und muß die ganze Textverteilung ändern. (In der Vorlage bildeten zwei zusammenhängende Textzeilen den ersten, vier zusammenhängende Textzeilen den zweiten Arienteil. Im Weihnachsoratorium dagegen werden sinngemäß je drei Textzeilen auf die Arienteile verteilt.) Freilich: Der Grundaffekt ist in beiden Arien gleich, das Wort *Freude* gab schon in der Vorlage Anstoß zu den virtuosen Eskapaden.

16. Evangelium

Und das habt zum Zeichen: Ihr werdet finden das Kind in Windeln gewickelt und in einer Krippe liegen.

Eigentümlicherweise überantwortet Bach die Fortsetzung der Engelworte dem erzählenden Tenor in einem Secco-Rezitativ.[64] Will er die Worte, die so sehr auf die Erniedrigung des „Höchsten“ deuten, ohne den Glanz der begleitenden Streicher, ohne die strahlende Höhe der Sopranstimme lassen? Die Komposition läßt es vermuten. Denn zunächst beginnt das kurze Rezitativ mit einem ruhig ausschwingenden Dreiklang über dem Sext- bzw. Quintsextakkord der Dominante. Plötzlich aber, auf *in Windeln gewickelt* löst es diesen (Dominantsept-)Akkord nicht, wie selbstverständlich erwartet, nach G-Dur als Tonika auf, sondern fügt dem G-Dur-Akkord ein f bei, läßt ihn so unerwartet seinerseits zu einem Dominantseptakkord (in dessen Umkehrung als Sekundakkord) werden und moduliert mit ihm auf das skandalöse *und in einer Krippe liegen* über einen verminderten Septakkord nach a-Moll. Jene (im Umfeld der höheren Tonarten) tiefe Tonart, die wir aus der Matthäuspassion mit „Geduld“ und „Liebe“ assoziieren (siehe Seite 17), hatten wir als tonartlichen Tiefpunkt bereits im ersten Teil auf den Choral *Wie soll ich dich empfangen* (Nr. 5) gehört. Der Erzähler-Tenor tut das Seine, um die Erniedrigung zu schildern: er landet in einer außergewöhnlich tiefen Lage.

17. Choral

Schaut hin, dort liegt im finstern Stall,
des Herrschaft gehet überall!
Da Speise vormals sucht ein Rind,
da ruhet itzt der Jungfrau'n Kind.

Der Vers aus dem Lutherlied „Vom Himmel hoch, da komm ich her“ wandelt das a-Moll des Rezitativschlusses in C-Dur. Beide (Parallel-)Tonarten bilden den harmonischen Tiefpunkt des zweiten Teils und damit zugleich der ersten drei Oratoriumsteile, die tonartlich einen großen Bogen von D-Dur abwärts über G-Dur des zweiten Teils, noch eine Quint tiefer über das C-Dur dieses Chorals zurück nach D-Dur spannen (siehe Tonartenskizze, Seite 138). Wir befinden uns auch musikalisch *im finstern Stall.* Die Dunkelheit wird von den vier die Singstimmen begleitenden Oboen verstärkt (normalerweise spielen die Oboen bei Bach nur den Chorsopran mit). *Des Herrschaft gehet überall* wird als Hoffnungszeichen in einer ausgreifenden Aufwärtstonleiter des Chorbasses geschildert; sie *gehet überall*, nämlich über die das All der Musik repräsentierende Oktave hinaus (Notenbeispiel 52a). Und ebenso unerhört über den Tonumfang der Oktav hinaus führt eine große Abwärtsbewegung des Basses auf den erniedrigenden Umstand *da Speise vormals sucht ein Rind* (Notenbeispiel 52b). Zwei auffällige Synkopen auf die letzte Textzeile *da ruhet itzt*

Notenbeispiel 52

der Jungfraun Kind (Notenbeispiel 52c) sind nach der Lehre der Zeit als „zerbrochener Takt", als „falsches Verhältnis"[65], nämlich zwischen dem Königskind und dem armseligen Rind zu verstehen. Joachim Kaiser deutet sie in einer Rezension amüsant und eingängig als „Wackeln der Krippe".[66] Alfred Dürr hört in den verschobenen, also länger als erwartet klingenden Notenwerten das „Ruhen des Kindes".[67]

18. Rezitativ (Baß)

So geht denn hin, ihr Hirten geht,
daß ihr das Wunder seht:
Und findet ihr des Höchsten Sohn
in einer harten Krippe liegen,
so singet ihm bei seiner Wiegen
aus einem süßen Ton
und mit gesamtem Chor
dies Lied zur Ruhe vor:

Hier, im zweiten Accompagnato, begleiten wieder nur die vier Oboen und die Continuo-Instrumente den Baß, die Stimme des (Musik-)Fundamentes, der Glaubenssicherheit; zunächst, ähnlich wie im vorausgegangenen Accompagnato, mit getupften Akkorden (Notenbeispiel 53); die Continuostimmen darunter *gehn denn hin* in trippelnden, immer wieder neuen Anlauf

Notenbeispiel 53

nehmenden 16teln (Notenbeispiel 53). Ab dem fünften Takt *(so singet ihm ... aus einem süßen Ton)* werden die Akkorde in weichen (nämlich mit einem Legatobogen versehenen) Repetierungen wiederholt, indes die Continuostimmen in eine wiegende Triolenfigur übergehen, die in Dreiklangsbrechungen ruhig lange in immer denselben Harmonien verharrt (Notenbeispiel 54). Es ist dies

Notenbeispiel 54

eine der vielen interessanten Korrekturen Bachs während seiner Arbeit: Ursprünglich war die Continuostimme ab diesem fünften Takt in durchgehenden Sechzehnteln notiert. Die uns so selbstverständlich „wiegende" Triolenfigur fügte Bach erst später ein.

19. Arie (Alt)

Schlafe, mein Liebster, genieße der Ruh,
wache nach diesem vor aller Gedeihen!
Labe die Brust, empfinde die Lust,
wo wir unser Herz erfreuen!

Albert Schweitzer schon hat darauf aufmerksam gemacht, daß das Wiegenlied an dieser Stelle eine Vorwegnahme bedeutet. Seinen Platz hätte es ja wohl erst, nachdem der Hörer mit den Hirten wirklich an der Krippe steht.[68] Wir wissen nicht genau, wie weit Bach auf die Textgestaltung Einfluß nahm. Wir dürfen aber annehmen, daß die Stellung dieser Arie auf Bachs Anregung oder zumindest mit seinem Einverständnis vorgenommen wurde: Ähnlich wie auch im ersten und dritten Teil je eine besondere Stille vor ein jubelndes Ende geschaltet ist (in Teil I das wunderbare Arioso mit Choral *Er ist auf Erden kommen arm*, Nr. 7; in Teil III die bewegend innigliche Arie *Schließe meine Herze*, Nr. 31), so schafft Bach hier vor dem großen Engelchor ein innehaltend ruhiges Element mit dem dramaturgischen Trick, die Arie, die sie später dem Kind musizieren sollen, den Hirten selbst erst einmal vorspielen und vorsingen zu lassen. So suggeriert es der Text des vorangegangenen Accompagnatos *so singet ihm … dies Lied zur Ruhe vor*. Noch nicht die Hirten singen *mit gesamtem Chor* (das würde auch die Wirkung des folgenden Engelchores allzusehr schmälern), sondern wir vernehmen wie in einem Traum das *Lied* von einer Vorsängerin vorgesungen, von jener Altstimme, deren Warmherzigkeit und Mütterlichkeit wir schon kennengelernt haben.

Die Arie folgt der Aufforderung des Textes *genieße der Ruh*: Sie ist eine der stillsten und dazu eine der ausgedehntesten Arien des Oratoriums. Mit ihren 264 Takten wird sie nur von dem 280taktigen Duett (Nr. 29) im dritten Oratoriumsteil übertroffen. Dies auch nur der Taktzahl nach, in ihrer klingenden Länge übertrifft die Arie (wegen ihres 2/4-Taktes) das Duett (mit seinem 3/8-Takt) deutlich (die Achtel der beiden Taktarten kann man sich etwa gleich lang klingend vorstellen).

Der Text der Parodievorlage aus der Kantate BWV 213 hat große Übereinstimmungen mit dem Text des Weihnachtsoratoriums. Insbesondere ist die erste Verszeile, die den ganzen Charakter des Wiegenlieds prägt, fast identisch (in der Vorlage: „Schlafe, mein Liebster, und pflege der Ruh"). Dennoch ist auch hier wieder die Sorgfalt der Überarbeitung zu spüren. Bach transponiert die Arie vom ursprünglichen B-Dur nach G-Dur (also eine Terz abwärts, im Quintenzirkel freilich aufwärts, in der Gefühlsfarbe also eher ins Hell-Lichte). Der Gesangspart wird statt des Soprans dem Alt übertragen. Der Singstimme wird eine Flöte zugeordnet, die ihre Noten oktaviert mitspielt und so den dunklen Alt mit einem ständigen Leuchten umgibt.

Die Architektur der Arie ist von großen Bögen geprägt. Ihre Außenteile sind durch ein Formmaß von jeweils 28 Takten gekennzeichnet, das Bach nur einmal auseinanderschlägt, indem er die zwölf letzten Takte des Ritornells als Zwischenspiel zwischen die beiden Gesangsblöcke einbaut und

19. Arie (Alt): *Schlafe, mein Liebster*

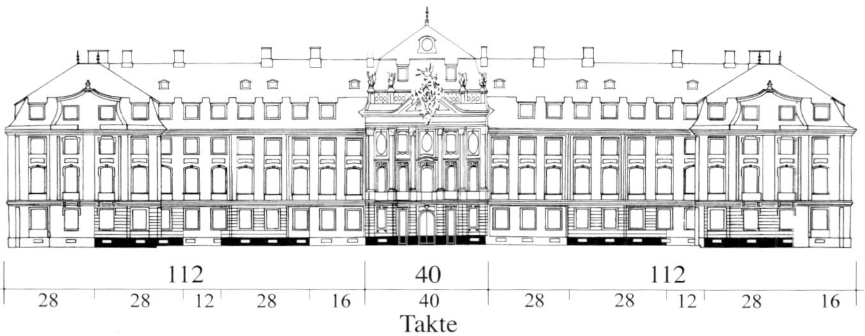

folgerichtig das Ritornell bei seiner endenden Wiederholung um diese zwölf Takte kürzt.

Das Ritornell schichtet auf bewunderswerte Weise die verschiedenen charakteristischen Motive des Schlummerliedes übereinander: Im Continuo wiederholen sich auf und ab pendelnde Oktaven (Notenbeispiel 55a), als würden sie immer wieder an die auseinanderliegenden Scheitelpunkte des Wiegens stoßen. Lange halten sie dabei an dem Grundton g fest und *genießen* so *der Ruh* ebenso wie die Bratschen und die vierte Oboe (= zweite Oboe da caccia), die lange auf der gleichen Note g verharren (Notenbeispiel 55b). Darüber, in der gemeinsamen Oberstimme der Violinen und Oboen d'amore, erklingt der Hauptgedanke: ein kleines Motiv, das nach einem punktierten Achtel sich in zwei 32stel und dann hinabströmende 16tel ergießt, um schließlich in ruhig phrasierende Achtel einzumünden (Notenbeispiel 55c) – als wolle eine Hand vorsichtig das Kind berühren, scheu innehalten, vor Vorsicht zucken, um dann in behutsam hastige 16tel und schließlich in liebevoll ruhige, streichelnde Achtelbewegung überzugehen. Die wiegende Achtelbewegung ähnelt den Motiven in den beiden Accompaganti des ersten Teils. Sie phrasiert zärtlich zunächst in größeren Intervallen abwärts (Notenbeispiel 55d), alsbald aufwärts; in dieser hoffnungsfrohen Richtung ist sie erst auf die so erinnerungsgeladenen Sekunden eingeengt, schließlich wieder auf größere Intervalle erweitert (Notenbeispiel 55d). Im zweiten Teil des Ritornells, ab Takt 16, wird diese Thematik abgelöst von einem kleinen Motiv, das zweimal hintereinander synko-

Notenbeispiel 55

pisch mit einer übermäßigen Quart aufrüttelt (Notenbeispiel 55e), die jeweils nach dem Schwung zweier 16tel in den Seufzer eines Sekundschrittes mündet (Notenbeispiel 55f), um endlich in einer Kette von synkopischen Noten sich abwärts zu neigen und dabei den großen Tonraum einer Duodezim zu durchschreiten (Notenbeispiel 55g). Die aufrüttelnde Quartsynkope läßt an die später formulierte Aufforderung *wache nach diesem*, die lange Abwärtsneigung an die Güte des *für aller Gedeihen* denken: Sie vereinigt nämlich nahezu „alle" möglichen Töne der Tonwelt (10 von 12) und schweift dabei weit zu tonartfremden Tönen aus. Auffallend überschreitet sie dabei die Oktav, als habe sie sogar mehr als *aller* (Sinnbild der Oktav) *Gedeihen* im Sinn. Wie kompliziert muß sich Sprache geben, um auch nur einen Bruchteil dessen zu beschreiben, was in der Musik sich in wenigen 28 Takten nacheinander, übereinander und ineinander auf das Klarste und Verständlichste entfaltet!

Die Sängerin bestätigt das so Entfaltete in seiner ganzen Ambivalenz. So setzt sie (ähnlich den Bratschen und der zweiten Oboe da caccia im Anfang des Ritornells) mit einer unendlich langen, alle Ruhe der Welt ausströmenden Note ein und wiederholt solch Anhalten noch zweimal, nachdem sie jeweils in repetierenden Seufzersekunden abwärts gesunken ist. Dabei bildet sie mit ihren drei lang gehaltenen Ruhepunkten einen bedeutungsvollen Dreiklang abwärts auf den Noten g–e–c. Auf das kleine Hauptmotiv, das sie schließlich aufnimmt, textiert sie dann kurz nacheinander sowohl *wache!* wie *schlafe!* wie *genieße!* – als wolle sie demonstrieren, daß zum Genuß des Lebens Wachsamkeit und Schlaf, Aktivität und Ruhe gehören. Das Orchester kontrapunktiert die anfänglichen langen Noten der Sängerin mit dem Hauptmotiv, später, wenn die Sängerin es übernimmt, begleitet es mit langen, ruhigen Akkorden oder colla parte. Mit einem ausdrucksvollen Sprung in die Non schließt die Sängerin mit der Aufforderung *wache!* den ersten Gesangsteil ab, ohne doch die eigentliche Wach-Motivik der synkopierten Quartsprünge schon aufzunehmen.

Dies besorgt ein instrumentales Zwischenspiel, das nur den zweiten Teil des Ritornells, also nur die aufrüttelnd synkopierten Quarten und die synkopierten, abwärts sich senkenden Sekundschritte aufnimmt. Danach folgt ein zweiter Gesangsblock, den die Sängerin mit dem kleinen Hauptmotiv beginnt, sie wird weitgehend in Terz- bzw. Sextparallelen von der zweiten Geige begleitet und wieder von der Flöte oktavierend unterstützt (Notenbeispiel 56a). Die lang anhaltenden Noten sind in die Baßstimmen abgewandert (Notenbeispiel 56b), die wiegende Bewegung in die Bratschen (Notenbeispiel 56c), indes die Oberstimme (erste Violine und Oboe) die Synkopen des Quartmotivs und der Überbindungen fortspinnt (Notenbeispiel 56d). In einem mächtigen Oktavsprung verstärkt nach acht Takten die Singstimme das synkopierte *wache!*, die instrumentale Oberstimme folgt kanonisch einen Takt später, als

Notenbeispiel 56

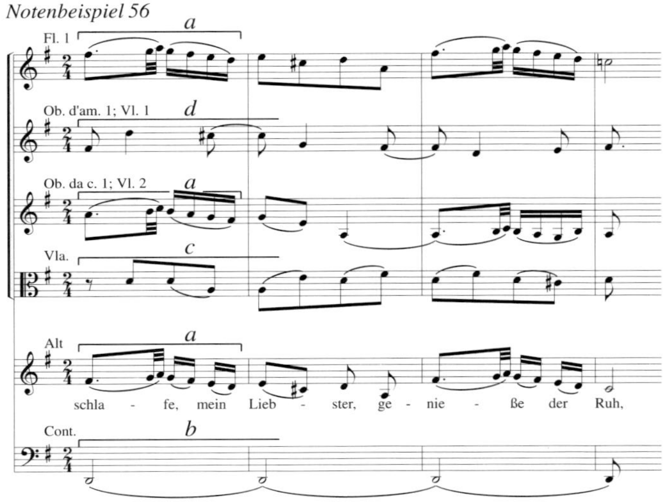

wollte sie mit aller Kraft diese ausdrucksvolle Aussage unterstreichen (Notenbeispiel 57). Das in den Instrumenten folgende aufrüttelnde Quartmotiv kon-

Notenbeispiel 57

trapunktiert die Sängerin mit ruhigen, durch Vorhalt zusätzlich weich geformten Einwürfen mit einem beruhigenden *schlafe!* (Notenbeispiel 58; in alten Ausgaben falsch „wache“ textiert!). Deutlicher läßt sich die gegenseitige Bedingtheit der beiden Wünsche nicht darstellen! Als wäre das ganze anfängliche Ritornell aufgeklappt, schließt nach diesem zweiten Gesangsblock ein instru-

Notenbeispiel 58

mentales Nachspiel nur mit den ersten 16 Takten des Eingangsritornells. Die zweite Periode mit ihren zwölf Synkopentakten war ja als Zwischenspiel bereits erklungen.

Im Mittelteil neigt sich die Singstimme mit ihrem *Labe die Brust, empfinde die Lust* zweimal eine verminderte Septime herab (Notenbeispiel 59), in der Vorlage hatte der im Affekt gleiche, wenn auch aufreizendere Text „Schmecke die Lust der lüsternen Brust“ Bach zu den gleichen Wendungen inspiriert. Auf

Notenbeispiel 59

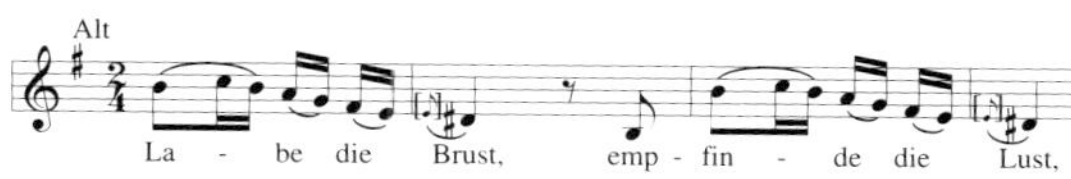

wo wir unser Herz erfreuen beginnt die Sängerin mit einer fröhlichen Koloratur (Notenbeispiel 60), die so, vor allem mit ihrer späteren, rhythmisch verschärften Version (Notenbeispiel 61), in der Vorlage nicht vorhanden war.

Notenbeispiel 60

Notenbeispiel 61

Dort standen andere Koloraturen auf das Wort „erkenne keine Schranken“; deren letzte und längste konnte Bach mit der neuen Textierung ins Weihnachtsoratorium übernehmen.

Das Orchester ist im Mittelteil zunächst reduziert auf wenige, die 16tel der Gesangsstimme fortsetzende Einwürfe. Nach acht Takten beginnt die erste Oboe d'amore (um eine Quart versetzt) mit einer kanonisch bekräftigenden Imitation der Gesangsstimme. Gegen Ende des Mittelteils (in Takt 139) setzt noch einmal das volle Orchester ein und überlagert mit dem aufrüttelnden Quartmotiv das *labe die Brust* und mit den sich abwärts neigenden synkopierten Sekunden die sich *erfreuende* Koloratur der Sängerin.

Die Mannigfaltigkeit der musikalischen Motive, ihre Gleichzeitigkeit, ihre gegenseitige Verwobenheit läßt eine Textaussage, die voller widersprüchlicher Affekte steckt, unmittelbar einleuchten. Die Formklarheit, der schwingend wiegende Takt vermitteln eine unerhörte Ruhe. All das muß wohl, wie das vorausgegangene Accompagnato es gefordert hatte, tatsächlich den Hirten vormusiziert werden, weil es so erfahren und weise, so mütterlich liebevoll, so „ruhig, feierlich, heimatvoll" (Rilke, siehe Anmerkung 22) ist, daß man es sich aus dem Mund einfacher Männer in der Tat nur vorstellen kann, wenn sie es eingeflüstert erhalten.

20. Evangelium und 21. Chor

Und alsobald war da bei dem Engel die Menge der himmlischen Heerscharen, die lobten Gott und sprachen:
(Chor:) *Ehre sei Gott in der Höhe und Friede auf Erden und den Menschen ein Wohlgefallen.*

Mit knappen vier Takten, in aufgeregt weit ausholender Melodik führt der Evangelist den Chor der *himmlischen Heerscharen* ein. Mit einem Sextakkord der Dominante von D-Dur springt er impulsiv in seinen Bericht. Die jubelnde Ausgangstonart des Weihnachtsoratoriums in der abschließenden Kadenz wird freilich sogleich als Dominante zu G-Dur verstanden, in dem der große Engelchor folgt.

Mit einem aufrüttelnden, aufwärts gerichteten Quartmotiv (man kann es als Umkehrung und Bekräftigung der Paukenschläge verstehen, die das ganze Oratorium eröffnet hatten) und zudem mit einer übermütigen Synkope beginnen die himmlischen Heerscharen ihren Lobgesang *Ehre sei Gott in der Höhe*. In halbtaktigem Abstand fallen die vier Chorstimmen sich gegenseitig ins Wort (Notenbeispiel 62a). Der Continuobaß rotiert indes in einer schier unendlichen Kette von Achteln. In den ersten vier Takten richten sie sich bedeutungsvoll sequenzierend eine Oktav auf und schreiten den ganzen Weltraum gleichsam

Notenbeispiel 62

aus. Dann, in den nachfolgenden Takten, steigern sie sich immer wieder zu einem jubilierenden Daktylusrhythmus (ein Achtel, zwei 16tel; Notenbeispiel 63). Dreimal jeweils acht Takte lang schwingen sie sich so durch drei verschie-

Notenbeispiel 63

dene Tonartenräume (G–D, D–e, e–h). Ihre wie ein Uhrwerk laufende Achtelbewegung erinnert an die ähnliche Bewegung in den beiden Ecksätzen des Credo in der h-Moll-Messe: Es ist, als würde die Weltenuhr angestoßen und nun in Schwüngen von 24 Takten einen ganzen Tag durchlaufen.[69] Der Chorbaß folgt den Instrumentalstimmen. Er gibt öfters kurz nur die enge Gefolgschaft auf, um sich an dem imitatorischen Quart-Einsatz der Oberstimmen zu beteiligen. Die Instrumente begleiten den Chor nicht wie so oft colla parte. Vielmehr werfen sich Streicher und Oboen, als würden sie lachen, federnd kurze Akkorde zu („staccato" schreibt Bach vor; Notenbeispiel 62). Die Flöten spalten sich auf, die erste gesellt sich zur Engelgruppe der Streicher, die zweite zur Hirtengruppe der Oboen. Das *Auf denn! wir stimmen mit euch ein* des folgenden Rezitativs ist in der Instrumentation schon erfüllt.

In geheimnisvoll, wie ergriffen flüsterndes piano fällt der Chor, wenn er in langen, ruhigen Kantilenen singt: *und Friede auf Erden* und dabei dreimal, bei jeder Textwiederholung, mit einem verwunderten, übermäßigen Dreiklang beginnt (Notenbeispiel 64a). Man möchte als Dirigent den Lauf der Musik anhalten, um diesen erstaunten Klang dem Hörer bewußter zu machen – mehr noch, als Bach es ohnehin tut: Die Continuostimmen nämlich geben abrupt ihren Achtel-Lauf auf und verharren auf langen, jeweils über zwei Takte friedlich ruhenden Noten. (Ähnlich übrigens behandelt Bach in seiner h-Moll-Messe die entsprechende Textstelle „et in terra pax", auch dort ruhen die Continuostimmen taktelang auf einer Note.) Die beiden Instrumenten-Chöre spalten sich auf: Die Violinen und die beiden Flöten heben nach jeweils einer atemholenden Achtel-Pause mit drei gebundenen Achteln immer wieder zu einer kleinen,

Notenbeispiel 64

besänftigenden, wie streichelnden Gebärde an. Die Oboen, als hätten die Menschen den verheißenen Frieden und die Ruhe schon gefunden, verbreiten sich in langgehaltenen Akkorden (alles Notenbeispiel 64).

Sie behalten sie auch bei auf die Worte *und den Menschen ein Wohlgefallen*[70], während der Chor, jetzt colla parte von Streichern und Flöten begleitet, in ein drittes Motiv fällt, das sich auf das *Wohlgefallen* in lange, einem erfrischenden Lachen ähnelnde 16tel-Ketten ergießt, indes – als hätte die Weltenuhr wieder zu ticken begonnen – die Continuostimmen in ihren Achtel-Lauf zurückfallen (Notenbeispiel 65). Wie zuversichtlich und voller überschwenglicher Freude singen die *himmlischen Heerscharen* von einem *Wohlgefallen*, an das wir kaum zu glauben wagen!

Notenbeispiel 65

Einmal 24 Takte für die „Höhe“: *Ehre sei Gott*; einmal 24 Takte für die „Erde“: der Wunsch nach *Frieden* und *Wohlgefallen* – als solle Gotteslob und Erdenwunsch gleiches Gewicht haben und für alle Stunden des ganzen Tages gelten. Aber die zweimal 24 Takte genügen Bach nicht. In einer Zusammenraffung von acht Takten Gotteslob – acht Takten Erdenwunsch (in zweimal vier Takte gleichmäßig auf *Frieden* und *Wohlgefallen* verteilt) – dazu ein Schlußtakt – greift er die unterschiedlichen Texte mit ihren zugehörigen Vertonungen auf und bekräftigt sie.

Zahlreiche autographe Korrekturen in diesem enthusiastischen Satz belegen Bachs Eifer zur Vollkommenheit und bestätigen uns (wenngleich ein Be-

21. Chor: *Ehre sei Gott in der Höhe*

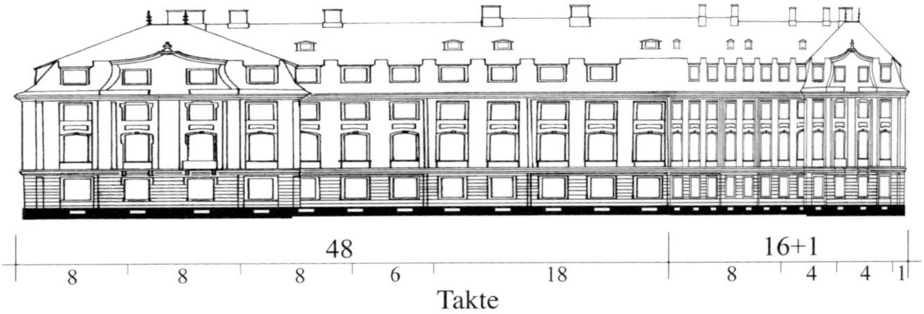

weis dafür fehlt) in der Vermutung, daß es sich bei diesem Chor der Engel um eine Originalkomposition für das Weihnachtsoratorium handelt. Die Taktvorschriften Bachs sind in den Stimmen unterschiedlich. Sie lauten alla breve oder 4/4-Takt; in den Continuostimmen – zur Verdeutlichung des dort nicht sofort ersichtlichen Charakters – „Vivace". Der Satz ist nicht leicht zu musizieren, wenn man allen Ansprüchen der unterschiedlichen Thematik gerecht werden will. Man stellt sich gern die virtuosen Teile schneller, den friedvollen Mittelteil ruhiger vor. Diese Schwierigkeit umgeht Bach beim gleichen Text in seiner h-Moll-Messe, indem er dort vom himmlisch-tänzerischen Dreiertakt auf das „Gloria in excelsis" zum irdisch laufenden Vierertakt beim nachfolgenden Wunsch für die Menschen wechselt und die zweite Textaussage vom Frieden und die dritte vom Wohlgefallen zu einem musikalischen Thema zusammenfaßt. Kein Zweifel aber, daß im Weihnachtsoratorium die divergierenden Texte mit ihren so unterschiedlichen Vertonungen zu einer im Tempo übergreifenden Interpretation zusammengefaßt werden sollten. Die Interpreten können beweisen, daß Virtuosität und Ruhe nicht eine Frage des absoluten Tempos sind. Beides müssen sie auf die unterschiedlichen Teile in e i n e m Tempo vermitteln können und so darlegen, was Bach offenbar gemeint hat: Lob Gottes und der Wunsch nach Frieden und Wohlgefallen für die Menschen sind nur die zwei Seiten einer, der gleichen Sache.

22. Rezitativ (Baß)

So recht, ihr Engel, jauchzt und singet,
daß es uns heut so schön gelinget!
Auf denn! Wir stimmen mit euch ein,
uns kann es so wie euch erfreun.

Ich bin geflüchtet, ich bin ins Kloster gegangen, ich konnte menschliche Stimmen nur noch ertragen, wenn sie sangen.“ Wer vermöchte bei den vielen Reden der Präsidenten, Kanzler und Bischöfe zu Weihnachten nicht diesen Satz eines Beichtvaters bei Nooteboom nachzuvollziehen?[71] Kann man über Weihnachten reden? Über den Frieden, über die große Hoffnung, über die Vision: „Der Himmel senket sich, er kommt und wird zur Erden“? Oder kann man es nur den Engeln gleichmachen; kann die davon berichtende Vision *so schön gelingen* nur, wenn wir in deren Jauchzen und Singen mit einstimmen?

Ist es Zufall, daß Bach mehrere Versuche unternommen hat, um diesen kurzen Satz zu vertonen? Hat er sich schwer getan mit der Aussage, *daß es uns heut so schön gelinget*, da er doch sogleich vom *Lallen* unserer Musik berichtet? – Die ursprünglich begonnene, dann in der Partitur dick durchgestrichene Fassung sah eine Instrumentierung mit vollem Orchester aus Streichern und Oboen vor. Sie wäre nur folgerichtig gewesen, sind doch bisher alle betrachtenden Rezitative accompagnato, mit Begleitung von Instrumenten komponiert. Nach dem verworfenen Versuch wählt Bach die einfachste, bescheidenste Lösung: ein kurzes Secco-Rezitativ, das dem Baß anvertraut ist.[72] Ob ihn tatsächlich Scheu befiel, davon zu reden, *daß es uns heut so schön gelinget*? Oder mochte ihm die reichere instrumentale Fassung als Bindeglied zwischen den beiden großen Chören ungeeignet erscheinen? So jedenfalls wirkt das kurze Rezitativ neben den vielen Accompagnati, in denen sonst freie Dichtung vertont ist, wie etwas Besonderes. Jedenfalls erklingen die Ausrufe *So recht!* oder *Auf denn!* im Secco-Rezitativ nun „trocken“, so direkt und unverhüllt, daß sie zwischen dem Glanz des vollen Orchesters schon wieder zu besonders eindringlicher Wirkung gelangen, ebenso wie die emphatischen Spitzennoten auf *jauchzt ... so schön ... Auf denn* und *uns kann es so wie euch erfreun.*

23. Choral

Wir singen dir in deinem Heer
aus aller Kraft: Lob, Preis und Ehr,
daß du, o lang gewünschter Gast,
dich nunmehr eingestellet hast.

Mit dem zweiten Vers des Paul-Gerhardt-Liedes „Wir singen dir, Immanuel" auf die vertraute Melodie des Luther-Liedes „Vom Himmel hoch, da komm ich her" freut sich der Chor im abschließenden Choral des Geschehens. Der lang gewünschte Gast hat sich tatsächlich *nunmehr eingestellet*: Himmel und Erde, das Musizieren der Engel und das der Menschen sind wirklich eins geworden. Denn das charakteristische, punktiert schwebende Motiv der Engel aus der Sinfonia ist unter den Chor in die (selbständige) Continuostimme gewandert, gibt so das Fundament des ganzen Satzes ab. Der Chor nimmt mehrmals den triolisch wiegenden Rhythmus der Hirtenschalmeien auf. In Zwischenspielen setzen die vier Oboen mit ihrer Hirtenmusik ein. Wie zuvor schon manchmal schlagen sich die Flöten der Engel nun endgültig zu den Oboen der Hirten. Als wollten sie die Dunkelheit der Hirten erhellen, oktavieren beide Flöten jeweils diejenige Oboe, die mit ihrem Musizieren das Motiv der Engel aufnimmt.

Die Idee, den Schlußchoral so eng an die Sinfonia anzubinden und damit den ganzen zweiten Teil rundend zu schließen, kam Bach offenbar erst beim Niederschreiben. Korrekturen lassen erkennen, daß er ursprünglich einen schlichten vierstimmigen Choralsatz im 4/4-Takt plante.[73]

Teil III

Es ist wichtiger, unterwegs zu sein,
als anzukommen.

Sheldon B. Kopp[74]

24. Chor

Herrscher des Himmels, erhöre das Lallen,
laß dir die matten Gesänge gefallen,
wenn dich dein Zion mit Psalmen erhöht!
Höre der Herzen frohlockendes Preisen,
wenn wir dir itzo die Ehrfurcht erweisen,
weil unsre Wohlfahrt befestiget steht!

Ein bayerischer Pfarrer, der sich mit einem Preisausschreiben in der Akademie Tutzing für die Einführung des Schlagers in der Kirche eingesetzt hatte – ausgerechnet er bekannte mir einmal, er sei sicher, nach seinem Tode in einer himmlischen Wirklichkeit aufzuwachen unter den Klängen des Chores *Herrscher des Himmels, erhöre das Lallen.* Der hinreißende, trunkene Tanz läßt diese Überzeugung verständlich erscheinen.

Die weltliche Vorlage, eine Huldigungskantate, spricht davon, daß die sächsische Königin noch lange leben möge und daß die Linden in ihrem Lande blühen mögen wie Zedern. Bäume sind immer Symbol des Lebens. Zedern galten den Alten in Sonderheit als Symbol der „Größe, der Stärke, der Dauerhaftigkeit", dazu, weil sie immergrün sind, der Unsterblichkeit.[75]

Im schwungvollen 3/8-Takt setzen alle Instrumente einschließlich der Trompeten und Pauken in D-Dur ein. Der Satz ist so liedhaft unkompliziert, so tänzerisch schwungvoll (tatsächlich kopiert er die Form eines alten Tanzes, des Passepied[76]), daß man ihn sich von Beginn an nur in ganzen Takten, ja sogar in zweitaktigem Metrum vorstellen kann. Auch seine leicht überschaubaren Perioden von insgesamt sechsmal 16 Takten tragen zur Eingängigkeit bei. Sie wechseln immer nur (von Ausweitungen auf Subdominante und Wechseldominante bekräftigt) zwischen Tonika und Dominante und bestätigen so das furiose D-Dur ohne jedes Wenn und Aber eines Ausweichens in andere Tonarten. Über dem Fundament mächtiger Oktav- und Dreiklangsschritte im Continuo entfaltet sich eine schlichte, engräumige, in vielen Tonrepetierungen insistierende Melodie in der Oberstimme der ersten Trompete, Holzbläser und ersten Violinen (Notenbeispiel 66). Nur am Ende des 16taktigen Vorspiels, wenn die erste Trompete mit einer lang ausgehaltenen Note Gelegenheit hat, (in der Vorlage) das „lange" Leben der Königin zu beglückwünschen, spaltet sich der Orchestersatz für wenige Takte in einzelne Instrumentengruppen

Notenbeispiel 66

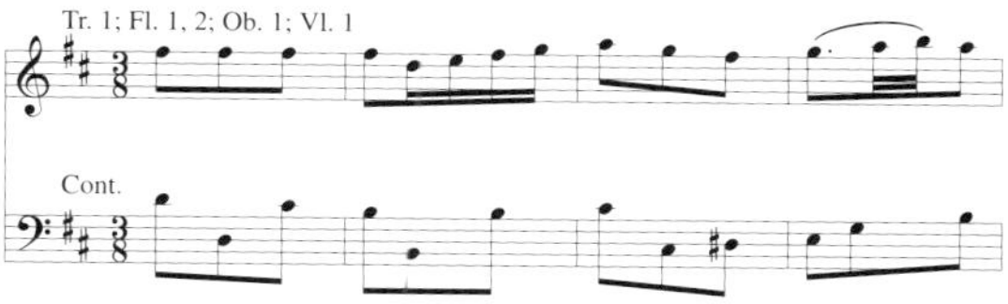

auf: erst nur Flöten, dann alle Holzbläser tragen, immer aufgefangen von allen Streichern, die melodische Entwicklung. Nach dem 16taktigen Ritornell setzt der Chor nicht, wie man nach dem vollen Instrumentaleinsatz erwarten könnte, vierstimmig, mit all seinen Stimmen gleichzeitig ein. Vielmehr prescht der Tenor mit der ersten Verszeile vor. Er lehnt sich dabei mit seinen Tonrepetierungen deutlich an die Motivik der ersten Orchestertakte an, wandelt sie aber ins Gesangliche ab und fällt *lallend* aufs tiefe D ab. Der Sopran fügt nach vier Takten die zweite Verszeile hinzu, der Alt nach wiederum vier Takten die dritte. Nach insgesamt 16 Takten haben die drei Oberstimmen die erste Hälfte des Textes vorgetragen. Jede Stimme hat zum neuen Text ihre eigene Motivik. Unermüdliche Koloraturen in den beiden Frauenstimmen jubeln von dem *Gefallen*-lassen der Gesänge und dem *Erhöhen* durch Zion. Die 16 Takte der vorpreschenden Chorstimmen münden in Takt 33 in einen vollstimmigen Chor- und Orchestersatz. In eine wörtliche Wiederholung des Orchestervorspiels baut Bach dort kunstvoll den Chor ein, der nochmals alle drei Textzeilen

24. Chor: *Herrscher des Himmels, erhöre das Lallen*

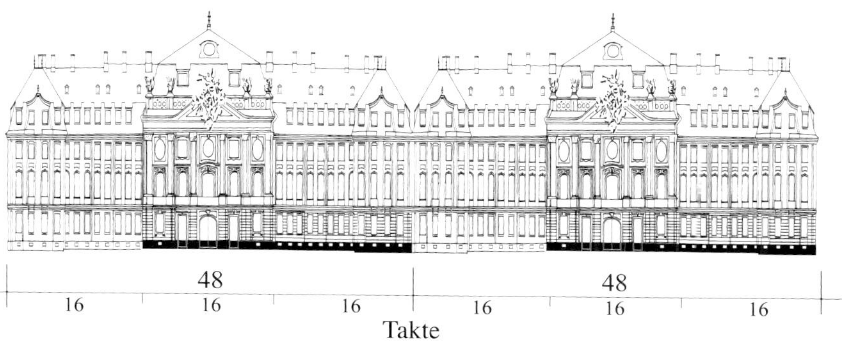

vorträgt. Weitgehend, soweit es nämlich den Singstimmen möglich ist, folgt der Chor dabei dem Orchestersatz; so folgt etwa der Sopran lange Takte der zweiten Violinstimme, deren Lage ihm erreichbar ist, während die erste Violin- und Bläserstimme darüber liegt. Die „lang“lebigen Noten treffen dabei auf das *mit Psalmen erhöht*, das zudem durch eine Spitzennote im Sopran unterstrichen wird. In den ersten 48 Takten ist durch die Wiederholung des Ritornells mit Chor eine klare, dreigliedrige Dacapo-Form A–B–A entstanden.

Mit dem verbleibenden Text verfährt Bach gleichermaßen. In leicht geänderter, fortführender Motivik erklingen 16 Takte Orchestervorspiel, 16 Takte Einsatz der drei Oberstimmen mit den letzten drei Verszeilen des Textes, 16 Takte vollstimmiger Chor- und Orchestersatz. Hier treffen die langgehalten Noten sinnig auf den Wunsch, daß *unsre Wohlfahrt befestiget* stehen möge.

25. Evangelium und 26. Chor

Und da die Engel von ihnen gen Himmel fuhren, sprachen die Hirten untereinander:
(Chor:) *Lasset uns nun gehen gen Betlehem und die Geschichte sehen, die da geschehen ist, die uns der Herr kundgetan hat!*

Ein kurzes Rezitativ führt den Chor der Hirten ein. Es moduliert um eine Quinte aufwärts nach A-Dur.

Der folgende Chor ist in mehrfacher Beziehung ein Kabinettstück. Er beginnt mit der Aufforderung: *Lasset uns nun gehen*. In ständiger Achtelbewegung „geht“ das Continuo (Notenbeispiel 67). Solche wie ein Uhrwerk ablaufende Continuobewegung ist bei Bach öfters zu finden. Im Weihnachtsoratorium waren wir ihr schon im Chor *Ehre sei Gott in der Höhe* (Nr. 21) begegnet und werden sie wieder hören im Eingangschor zu Teil V, *Ehre sei dir, Gott, gesungen* (Nr. 43). Wenn solche gleichmäßig laufende Bewegung in der tiefsten Stimme, im Fundament der Musik, den Duktus des ganzen Satzes bestimmt, meint man, im dunklen Untergrund allen Geschehens das Laufen der Zeit selbst zu hören und spürt die Aufforderung, es ihr gleich zu tun.

Notenbeispiel 67

Die Hirten tun das. Mit ihrem *Lasset uns nun gehen* laufen die von Instrumenten colla parte begleiteten Singstimmen los mit vier Achteln in der Bewegung der Continuo-Instrumente, gleichsam im Takt der Zeit, um dann in gesetzte längere Notenwerte (Viertel und eine Halbe) überzugehen, als würden die Hirten nach einem übereilten Aufbruch sich plötzlich ihrer altväterlichen Würde und Gravität besinnen. Das alles läßt schon auf ein ziemlich hurtiges Laufen der Hirten schließen. In den Flöten und ersten Violinen aber ergießt sich über dem Laufen der Achtel eine unendliche Kette von 16teln (Notenbeispiel 67) – man hört gleichsam, wie die behenden Hirtenbuben mit trippelnden Schritten und die vielen Schafe mit klappernden Hufen um die Erwachsenen herumspringen.

Die Chorstimmen setzen zunächst im Abstand von je einem Takt nacheinander ein, als würden sie tatsächlich gesetzt einer nach dem anderen aufbrechen. Nach dem vierten Einsatz aber drängen sich die Einsätze, oft zwei, ja sogar drei Stimmen in einem Takt, immer ganz unerwartet und unregelmäßig, als hielte es nun auch die Zurückgebliebenen nicht mehr und alle schlössen sich in immer enger werdender, ungeordneter Formation den davoneilenden Hirten an.

Der ganze Satz klingt in all seinen Stimmen wie eine Aufforderung zum Loslaufen, wie ein Anstacheln zu Aufbruch. Mit den Hirten sind nicht nur, wie wir im zweiten Oratoriumsteil gehört haben, Menschen gemeint, die in selbstverordneter Einsamkeit sich ein Ohr bewahrt haben für Dinge, die geschehen wollen, ohne sich laut anzukündigen. Hirten sind auch Vorbild für ständige Wanderschaft, für immer neues Aufbrechen und Suchen. Denn Hirten waren – im Gegensatz zu den Ackerbauern, die ihr Land hegen mußten und so an einem Fleck Erde ansässig wurden – unstete Gesellen. Wenn das Land abgeweidet war, mußten sie weiterziehen. So waren sie an ständige Wanderschaft, an immer erneutes Aufbrechen gewöhnt. Und so waren sie gewiß neugieriger, experimentiertfreudiger als die seßhaften, der Tradition verhafteten Ackerbauern.

Ich denke an Worte aus Hermann Hesses *Stufen*[77]:

„Es muß das Herz bei jedem Lebensrufe
bereit zum Abschied sein und Neubeginne
[...]
Wir sollen heiter Raum um Raum durchschreiten
an keinem wie an einer Heimat hängen."

Bach verbindet mit der Aufbruchstimmung der Hirten noch einen anderen Gedanken: Das kurze trippelnde Motiv wird wechselweise nach oben und nach unten gesungen. Solche Umkehrung in der Richtung des Notenlaufs steht bei Bach immer als Zeichen der „Umkehr" im menschlichen Leben.[78] Nach Bethlehem, daß heißt: dorthin, wo unser Heil zu finden ist, gelangen wir nur, wenn wir immer wieder umkehren vom vertrauten, eingetretenen Weg, neue Pfade mutig uns erschließen. Der, den die Hirten da als kleines Kind suchen, war später der große Umdenker und Erneuerer. Mit wahrhaft revolutionärer Begeisterung stellte er die fromme Denkweise der Pharisäer auf den Kopf. Er hielt sich nicht an religiöses Establishment, sondern machte sich auf die Wanderschaft. Er sah in allen, auch den verachteten Menschen seine Brüder und Schwestern und wollte, wie die *himmlischen Heerscharen* es gerade verkündet haben, *Frieden und den Menschen ein Wohlgefallen* bringen. Er wollte verkünden, daß das Reich Gottes schon angebrochen und wir es als Werdendes, als „S e i n Anfang" nur in uns zulassen müssen.

Ich denke an das Wort von Martin Luther[79]:

„Dies Leben ist nicht ein Frommsein, sondern ein Frommwerden,
nicht ein Gesundsein, sondern ein Gesundwerden,
überhaupt nicht ein Wesen, sondern ein Werden,
nicht eine Ruhe, sondern eine Übung.
Wir sind's noch nicht, wir werden's aber.
Es ist noch nicht getan und geschehen, es ist aber im Schwang.
Es ist nicht das Ende, es ist aber der Weg."

Im zweiten Teil des Chorsatzes *und die Geschichte sehen, die uns der Herr kundgetan hat* bleibt das Laufen im Continuo und das Trippeln in der instrumentalen Oberstimme erhalten. Der Chor aber kann seine aberwitzige Neugier nur mit einem neuen Motiv ausdrücken, das mit einer Überbindung zunächst eigentümlich stockt, um sodann gleichsam mit dem gespitzten Ohr eines einzelnen Achtels sich umzuhören bzw. umzuschauen:

Notenbeispiel 68

Dieser Chorsatz ist für mich der Schlüssel zum Verständnis des ganzen Oratoriumsteils. Er thematisiert gleichsam das Motto dieses Teils. Dessen Gedanken zum „Aufbrechen und Umkehren" korrespondieren zu den Gedanken des ersten Teils vom großen „Anfang" ebenso wie die strahlende Grundtonart D-Dur die beiden Teile verbindet. Hatte der erste Teil mit seinen aufrüttelnden Paukenschlägen, seinen Hoffnung signalisierenden Trompetenfanfaren, seinen gleißenden Lichtblitzen der Streicher die Herzen höher schlagen und selbst noch mit seiner bangen Frage *Wie soll ich dich empfangen?* uns spüren lassen, daß „Beginn an sich immer so schön ist" (Rainer Maria Rilke), so regt uns der dritte Teil an, es den Hirten nachzumachen und immer wieder aufzubrechen und umzukehren. Oft wurde solche Wanderschaft als Symbol für menschliches Leben verstanden und ausgeübt. Ähnlich wie von Mose (siehe Seite 52 f.) wird von Buddha berichtet, daß er nach seinem Bekehrungserlebnis „aus dem Haus in die Hauslosigkeit" wechselte.

„Denkt doch, was Demut ist! Seht doch, was Einfalt kann!
Die Hirten schauen Gott am allerersten an.
Der sieht Gott nimmermehr, noch dort noch hier auf Erden,
der nicht ganz inniglich begehrt, ein Hirt zu werden."
(Angelus Silesius[80])

Nur wer neugierig bereit ist zu stetem Aufbruch und zu Umkehr in seinem Leben, wird Gott immer wieder, auch noch „hier auf Erden" sehen – vielleicht nicht als Himmelserscheinung, vielleicht aber wird er plötzlich in einem Feind das Ebenbild Gottes oder in einem Freund einen beschützenden Engel entdecken. Nur er wird *Mitleid, Erbarmen, Gunst und Liebe*, gar *dies selige Wunder* erfahren, von denen die großen Arienbetrachtungen dieses Teils sprechen. Er hat verstanden: Man kann zwar im Leben ankommen – wie die Hirten in Betlehem, wie die Mönche in der Legende (siehe Seite 80 f.) –, an dem Ort, „da Himmel und Erde sich berühren"; man kann aber nie im Leben angekommen sein. Das macht Leben aus, stets unterwegs zu sein und zudem bereit, von Irrwegen umzukehren.

27. Rezitativ (Baß)

Er hat sein Volk getröst',
er hat sein Israel erlöst,
die Hülf aus Zion hergesendet
und unser Leid geendet.
Seht, Hirten, dies hat er getan;
geht, dieses trefft ihr an!

Das betrachtende Accompagnato schließt sich unmittelbar dem Hirtenchor an. Der Baß, tiefste Stimme unter den Sängern, Fundament des Glaubens, spricht in ruhig schwingenden Dreiklängen die Worte von Tröstung, Erlösung, Hilfeleistung und vom Ende des Leids aus. Als solle das Überirdische dieser Glaubensgewißheit betont werden, wird der Sänger nicht von den Oboen, den Instrumenten der Hirten begleitet, sondern von zwei Flöten, die wir in der Sinfonia des zweiten Teils als Instrumente des Himmels kennengelernt hatten. Das Accompagnato landet wiederum in A-Dur, eine Quinte höher als die Grundtonart D-Dur. In dieser gesteigerten Tonart steht auch der folgende Choral.

28. Choral

Dies hat er alles uns getan,
sein groß Lieb zu zeigen an;
des freu sich alle Christenheit
und dank ihm des in Ewigkeit.
Kyrieleis!

Der Choral schließt textlich nahtlos an die Worte des Accompagnatos an und bestätigt den existentiellen Bezug der soeben gehörten Worte: *Dies hat er alles uns getan*. In großer Lebendigkeit und Selbständigkeit deklamieren die vier Chorstimmen, insbesondere der Baß, der nahezu durchgehend in Achteln singt und so ein stabiles Fundament für die Gewißheit der Worte errichtet. *Des freu sich alle Christenheit* läßt er in einer hoffnungsvoll aufwärts geführten Skala erklingen – wieder, wie in anderen Chorälen schon, über alle Maßen, nämlich über die allumfassende Oktav hinaus (Notenbeispiel 69). Das *und dank ihm des in Ewigkeit* bereichert er in einer schweifenden, aber bescheiden engen Kantilene (Notenbeispiel 69). Das abschließende *Kyrieleis!* singen

Notenbeispiel 69

die vier Stimmen nicht wie im Choral üblich untereinander, sondern dreifach versetzt nacheinander: Die Bitte erhält so besonderen Nachdruck.

Bach hat die üblicherweise von ihm eingehaltene Reihenfolge, Evangelium – betrachtendes Accompagnato – gegenwartsbezogene Arie – bekennender Choral, hier umgestellt. Der Choral nahm unmittelbar den Text des vorangegangenen Accompagnatos auf und war vorangestellt. Jetzt erst folgt die Arie:

29. Duett (Sopran – Baß)

Herr, dein Mitleid, dein Erbarmen
tröstet uns und macht uns frei.
Deine holde Gunst und Liebe,
deine wundersamen Triebe
machen deine Vatertreu
wieder neu.

Die Besetzung des Duetts mit zwei Oboen d'amore läßt ahnen, was ein Blick in die weltliche Vorlage, in der zwei Bratschen besetzt waren, bestätigt: Wir haben es mit einem Liebeslied zu tun. Der Text der Vorlage ist deutlich:

„Ich bin deine, / Du bist meine,
Küsse mich! / Ich küsse dich."

Während im Liebesduett der Kantate BWV 213 *Laßt uns sorgen, laßt uns wachen (Herkules auf dem Scheidewege)* Alt und Tenor sich mit unterschiedlichem Text gegenseitig in bukolischem F-Dur ansingen, stimmen hier in kindlich fröhlichem A-Dur Sopran und Baß in einen gemeinsamen Lobgesang Gottes ein. Ich fühle mich erinnert an das wunderbare Duett in Haydns *Schöpfung* „Von Deiner Güt', o Herr und Gott, ist Erd' und Himmel voll", in dem Adam und Eva, auch zwei Verliebte, kaum sind sie erschaffen und haben sich gefunden, nicht anders können, als zärtlich das Lob ihres Schöpfers zu singen. Verliebte schwärmen und sind voller fröhlicher Gedanken. So gerät das Duett (wie übrigens auch das in Haydns *Schöpfung*) nicht gerade knapp. Es umfaßt 280 Takte! Aber wenn man die heitere, ein wenig ungeduldig vorwärtsdrängende Atmosphäre trifft, die der Stimmung zweier Verliebter und ihrer Musik angemessen ist, so ist der Hörer nicht gelangweilt, sondern ebenso fasziniert wie die beiden sich Liebenden. Das Schwingen des 3/8-Taktes und die vorwärts drängende Melodik legen ein flüssiges, in ganzen Takten empfundenes Tempo nahe, verlangen freilich auch zwei Stimmen, die jugendlich locker genug sind, die kurzen 32stel-Noten dann noch deutlich zu artikulieren. Der klare Aufbau des Duetts erleichtert die Hörbarkeit[81]:

29. Duett (Sopran – Baß): *Herr, dein Mitleid, dein Erbarmen*

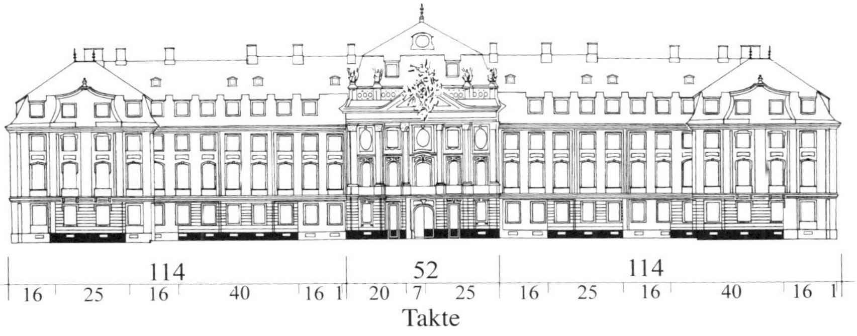

Die Arie erhält ihre verliebte, redselig-schwärmerische Länge überwiegend dadurch, daß ihr Anfangsteil A aus zwei großen Gesangsblöcken besteht, die ihrerseits durch ein Ritornell getrennt sind. Solche Doppelung ist selten bei Bach. Wir kennen sie aber aus der Arie *Schlafe, mein Liebster* (Nr. 19), in der damit der unendlichen Ruhe, oder aus der Matthäuspassions-Arie „Können Tränen meiner Wangen nichts erlangen?“, in der dem dramatisch klagenden Ausruf Nachdruck verliehen wird.

Die erste Oboe beginnt: Es ist, als würde sich ein verliebtes junges Mädchen einmal übermütig-fröhlich um sich selbst drehen. Von der Terz, also schon ein wenig „abgehoben“, schwingt sich ihr kleines Motiv zur Quinte hoch, zum Grundton herab und wieder (fast) zurück. Übermütig: Denn der Schwung nach oben vollzieht sich in einem kecken Rhythmus, der nach einer punktierten Note in zwei kurz-fröhlichen 32steln lacht (Notenbeispiel 70a), die Wendung nach unten beginnt mit zwei 32steln, die zu steppen scheinen, und mündet in eine Vorhaltsekunde ein (Notenbeispiel 70b). Diese Grundelemente – enge, innerhalb einer Quint kreisende Melodik, pointierte Rhythmik mit 32steln und Vorhaltbildung – werden in den folgenden Takten des Ritornells entfaltet: Zunächst kommt die zweite Oboe hinzu, sie wiederholt wörtlich das Motiv der ersten eine Oktav tiefer. Die erste begleitet sie in Sextparallelen (Notenbeispiel 70c). In vier weiteren Takten entsteht aus der ständigen Wiederholung der Vorhaltbildung eine Kette aufwärts gerichteter (also hoffnungsfroher), seufzender (also sehnsüchtig schmerzhafter) Sekunden, die in die Dominante E-Dur (also im Quintenzirkel aufwärts) modulieren und (wie im zweiten Arientakt) in einen anapästisch gesteppten Abschluß münden (Notenbeispiel 70d). In weiteren vier Takten spielen die beiden Oboen nacheinander mit dem anapästischen Rhythmus, als wollten sie liebenswert vorlaut sich zu Wort melden (Notenbeispiel 70e). In den letzten Ritornelltakten fügt die erste Oboe diesem forschen Rhytmus fünf insistierend repetierende Noten hinzu, während die zweite – parallel zum Continuo – nur harmonisch abstützt (Notenbeispiel 70f). Immer wechseln die beiden Oboen im Ritornell viertaktig von imitatorisch-kontrapunktischer zu harmonisch, in Parallelen verlaufender Satzweise. Das Continuo beschränkt sich auf harmonische Abstützung. Mit einer ostinat sich wiederholenden rhythmischen Figur von vier Achteln und vier 16teln betont es die Zweitaktigkeit (Notenbeispiel 70g) und nimmt in der zweiten Hälfte des Ritornells an Tonrepetierung und Seufzersekunden der Oberstimmen teil (Notenbeispiel 70h).

Notenbeispiel 70

Die 16 Takte des Ritornells sind ein Musterbeispiel, wie Bach aus einer kleinen Idee eine Folge von Einfällen entwickelt. Und wie nahezu immer bei Bach: In den wenigen Takten des Ritornells sind schon alle Gedanken, alle Affekte der ganzen Arie enthalten. Wenn – wovor uns guter Geschmack

behüten möge – jemand auf die Idee käme, uns Bachs Musik in Kurzfassung vorzuführen, könnte er ein Ritornell ans andere reihen und hätte damit alles Wesentliche eingefangen. Aber gerade die erzählerische Entfaltung, die epische Ausbreitung, die thematische Durchführung der Grundgedanken und deren Überführung in eine Großform zeichnen Bachs Musik aus.

Sängerin und Sänger nehmen die musikalischen Aussagen des Orchestervorspiels auf. Bald nacheinander, bald miteinander verschränken sie liebe- und kunstvoll die einzelnen Aussagen. Dem ersten Motiv unterlegen sie – fröhlich wie zwei Kinder, die sich über das Wohlwollen und die Gunst ihrer Eltern freuen – den Text: *Herr dein Mitleid, dein Erbarmen*; den seufzenden Sekunden unterlegen sie den Text *tröstet uns und macht uns frei*. Während die Sänger ihr verliebtes Spiel treiben, tummeln sich die beiden Oboen mit Motiv-Bruchstücken. Plötzlich aber, in Takt 27, beginnen sie mit einer wörtlichen Wiederholung des Ritornells. Die letzten vier Takte mit den textbedingt leicht abgeänderten Tonwiederholungen übernehmen wieder die Sänger und schließen damit die erste Gesangsphrase ab (Takt 39). Aus den 16 Takten des Ritornells sind 26 Takte Gesangsblock geworden. Das ständige Verschränken der Motive und Stimmen wirkt so, als würden die vier Beteiligten sich immer wieder unter die Arme greifen und einen fröhlichen Reigen tanzen.

Ein dem ersten Ritornell nachgeformtes, wieder 16taktiges Zwischenspiel der Instrumente, um eine Quinte nach E-Dur erhöht, leitet über zu einem zweiten Gesangsblock. Er gerät mit seinen 40 Takten noch überschwenglicher und ausführlicher als der erste, da er insbesondere die zweite Textaussage *tröstet uns und macht uns frei* mehrmals wiederholt: zunächst einmütig in paralleler Bewegung (Notenbeispiel 71), dann in beiden Stimmen sich bekräftigend

Notenbeispiel 71

nacheinander (Notenbeispiel 72) und schließlich, wieder mehrfach imitierend einsetzend, mit den flehenden Seufzersekunden, diesmal hoffnungsfroh nach oben gerichtet (Notenbeispiel 73). Wieder, auch in diesem Gesangsblock,

Notenbeispiel 72

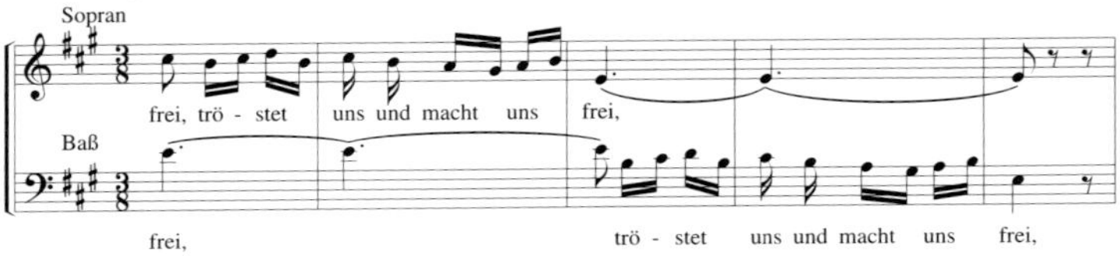

Notenbeispiel 73

heben die beiden Oboen mit einer Aufnahme des Ritornells an, diesmal anfangs auseinandergezogen, schließlich (tonartlich versetzt) wörtlich. Ihre letzten Takte überlassen sie wieder den Singstimmen (ab Takt 94), die die Schlußkadenz nach A-Dur in einem eigenen Takt noch einmal bekräftigen. Die Wiederholung des Eingangsritornells beschließt den A-Teil der Arie in der Ausgangstonart A-Dur.

Das bisher als Schlußformel eingesetzte, insistierende Motiv wandert im Mittelteil des Duetts in die Continuostimmen, durchsetzt ihn fast unentwegt mit seinem Pochen (manchmal auch nur repetierender Noten ohne die beginnenden beiden 32stel) und stellt damit eine enge Bindung zum bisher Gehörten her. Walter Blankenburg[82] mißt besondere Bedeutung der Tatsache zu, daß das Motiv (anders als in der Vorlage) jeweils im Terzabstand siebenmal hintereinander nach unten klettert, nachdem es auf das gesungene Wort *Liebe* in Takt 120 auf einem hohen e begonnen hat (Notenbeispiel 74). Man mag in der Siebenzahl ein Symbol für die Vollkommenheit, für die alle Tage der Woche geltende *holde Gunst und Liebe* sehen.

Notenbeispiel 74

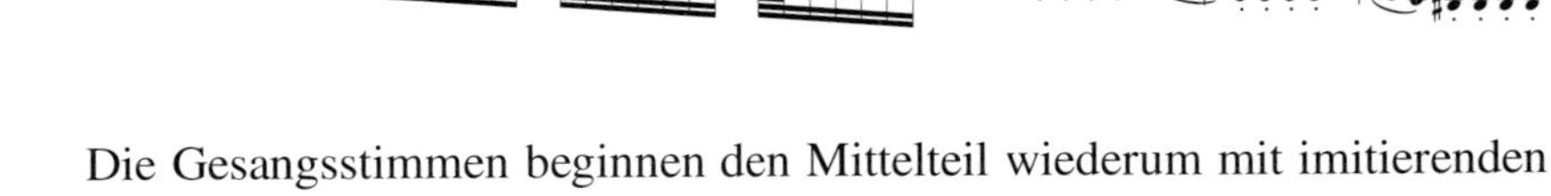

Die Gesangsstimmen beginnen den Mittelteil wiederum mit imitierenden Einsätzen. Sie übernehmen die Initialzündung der anapästischen 32stel, führen sie aber mit den Worten *Deine holde Gunst und Liebe* alsbald in liebevolle Kantilenen über, um schließlich auf die *Vatertreu* in jubelnde Koloraturen auszubrechen (alles Notenbeispiel 75). Ein verkürztes Zwischenspiel der

Notenbeispiel 75

Instrumente nimmt nur die letzten acht Takte des Ritornells mit seinen beiden Motiven (wie dort, siehe Notenbeispiel 70e und 70f) auf und leitet damit zum zweiten Gesangs-Abschnitt des Mittelteils über. Beide Verliebte sind sich nun ganz eins geworden: In fast schunkelnden Terz- (bzw. Dezim-)Parallelen besingen sie die *holde Gunst und Liebe* (Notenbeispiel 76) und verfallen erst wieder bei der *Vatertreu* in jauchzende, gegeneinander versetzte Koloraturen. Die Wiederholung des A-Teils schließt die Arie ab.

Notenbeispiel 76

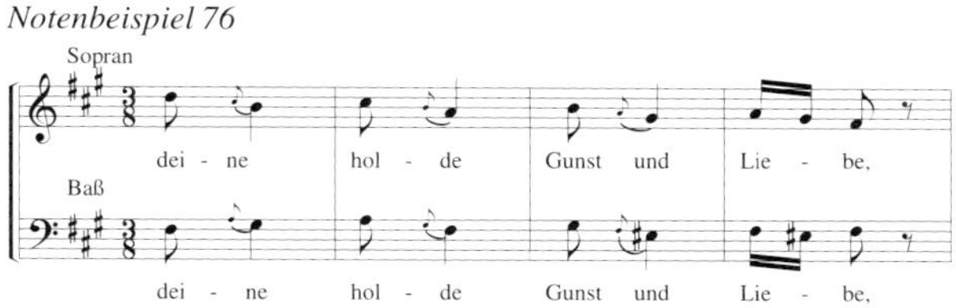

Wenn die Interpreten die rechte, verliebt-heitere (A-Dur!) und doch empfindsam weiche (Oboen d'amore!) Stimmung des Duetts treffen, kann es nicht nur zum tonartlichen Höhepunkt, sondern auch zum fröhlichen Glanzpunkt der ersten drei Oratoriumsteile werden.

30. Evangelium

Und sie kamen eilend, und funden beide, Mariam und Joseph, dazu das Kind in der Krippe liegen. Da sie es aber gesehen hatten, breiteten sie das Wort aus, welches zu ihnen von diesem Kind gesaget war. Und alle, für die es kam, wunderten sich der Rede, die ihnen die Hirten gesaget hatten. Maria aber behielt alle diese Worte und bewegte sie in ihrem Herzen.

Der Bericht des Evangelisten beginnt mit drei Aussagen: sie kamen, sie sahen, sie wunderten sich. Drei Aussagen, die durch eine kleine Floskel von jeweils sechs 16teln im Continuo miteinander verbunden werden. Aus dem anfänglichen fis-Moll, das (als Paralleltonart) das hohe A-Dur der Arie aufnimmt, moduliert der Evangelist abwärts nach e-Moll. In dieser Tonart, nach seiner dritten Aussage, ist wie eine kleine Wand eine Kadenz dazwischengeschaltet (Notenbeispiel 77a). Die nun folgende, letzte Aussage *Maria aber behielt alle diese Worte und bewegte sie in ihrem Herzen* wird durch diese kleine Zäsur hervorgehoben. Ihre beiden Satzteile werden wieder durch die 16tel-Figur im Continuo miteinander verknüpft (Notenbeispiel 77b). Als würde ihr Herz in die schmerzliche Zukunft blicken, unterstreicht eine chromatische Abwärtsfigur im Continuo (Notenbeispiel 77c) die letzten Worte *und*

Notenbeispiel 77

bewegte sie in ihrem Herzen und moduliert nach h-Moll, der Tonart des „Kyrie eleison“ in der h-Moll-Messe. Diese wenigen Worte erhalten durch die Chromatik besonderes Gewicht und werden denn auch zum Gegenstand der Betrachtung in der nachfolgenden Arie, einem Accompagnato und einem Choral. Wieder stellt Bach hier die gewohnte Reihenfolge um.

31. Arie (Alt)

Schließe, mein Herze, dies selige Wunder
fest in deinem Glauben ein!
Lasse dies Wunder, die göttlichen Werke
immer zur Stärke
deines schwachen Glaubens sein!

Die Arie gehört zum Innigsten und Intimsten, was wir von Bach kennen. Eine warm-dunkle Altstimme wird nur von einer ausdrucksvoll geführten Solovioline und dem Continuo begleitet. Die Tonart ist das bedeutungsschwere h-Moll, der 2/4-Takt erinnert an die Wiegenlied-Arie (Nr. 19). Die in sich ruhende Dreiteiligkeit der Dacapo-Form wird sehr frei gehandhabt, denn der dritte Teil der Arie wiederholt zwar den Text des ersten Teils wörtlich, seine Musik jedoch ist stark abgewandelt. Die Taktordnung läßt erkennen, wie Bach die Gewichte innerhalb der Arie und unter den beiden Texten verteilt.

31. Arie (Alt): *Schließe, mein Herze, dies selige Wunder*

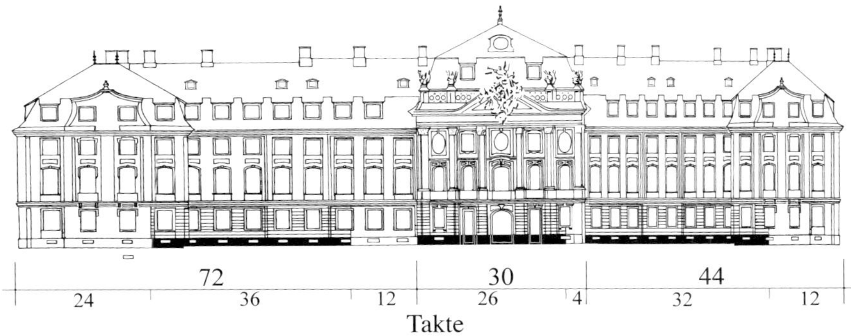

Wenn die Violine im ersten Takt anhebt, umkreist sie nur in Sekunden den hohen Quintton: es ist, als würde eine emporgehobene Hand mit einer synkopisch schüchtern-stockenden Bewegung ein kostbares Gut eng umschließen wollen (Notenbeispiel 78a). Im zweiten Takt weitet sie diese Gebärde plötzlich auf eine Oktav (die beiden Grundtöne unter- und oberhalb der Quint) aus, als müsse die Hand sich weit öffnen, um den Schatz in seiner vollen Größe halten zu können (Notenbeispiel 78b). Mit dem dritten Takt wiederholt sie zwar die erstaunte Synkope des ersten Taktes. Dann aber beginnt sie mit einer schwärmerisch-ausschweifenden, schließlich nach Dur führenden Melodik (Notenbeispiel 78c), die durch abwechslungsreiche Phrasierung lebendig deklamiert, als wolle sie ausdrucksvoll das (an entsprechender Stelle später im Gesang textierte) *Wunder* besingen. Auffallend dabei der vierfach wiederkehrende Rhythmus von einer Achtel, zwei 16teln, zwei Achteln, der immer wiederkehrende seufzende Vorhalt-Sekunden umschließt und im Mittelteil zu Bedeutung gelangen soll (Notenbeispiel 78d). Nach zwölf Takten, auf der Hälfte des Ritornells in der Paralleltonart D-Dur angelangt, hebt eine expressive Melodie an, die zweimal zunächst weite Intervalle (Dezim und Duodezim) *fest einschließt*, um sich schließlich *selig* in geschwungenen, durch feinsinnige Artikulation besonders sprechenden Kantilenen von gleichmäßig ruhigen 16teln zu verströmen (Notenbeispiel 78e).

Notenbeispiel 78

Die Singstimme übernimmt zunächst die Motivik des Ritornells. Nach vier Takten gibt sie die Führerschaft jedoch wieder an die Solovioline ab und begnügt sich mit einer imitierenden Fortspinnung der in der Violine vorgetragenen Themenfortführung. Insgesamt dreimal erhebt sie ihre Bitte in ausgewogenen Abschnitten von 12, 8 und 16 Takten Länge, jeweils in verwandten Tonarten (h-Moll – A-Dur – fis-Moll). Wie zwei eng verbundene Menschen spielen sich Sängerin und Solovioline dabei ihre Stichworte, die ursprüngliche Thematik zu. Immer wieder sprechen sie von Gleichem, am Ende umklammern sie sich *fest*: Solovioline und Singstimme musizieren einige Takte unisono.

Ein kunstvoll aus den ersten und letzten Takten des Ritornells zusammengesetztes, auf 12 Takte verkürztes Zwischenspiel leitet über zum Mittelteil der Arie, in der die letzten drei Verszeilen des Textes vertont sind. Die Sängerin nimmt in neuer, freier Motivik den im Ritornell auffällig vorherrschenden Rhythmus (ein Achtel, zwei 16tel, zwei Achtel, Notenbeispiel 78d) auf. Die Violine umrankt weitgespannt und ausdrucksvoll, als wollten beide vor sich hinflüsternd vom *Wunder* träumen, von dem der Text spricht. Ein abermals, jetzt auf die vier Anfangstakte des Ritornells gerafftes Zwischenspiel leitet über zu einem freien, nicht wörtlichen Dacapo. Dies begnügt sich mit zwei Anläufen in h-Moll und D-Dur, bekräftigt aber das *fest in deinem Glauben* mit dreifacher Wiederholung, wobei es kurz wieder zu der festen Umklammerung von Sängerin und Solovioline in gleichen Noten kommt. Ein zwölftaktiges instrumentales Nachspiel übernimmt nach kurzer Überleitung die Schlußtakte des Eingangs-Ritornells.

Allein der verschiedene Zusammenbau des Ritornells als Vor-, Zwischen- und Nachspiel gewährt einen interessanten Einblick in Bachs Komponier-Werkstatt. Zu Beginn erscheint es vollständig mit 24 Takten; als Zwischenspiel nimmt es einmal in zwölf Takten Anfang und Ende, ein zweites Mal in vier Takten nur den Anfang auf; als zwölftaktiges Nachspiel übernimmt es die letzten zehn Takte: eine Konstruktion, ausgeklügelt wie am Reißbrett. Und doch hat der Hörer nicht etwa den Eindruck von Flickwerk, sondern die Musik wirkt auf ihn, als sei sie organisch gewachsen und würde unter ihrem Klingen phantasiereich zu immer neuen Formen aufblühen.

Diese Arie ist die einzige, die Bach original für das Weihnachtsoratorium komponiert hat. Sie darf somit unsere besondere Aufmerksamkeit beanspruchen und erlaubt tatsächlich interessante Einblicke in Bachs Arbeitsweise. Wir dürfen vermuten, daß Bach sich ursprünglich vorgenommen hatte, auch sie aus einer Vorlage zu parodieren. Allzu auffällig stimmt nämlich das (seltene) Versmaß dieser Arie überein mit einer Arie aus der Kantate BWV 215 *Preise dein Glücke, gesegnetes Sachsen*[83], die Bach dann später (obwohl sie metrisch weniger gut paßte) als Vorlage zur Arie *Erleucht auch meine finstre Sinnen* im fünften Oratoriumsteil verwendet hat. Augenscheinlich hätte ihr Charakter – allein wegen seines kämpferischen Quartauftaktes – wenig zu dem Text des Weihnachtsoratoriums gepaßt. Bemerkte Bach das tatsächlich erst, als er sie übernehmen wollte? Oder war die Vorlage (sie erklang nur wenige Monate vor dem Weihnachtsoratorium, im Oktober 1734) noch nicht komponiert, als Bach bzw. der Textdichter den detaillierten Plan mit den Parodievorhaben zum Weihnachtsoratorium entwarf? Gleichviel: Die Neukomposition ist ein Beleg dafür, wie sorgfältig Bach mit seinem Oratorium umging und daß er keinesfalls leichtfertig schon vorhandene Kompositionen übernahm. Eine zweite Beobachtung bestätigt, daß Bach sich intensiv – vielleicht gerade mit diesem Text? – beschäftigte: Er verwarf nämlich nicht nur die offensichtlich ursprünglich zur Parodierung vorgesehene Arie, sondern auch einen anderen Entwurf. Im Partiturautograph, das hier Arbeitsniederschrift ist und die Entstehung verdeutlicht, beginnt Bach mit einem mehrtaktigen Entwurf auch in h-Moll, aber mit vollem Streichorchester und Soloflöte, mit einer Thematik, deren Rhythmus zuerst an den der Pastorale erinnert, dann aber in schnellere Noten übergeht, die dreimal an die letzten Takte des Duetts mit ihren Tonrepetierungen erinnern. Von diesem Entwurf waren immerhin 24 Takte in der Oberstimme und 12 in den Continuostimmen ausgeführt. Die Takte sind mit vielen Korrekturen versehen und schließlich dick durchgestrichen. Man spürt, wie Bach experimentiert hat und offensichtlich mit dem Ergebnis nicht zufrieden war (siehe Bild 11).

So folgt in der Partitur schließlich die uns bekannte Fassung. Die melodisch weit ausschweifende Oberstimme war freilich zunächst den „Violini unisono" zugeordnet. Erst mit einer abermaligen Korrektur „solo" über dem Wort „unisono" stellte Bach die Expressivität und Intimität her, die wir an dieser Arie so schätzen. Jeder Versuch, den wir beobachten können, war ein Schritt in die gleiche Richtung: Von der mit dem Quartauftakt kämpferischen, nicht verwendeten, aber wohl vorgesehenen weltlichen Vorlage über die mit vollem Orchester besetzte, über die mit allen Violinen unisono besetzte Fassung fand Bach zu dieser letzten, innigen und ausdrucksvollen Version. Zur hochexpressiv geführten Solo-Violione tritt die warme, dunkle Stimme des Solo-Alts. (Wer je in unseren Aufführungen die außergewöhnlich sensiblen, öfter miteinander musizierenden Rosemarie Lang oder Marjana Lipovšek, Alt, und Thomas Brandis, Violine, mit dieser Arie hörte, hat eine Vorstellung von dem, was ich meine.)

Bild 11: Weihnachtsoratorium, Autograph. Arie Nr. 31, durchgestrichene und endgültige Fassung.

32. Rezitativ (Alt)

Ja, ja, mein Herz soll es bewahren,
was es an dieser holden Zeit
zu seiner Seligkeit
für sicheren Beweis erfahren.

In einem kurzen Accompagnato bestätigt die Sängerin der Arie den *Beweis* ihrer *Seligkeit*. Zwei Flöten, die wir in der Sinfonia (Nr. 10) als Instrumente der Engel kennengelernt haben, begleiten wie im anderen Accompagnato dieses Teils (Nr. 27) und verströmen in langen Noten ruhig selbstsichere Gewißheit. Das Rezitativ setzt auf der Dominante von D-Dur ein, der Paralleltonart des in der Arie klagenden h-Molls. Es moduliert zum frühlingshaften G-Dur zurück, in dem der anschließende Choral erklingt.

33. Choral

Ich will dich mit Fleiß bewahren,
ich will dir
leben hier,
dir will ich abfahren,
mit dir will ich endlich schweben
voller Freud
ohne Zeit
dort im andern Leben.

Der Choralsatz in der lichten Tonart wirkt nicht nur wegen seiner „Ich"-Aussage im Text intim und persönlich, auch die enge Melodik sowohl des cantus firmus im Sopran wie der drei Unterstimmen verstärkt diesen Eindruck. Der Chorbaß nimmt die Marienworte mit einer scheuen Chromatik auf, die wie bergend *(mit Fleiß bewahren)* die Hand in einer kleinen Abwärtsbewegung schließt und sie sogleich wieder *(ich will dir leben hier)* in einer ebenso engen Aufwärtsbewegung öffnet (Notenbeispiel 79). Dann hört man in Schwüngen die Baßlinie *schweben* (Notenbeispiel 80) und in strahlender Gewißheit, nach oben erhobenen Hauptes die Männerstimmen von *dort im andern Leben* singen (Notenbeispiel 81).

Notenbeispiel 79

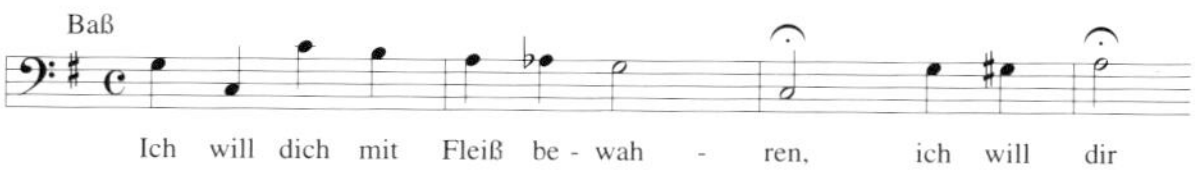

Notenbeispiel 80

Notenbeispiel 81

Neben der ichbezogenen Sprache Paul Gerhardts, die schon in der knapp acht Jahre zuvor entstandenen[84] Matthäuspassion zu manch existentiellem Bekenntnis („Ich bins, ich sollte büßen") geführt hatte, bewegt mich hier etwas anderes: Eher als die Naturwissenschaft (ich denke an Albert Einstein) wußten Dichtung und Mystik um das Geheimnis der Zeit.

„Solange dir, mein Freund, im Sinn liegt Ort und Zeit,
So faßt du nicht, was Gott ist und die Ewigkeit."

und

„Dort in der Ewigkeit geschiehet all's zugleich,
Es ist kein vor noch nach wie hier im Zeitenreich."

sagt Angelus Silesius.[85] Hier im Choral klingt nun die gleiche Vorstellung an: Ewigkeit ist nicht etwa (wie wir es umgangssprachlich meinen) eine ins Unendliche verlängerte Zeit, sondern eine Zeit *ohne Zeit*. Anders als unsere Wahrnehmung (die dem Newtonschen Axiom von der Stabilität von Raum und Zeit viel näher ist) es uns glauben macht, wissen wir seit Einstein, daß Raum und

Zeit eigentümlich aneinander gekoppelt sind und als „Raumzeit" miteinander entstanden sein müssen. Somit ist die Frage, was etwa vor der Entstehung unserer Welt gewesen sei oder was jenseits von ihr, *dort im andern Leben* existiere, physikalisch unsinnnig. Möglich sogar, daß mitten unter uns, in Zonen unseres Universums „unendlich gekrümmte Räume" der sogenannten „schwarzen Löcher" existieren, in denen die uns bekannten Gesetze von Raum und Zeit völlig zusammengebrochen sind. Wenn schon in unserem materiellen Kosmos die uns vertrauten Vorstellungen von Raum und Zeit offenbar in gewissen Systemen überhaupt nicht mehr zutreffen, wieviel mehr muß das in dem „Himmel" unserer religiösen Vorstellung, in einem absoluten „Jenseits" sein. Das ist die einzige Hoffnung, die wir haben können: *schweben* – daß wir keinen Gesetzen mehr, auch nicht denen der Schwerkraft unterlegen sein werden, sondern *voller Freud, ohne Zeit* uns in einem *andern Leben* befinden werden.

Es gibt keine wirklich gültigen Bilder der Ewigkeit. Ewigkeit kann man sich nicht jenseitig genug, ohne Raum, ohne Zeit, vorstellen. Sogar die Ägypter, deren Grabausschmückungen uns doch eher vor Augen zu führen scheinen, daß jenseitiges Leben eine Fortsetzung des irdischen Lebens sei[86] (mit üppigen Mahlzeiten, Betätigungen des Alltags, auch mit Musik) hatten die völlige Andersartigkeit im Sinn: So sind die Texte ihrer Unterweltsbücher nicht in normaler Richtung, sondern gegenläufig zu lesen. Oft sind die Wesen im Jenseits umgekehrt, sogar auf dem Kopf stehend (dann wohl zum Zeichen ihrer Verdammnis) dargestellt, sogar die Sonnenbarke fährt bisweilen mit dem Heck nach vorn. Die radikalsten Aussagen aber: Im Amduat, dem ältesten ägyptischen Unterweltsbuch, wird der Sonnengott in seiner Barke mit allen Begleitern durch den riesigen Leib einer Verjüngungsschlange hindurchgezogen (Bild 12). Der Begleittext berichtet: „Dieser Gott fährt hin auf diese Weise in dieser Stätte im Rückgrat dieses geheimen Bildes der (Schlange) ‚Leben der Götter' während seine Götter ihn ziehen. Er tritt ein in ihren Schwanz, und er kommt heraus aus ihrem Maul." Vom Wunder der Verjüngung berichtet der Text: „Sie treten ein in das geheime Bild der (Schlange) ‚Leben der Götter' als Ehrwürdige (d. h. Alte), und sie kommen heraus als die Verjüngten des Re": Der „Zeitpfeil" wird also gleichsam umgekehrt. Im etwas später entstandenen Pfortenbuch sind die vier Himmelsrichtungen aufgehoben – sie liegen ermattet vor dem Ur- und Schöpfergott Atum, dem „Allherr" am Boden: Raum in unserem Sinn existiert nicht (Bild 13[87]). Im Schlaf, dem kleinen Bruder des Todes,

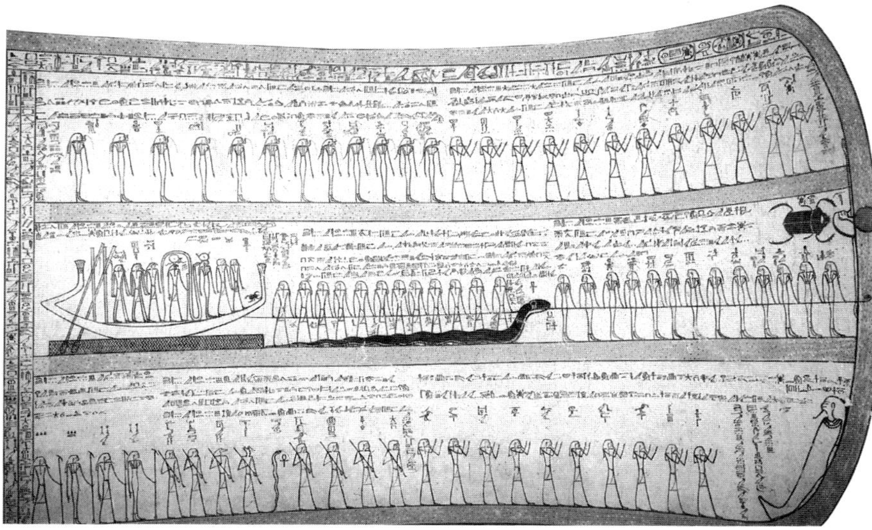

Bild 12: Altägyptisch, Amduat, Zwölfte Stunde. Der Sonnengott in der Barke wird durch den Riesenleib einer Verjüngungsschlange gezogen.

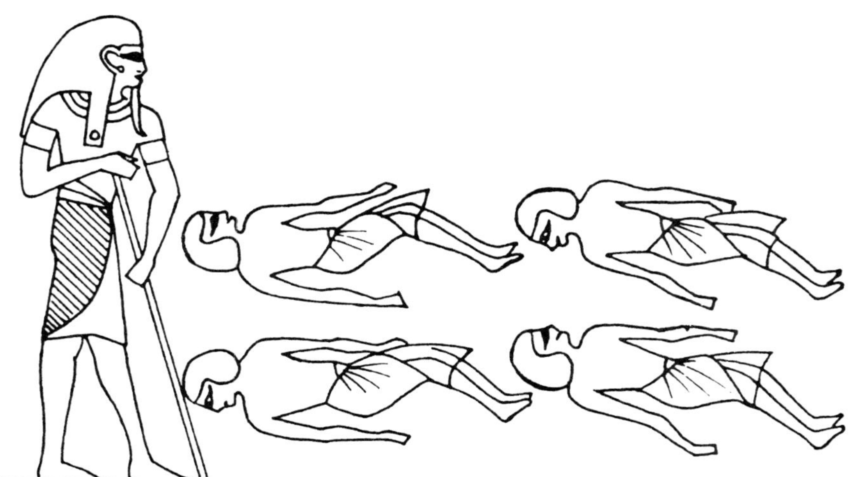

Bild 13: Altägyptisch, Pfortenbuch, Zweite Stunde. Die vier Himmelsrichtungen liegen ermattet, „außer Kraft gesetzt" vor Atum.

empfangen wir einen Vorgeschmack solcher Andersartigkeit von Raum und Zeit: im Traum sind deren Gesetze aufgehoben, es „geschiehet all's zugleich".

Ich erinnere mich an einen Vortrag in unserer St.-Michaelis-Kirche, in dem Helmut Thielicke folgendes erzählte[88]:

> „Die Legende berichtet von zwei Mönchen des Mittelalters, die sich immer wieder über den Tod und darüber unterhielten, wie es in der Ewigkeit zugehe. Und dann haben sie gegenseitig sich ein Versprechen abgenommen: Wer von ihnen zuerst stürbe, solle in der folgenden Nacht als flüchtiger Schatten dem Zurückgebliebenen begegnen, und der würde ihn dann fragen: ‚Qualiter – wie ist es?' –, und dann solle der andere, der als Schatten Zurückkehrende, sagen, entweder ‚taliter' – das heißt, es ist so, wie wir es uns gedacht haben –, oder aber er solle sagen: ‚aliter' – nein, es ist anders als alle unsere Erwartungen und Vorstellungen.
> Dann starb tatsächlich einer von ihnen, und er kehrte in der folgenden Mitternacht als Schatten für einen Augenblick zu seinem Mönchsbruder zurück. Und als der ihn voller Bangen fragte: ‚qualiter?' – wie ist es? –, antworte der andere: ‚totaliter aliter!' – ganz, ganz anders!"

Mit der innigen Arie und mit der visionären Aussage des Chorals ist eigentlich alles gesagt. Es folgt nur noch ein kleines Anhängsel, in dem von der Rückkehr der Hirten und ihrem Lobpreis berichtet wird.

34. Evangelium

Und die Hirten kehrten wieder um, preiseten und lobten Gott um alles, das sie gesehen und gehöret hatten, wie denn zu ihnen gesaget war.

Freudig erregt moduliert das Rezitativ von e-Moll, der Moll-Parallele des Choral-G-Dur weit aufwärts im Quintenzirkel nach Fis-Dur. Die Spitzennote erreicht der Sänger auf *preiseten.*

35. Choral

Seid froh dieweil,
daß euer Heil
ist hie ein Gott und auch ein Mensch geboren,
der welcher ist
der Herr und Christ
in Davids Stadt, von vielen auserkoren.

Der Baß beginnt sein *froh* mit aufbrausenden 16teln (Notenbeispiel 82). Achtel-Durchgangsnoten in den Baßstimmen treiben den Satz voran und steigern ihn schließlich in einer mehrfachen chromatischen Rückung der letzten Takte (Notenbeispiel 83). Die „immer zunehmende Leidenschaft" (mit

Notenbeispiel 82

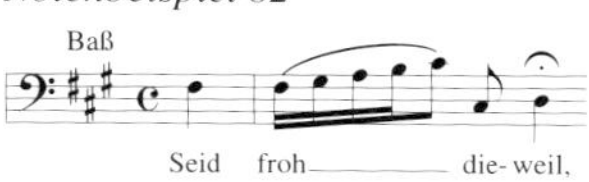

Notenbeispiel 83

diesen Worten wird die entsprechende Figur „Gradatio" in der Lehre der Zeit beschrieben, deren Einsatz besonders zur Erreichung einer rasanten Schlußwirkung gefordert wird[89]), die Steigerung dieser letzten Takte, möglicherweise – wie für die „Gradatio" gefordert – musiziert mit Crescendo und gar treibendem Accelerando, ruft nach Erfüllung, nach Auflösung. Diese folgt sofort:

*

„Chorus I ab initio repetatur et claudatur." Der schwungvolle Eingangs-Chor des dritten Teils (Nr. 24) – so will es Bachs Eintragung in seiner autographen Partitur – wird am Ende des dritten Teils wiederholt. Er schließt diesen Teil des Oratoriums ab, erfüllt alle Erwartung und besiegelt alles Gesagte. Durch diese Einrahmung erhält der ganze Teil eine starke achsiale Symmetrie.

Intermezzo

Symmetrie bei Bach

Die Mitte verlassen heißt die Menschlichkeit verlassen." Unter diesem Ausspruch von Blaise Pascal als Motto beschreibt der Kunsthistoriker Hans Sedlmayr die Kunstgeschichte als eine Entwicklung zum „Verlust der Mitte".[90] Von solcher Gefahr ist Bachs Musik weit entfernt. Immer wieder, seit seinen frühesten Werken, beobachten wir bei Bach die Tendenz, seine Kompositionen so zu ordnen, daß ein Mittelglied von gleichen oder sich zumindest entsprechenden Außengliedern umgeben ist. Sehr klar schon im *actus tragicus* des 21jährigen, dann über die Johannespassion und die Motette *Jesu meine Freude* des knapp 40jährigen bis zur h-Moll-Messe (darin die beiden großen Abschnitte Gloria und Credo) und zur Kunst der Fuge, den beiden Alterswerken. Versteckter sind solche Aufbaupläne in vielen anderen Werken zu beobachten, so in der Matthäuspassion. Auch das Weihnachtsoratorium kann wegen der zugrundeliegenden Erzählung mit ihren formalen Zufälligkeiten (z. B. Chöre bei Reden mehrerer Personen) schwerlich so streng achsialsymmetrisch geordnet sein, wie wir es von anderen Werken kennen, in denen freilich oft nahezu unabhängig vom Text, gleichsam gewaltsam solche Symmetrie hergestellt wird. In der Johannespassion etwa war die Wiederholung eines Chores auf den gleichen Text („Kreuzige, kreuzige") wohl das auslösende Moment

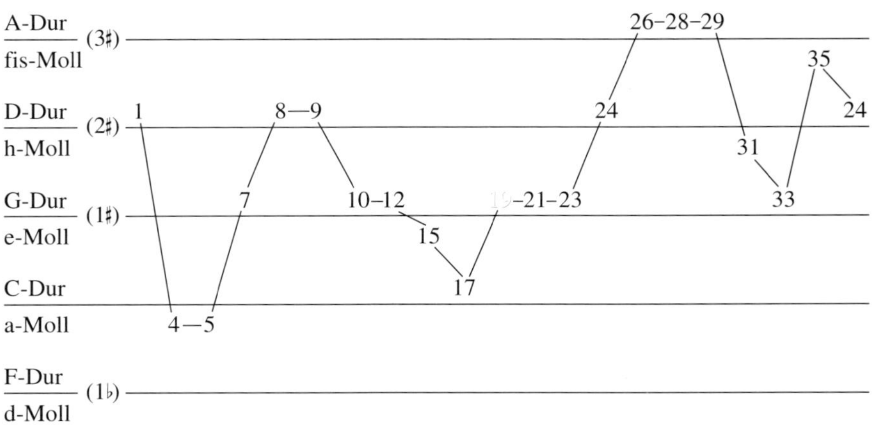

Bild 14: Aufbau der Tonarten in den Teilen I–III. Der Übersichtlichkeit halber wurden nur Chöre, Choräle und Arien mit ihren Grundtonarten aufgenommen. Sie repräsentieren gleichsam die tonartlichen Grundmodalitäten. Würden alle (in sich modulierenden) Rezitative, dazu die Binnenmodulation der Sätze abgebildet, ergäbe sich ein erheblich lebhafteres Bild.

dafür, daß Bach auch andere Chöre mit völlig verschiedenem Text – etwa „Sei gegrüßet, lieber Jüdenkönig" und „Schreibe nicht: der Jüden König" – als Wiederholung eines früheren Chores symmetrisch um eine zentrale Achse ordnete.[91] Obwohl also der Text im Weihnachtsoratorium solche Symmetrie nicht herausfordert, läßt sie sich in der Tonartenordnung und, damit verbunden, in der Instrumentierung des Oratoriums, die uns beide doch so textbedingt sinnig erscheinen, deutlich erkennen. Dies gilt für alle sechs Teile (siehe Seite 196), besonders deutlich aber für die ersten drei Teile (Bild 14). Die strahlende Tonart D-Dur, der Jubelglanz von Trompeten und Pauken ist für die Eckteile reserviert. Der mittlere zweite Teil steht eine Quint tiefer (im Frühling gleichsam dieser Erde) und erreicht seine Mitte mit der Erniedrigung abermals um eine Quint *im finstern Stall*; Trompeten schweigen in diesem Teil, dafür sind die Oboen um zwei Spieler verstärkt und allesamt immerfort nur mit ihren tiefer gestimmten Instrumenten eingesetzt (zwei Oboen d'amore und zwei Oboen da caccia).

Wie wir uns beim Durchschreiten etwa eines Barockschlosses geborgen fühlen, weil wir die Architektur als wohlgeordnet und überschaubar erleben, so gibt uns die musikalische Form, je strenger sie ist, umso mehr das Gefühl von Schutz und Aufgehobensein. Wo wir uns den Fährnissen einer freien, wilden Natur ausgesetzt fühlen, dort wollen wir uns sofort Hütten bauen zum Schutz vor ihren Unbilden. Filmmusik etwa, die schwellend und strömend nur den Ereignissen folgt und sie ohne Gliederung untermalt, ruft – wenn wir sie ohne die Bilder, die sie untermalt, hören – solch bergende Wirkung meist nicht hervor. Andererseits ist Ordnung dann nur Pedanterie, wenn in ihr keine Kräfte gegen die Mauern der Form drücken. Schulmeisterei solcher Art gibt es in der Musikgeschichte, gerade im Barock, genug. Bachs besondere Könnerschaft zeigt sich darin, daß bei ihm nicht nur (oft vom Text her unerklärliche, ja für unmöglich gehaltene) strenge Formen, symmetrische Entsprechungen die Musik prägen, sondern daß unter dieser Strenge sich Melodik und Harmonik kräftig wie in einem Wasserfall ergießen. Fast möchte man für Bach festhalten: Je stärker die musikalischen Kräfte der Harmonik und Melodik, desto strenger die Form, die sie bändigt.

Darin ähnelt Bachs Kunst aber nicht nur barocker Architektur, sondern auch dem Bau des menschlichen Körpers. Der große Musiktheoretiker Andreas Werckmeister (1645–1706, er schuf eine neue Stimmung, die – darin

Vorläufer unserer gleichschwebenden Temperatur – den Quintenzirkel schloß und so das Musizieren auf allen zwölf Tonstufen erlaubte) schreibt[92]: „Ja ein wohl proportionirter Mensch hat die Musicalischen Proportiones in seinen Gliedern. Also ist Music ein Spiegel der Göttlichen Geschöpffe und Weißheit GOttes, / ja GOttes Geschöpffe und Ebenbild (auff gewisse Maße) selbst / weil sie in solcher Form und Proportion, wie der Mensch bestehet: Da sehen wir wieder / wie GOtt Beliebung getragen / eine harmonium in seine Geschöpff zu legen." Während die dem menschlichen Körper eigene Achsialsymmetrie im Weihnachtsoratorium die Formgestaltung bestimmt, scheint das dem Menschen und der Natur eigene Maß des „Goldenen Schnitts" eine weniger gewichtige Rolle zu spielen als beispielsweise in der Matthäuspassion. Eingehende Untersuchungen darüber liegen nicht vor.

Solche „Menschlichkeit" der Musik korrespondiert mit der Natur, ja dem Bau des Universums. Von Sterngeburten bis zur in der Materie schlummernden Kraft der Atome walten dort offenbar ungeheuerliche Kräfte, die aber (teilweise für uns noch unverständlich) in einem sensiblen Gleichgewicht gehalten, in eine alles beherrschende Ordnung eingebunden sind. (Wie wenig müßten sich die vielfältigen und verschiedensten Kräfte der Anziehung verschieben, und ein Sonnensystem bräche in sich zusammen oder driftete in das Weltall ab!) Der Schöpfer hat dem Universum nicht nur große Kraft eingehaucht, sondern sie auch „geordnet nach Maß und Zahl" (Buch der Weisheit Salomos 11,21). Offenbar sind Maß, Form, Symmetrie, Gleichgewicht, Ordnung konstituierend für die Welt und unser Leben. Sie gewähren Bergung. Wir mögen analytisch, mit unserem Verstand, vielleicht die Geborgenheit in der Form eines Bauwerkes oder eines Musikstückes nicht erkennen, bewußt nicht wahrnehmen, wie wir die Geborgenheit, die unser Körper uns gewährt, erst spüren, wenn sie durch Verletzungen eingeschränkt ist. Sicherlich spüren wir jedoch, auch in der Musik, die beschützende Funktion von ausgewogener Form und fühlen uns in ihr und durch sie – trotz aller Erregung oder Dramatik – heimisch und aufgehoben. Die kraftbändigende Ordnung Bachscher Musik, das damit verbundene Gefühl der Geborgenheit, berührt uns ebenso unmittelbar, überraschend und geheimnisvoll wie die Frau in Musils *Mann ohne Eigenschaften*: „Erschöpft und zitternd mußte sie sich [...] eingestehen, daß sie ‚Gott' gerade so deutlich gefühlt habe wie einen Mann, der hinter ihr stünde und ihr einen Mantel um die Schulter lege."[93]

Teil IV

Der Tod steht heute vor mir
wie das Genesen eines Kranken,
wie man ins Freie tritt nach einem Leiden,

Der Tod steht heute vor mir
wie die Klarheit des Himmels,
wie wenn ein Mensch die Lösung eines Rätsels findet.

Der Tod steht heute vor mir
wie der Wunsch eines Menschen, sein Heim wieder zu sehen,
nachdem er viele Jahre in Gefangenschaft verbrachte.

altägyptisch[94]

36. Chor

Fallt mit Danken, fallt mit Loben
vor des Höchsten Gnadenthron!
Gottes Sohn
will der Erden
Heiland und Erlöser werden,
Gottes Sohn
dämpft der Feinde Wut und Toben.

Erstaunlich: Jetzt erst, nachdem bereits drei Teile des Oratoriums verklungen sind, befinden wir uns in der weich-bukolischen Tonart, die andere Komponisten bei weihnachtlicher Musik bevorzugen: in F-Dur; jetzt, da Neujahrsjubel fällig wäre, den auch Bach in seinen sonstigen Kantaten zu diesem Tag in höheren, helleren Tonarten wiedergibt.

Die strahlenden Trompeten sind gegen zwei dunkle, weicher klingende Hörner ausgetauscht; die aufrüttelnden Pauken, die „himmlischen" Flöten schweigen. Wenn man dem Klang der Trompeten in den Teilen I und III des Oratoriums den strahlenden Glanz einer gleißenden Sonne zuspricht, so könnte man folgern: Das Licht der Morgensonne ist hier abgelöst vom Widerschein einer weichen, schon leicht orange-goldenen Abendsonne, wie man ihn im Gebirge auf Felsgestein oder – unglaublich bewegend – auf den Tempeln in Agrigento (Sizilien) beobachten kann, die aus weichem Kalktuff erbaut Abend für Abend in einem warmen Goldbraun aufglühen. Nicht selbst leuchtet die Musik, sie ist wie ein Widerschein des Vorangegangenen, wie eine Antwort auf Gewesenes. Es ist, als begänne am Neujahrstag, an dem ja in unserem Bewußtsein alles anfängt, alles zumindest (so wünschen wir es doch) neu anfangen könnte, im warm-weichen F-Dur auch unser Nachdenken am tiefsten Punkt der sonst so strahlenden Weihnachts-Geschichte.

Ein ordnender Geist von kristallener Klarheit hat den Eingangs-Satz in drei Bögen von jeweils 80 Takten geformt (siehe Schloß-Skizze).

In schwingendem (sicher wieder in Ganzen zu denkenden) 3/8-Takt tönt die Musik überwiegend harmonisch, eingängig liedhaft. Sie beginnt mit einem Ritornell, das periodisch übersichtlich vier viertaktige und eine achttaktige Phrase aneinanderreiht. Die einfache Melodie beginnt auf der Terz und lotet den Tonraum bis zum Grundton abwärts und zur Sext aufwärts aus. Dort stockt

36. Chor: *Fallt mit Danken, fallt mit Loben*

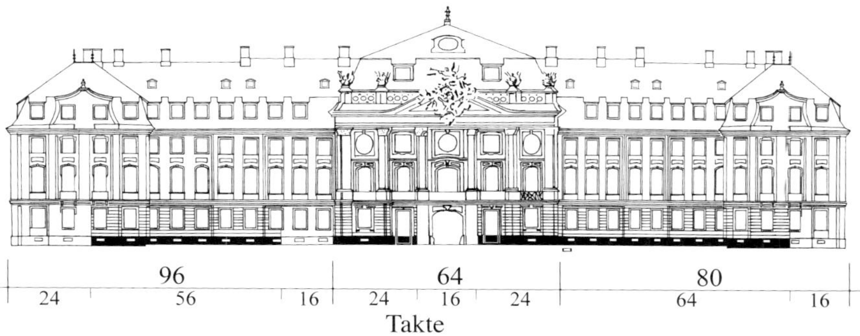

sie wie erstarrend *vor des Höchsten Gnadenthron* in einer Achtelpause. Mutig erstürmt sie anschließend (Takt 5–8) in schnelleren und aktiv-agileren Noten (Daktylos, Punktierung, 32stel) den oberen Grundton und landet auf der Dominanttonart (Notenbeispiel 84). In einer dritten und vierten Phrase von je vier

Notenbeispiel 84

Takten wird der Anlauf der ersten vier Takte bekräftigt, indem ihm in einer zweiten Stimme nachdrücklich pochende Staccato-16tel hinzugefügt werden (Notenbeispiel 85). Eine achttaktige Phrase beendet das Ritornell, in der die

Notenbeispiel 85

Melodie immer wieder eine Sext abwärts *fällt*, um sodann in einem gebrochenen Septakkord ihre Blicke aufzurichten (Notenbeispiel 86).

Notenbeispiel 86

Die Instrumentengruppen (Hörner – Oboen – Streicher) lösen einige Male in der Führung einander ab; die Begleit-, besonders die Continuostimmen sind kontrapunktisch interessant geführt. Bisweilen übernimmt eine Stimme die Motivik der anderen – so wandert der anfangs im Continuo länger gehaltene Orgelpunkt in Takt 9 in die oberen Streicher und wird dort in Tonrepetierungen verändert. Schon das Orchestervorspiel erklingt farbig, bunt, vielfältig und läßt alle komplizierte kontrapunktische Gedankenarbeit (wie etwa fugische Logik, kanonische Strenge) gern vermissen. So gewiß soll auch unser Dank ausfallen: unkompliziert in der Konstruktion, aber einfallsreich wie hier die Motive; abwechslungsreich wie deren Instrumentierung; weit ausholend und alles umfassend wie deren Umfang.

24 Takte sind verklungen. Es folgen 56 Takte, in denen der Chor das Vorspiel aufnimmt, höchst abwechslungsreich variiert und erweitert. So erklingt die erste Viertakt-Phrase zunächst wörtlich (zwei Takte a cappella, dann instrumental verstärkt), ist dann aber ausgeweitet: erst durch zwei viertaktige Fortspinnungen, in denen Frauenstimmen und der Tenor gegeneinander versetzt in wogenden Achteln langsam zu Boden fallen, indes der Chorbaß unbeirrt an seiner langen Note festhält (Notenbeispiel 87), dann durch eine bekräftigende, exakte Wiederholung. Die Führung liegt eindeutig beim Chor. Die Instrumente tupfen oft nur mit einer oder wenigen Noten in die Fortspinnung und begleiten die Wiederholung colla parte.

Notenbeispiel 87

Die zweite Viertaktphrase des Ritornells bleibt genau erhalten. Ihr charakteristischer Rhythmus wirkt, als seien die Lobenden nun *vor des Höchsten Thron* angelangt und würden nach kurzem Stocken die letzten Stufen hinaufstolpern, um – oben (auf der Oktav des Grundtons) angelangt – sofort auf die Knie zu fallen (Notenbeispiel 84). Die dritte und vierte Viertaktphrase variieren mit ihren pochenden 16tel-Repetierungen (entsprechend Takte 9–16 des Vorspiels) die erste. Folgerichtig wiederholt der Chor, teilweise aufgespalten in Frauen- und Männerstimmen, den Text *Fallt mit Danken, fallt mit Loben*. Die charakteristische Melodik der letzten, achttaktigen Phrase schließlich (entsprechend den Vorspieltakten 17–24) bleibt in den instrumentalen Oberstimmen erhalten, die drei Oberstimmen des Chores „liegen" in langen Noten *vor des Höchsten Gnadenthron*, während der Chorbaß dreimal eine Quint tief *mit Danken* auf die Knie *fällt* und dabei mit zwei wie scharrenden 16tel-Wechselnoten Kratzfüße ausführt (alles Notenbeispiel 88). Die tonartlich auf die Dominante

Notenbeispiel 88

versetzten ersten vier Ritornelltakte werden wiederholt, wieder variiert und erweitert auf 16 Takte wie zu Beginn des Chorblocks. Und ebenso folgen, wie vorn, die rhythmisierten, gleichsam stolpernden Ritornelltakte 5–8 *vor des Höchsten Gnadenthron*. Aus den schon so einfalls- und abwechslungsreichen 24 Takten des Vorpiels sind durch ständiges Versetzen, Austauschen, Variieren und Fortspinnen der Bausteine 56 Takte geworden. Ritornell und Chorkomplex ergeben zusammen 80 Takte. Man möchte (obwohl die Tatsache, daß es sich um eine Parodie handelt, dem Gedanken scheinbar entgegensteht) die Zahl 80 symbolisch deuten und sie als Verstärkung der Acht ansehen; diese „kündigt die Seligkeit des kommenden, zukünftigen Äons an", worauf u. a. die achteckigen Taufkapellen verweisen, in denen der Täufling in die „mit der Auferstehung Christi beginnende, neue Schöpfung" hineingenommen werden soll.[95]

Der erste, 80taktige Formbogen war mit der Motivik der Ritornelltakte 5–8 zu Ende gegangen. Folgerichtig fahren die Instrumente, nachdem der Chor seinen Text erfüllt hat und schweigt, allein mit den verbleibenden Takten 9–24 des Ritornells fort und eröffnen damit einen zweiten großen Formblock von abermals 80 Takten. Sie verwischen so die Formgrenze: Der Chor schweigt, aber die Musik läuft ohne Zäsur über die Nahtstelle der beiden Formblöcke hinweg, als sollte diese überdeckt werden. Das instrumentale Zwischenspiel beginnt auf der Wechseldominante, führt zur Dominante zurück und leitet damit über zu einem Gesangsblock von 24 Takten, in dem der Chor den verbleibenden Text intoniert. Dieser – *Gottes Sohn will der Erden Heiland und Erlöser werden, ... dämpft der Feinde Wut und Toben* – wirkt wie eine Begründung für das bisher ausgesprochene *Danken* und *Loben*. Neue, wenngleich bisweilen in ihrer Liedhaftigkeit an Bisheriges anklingende musikalische Einfälle unterstreichen den Text; ausführliche Koloraturen verherrlichen den *Heiland und Erlöser*. Diese 40 Takte (16 Takte instrumental, 24 Takte vokal) werden abgeändert wiederholt und bringen den Mittelsatz so auf die gleiche Länge wie die beiden Außensätze. Im ganzen Mittelteil dominiert das zur Ausgangstonart F-Dur parallele d-Moll.

Der Chor fährt unmittelbar fort und führt in das Dacapo. Das Ritornell ist mit seinen letzten 16 Takten ans Ende des ganzen Satzes gerückt. So ergibt sich eine exakte Spiegelsymmetrie zum ersten Block. Nur sind diesmal die hinten fehlenden acht Ritornelltakte in den beginnenden Chorsatz hineingeschoben und erweitern so die ersten 20 auf 28 Takte.

Eine Gegenüberstellung der beiden Texte – parodierte Vorlage und Teil IV des Weihnachtsoratoriums – macht deutlich, daß im Grunde gleiche Aussagen getroffen werden:

„Laßt uns sorgen, laßt uns wachen
über unsern Göttersohn!
Unser Thron
wird auf Erden
herrlich und verkläret werden,
unser Thron
wird aus ihm ein Wunder machen.“

Fallt mit Danken, fallt mit Loben
vor des Höchsten Gnadenthron!
Gottes Sohn
will der Erden
Heiland und Erlöser werden,
Gottes Sohn
dämpft der Feinde Wut und Toben.

Der *Höchste* wird mit *Danken* und *Loben*, der „Göttersohn“ hingegen (gemeint ist der Kurprinz von Sachsen, zu dessen Geburtstag im September 1733 die Glückwunschkantate geschaffen wurde) mit „Sorgen und Wachen“ bedacht. Von *Gottes Sohn* wird gewünscht, daß er *Heiland und Erlöser* ist, für den weltlichen Herrscher, daß sein Thron „herrlich und verkläret“ werde. Die Bewegungsrichtung der Huld wird also gleichsam umgekehrt. Gerade dieses letzte Beispiel zeigt, daß Parodie zwar möglich war, weil die Affekte sich glichen oder ähnelten; daß aber die Verehrung des Kurprinzen sich in geziemenden Grenzen hielt. Von einem Gottesgnadentum, einer Identifizierung des weltlichen Herrschers mit Gott, kann keine Rede sein.

Freilich zeichnet sich Bachs Musik, da sie Prinz und Gott preist, durch eines gleichermaßen aus: durch die Vollkommenheit ihrer Form. Das Höchste soll mit dem Vollkommensten geehrt werden. Das ist mehr als ein nur kosmetisches Phänomen. Die hier waltende Ästhetik hat etwas mit Natur und ihrer verherrlichenden Nachahmung zu tun: „Natürlich“ wie Gottes Werke ist Bachs Musik: klar gegliedert, oft symmetrisch, jedenfalls in ausgewogenen Proportionen und Maßen, die die starken musikalischen Kräfte des Melos und der Harmonik ins Gleichgewicht zwingen; dies aber nicht formalistisch, nicht sklavisch genau, vielmehr mit jenen kleinen Ungenauigkeiten versehen, die auch das Leben in der Natur bestimmen; dazu, wie alles Lebendige, in ständigem Wandel und Wachstum.

37. Evangelium

Und da acht Tage um waren, daß das Kind beschnitten würde, da ward sein Name genennet Jesus, welcher genennet war von dem Engel, ehe denn er im Mutterleibe empfangen ward.

Das kurze Rezitativ beginnt in C-Dur, der gleichsam weiß-neutralen Tonart, die aber nach dem tieferen F-Dur des Eingangs-Chores hier wie ein sanftes Licht wirkt. Es moduliert mit seinem letzten Teilsatz *ehe denn er im Mutterleibe empfangen ward* in die weich-liebenswürdige Paralleltonart a-Moll. Die musikalische Gestaltung hebt mit Spitzennoten den *Namen* und *Jesus* hervor. Die Beschneidung (mit der die Namensgebung verbunden wurde) tritt, auch in den folgenden Betrachtungen, in den Hintergrund.[96]

Bach behält die kurze altkirchliche Lesung für Neujahr bei und macht sie zum einzigen Betrachtungsgegenstand des vierten Oratoriumsteiles, obwohl er sich damit gewiß inhaltliche und formale Probleme einhandelte, denn sonst bediente er sich immer eines Schemas, das mit mehreren Evangelistenpartien rechnete. In anderen Teilen des Oratoriums hat er die kirchliche Ordnung offenbar bedenkenlos durchbrochen. Die Namensgebung muß ihm also wichtig gewesen sein. Sie wurde denn auch zum Anlaß für tiefe musikalische Gedankengänge sowie für eine von den anderen Teilen abweichende, aber ebenfalls großartige Architektur.

Dem Geben und dem Nennen von Namen, ja allein ihrer Kenntnis, wurde immer höchste Bedeutung beigemessen. Die altägyptische Religion versprach dem, der die Namen der Götter wußte, aussprechen und anrufen konnte, Vorwärtskommen in der Unterwelt. Daher finden sich im ältesten Totenbuch der Menschheit, im altägyptischen Amduat, nicht weniger als 908 (!) Namen[97] für Gestalten der Unterwelt – für uns eine verwirrende, ermüdende Aufzählung. Und immer wird betont: „Wer ihre Namen kennt, wird bei ihnen sein.“[98] Umgekehrt stellen sich viele Religionen vor, daß Gott allein durch das Wort, durch das Aussprechen des bezeichnenden Namens Gestalt aus dem Chaos hervorrief. Solche Gedanken sind im Alten Orient und in Ägypten (der Schöpfergott Ptha schafft die Wesen durch seine Zunge) Allgemeingut.[99] Wir kennen sie aus der biblischen Schöpfungsgeschichte ebenso wie aus dem Johannes-Evangelium.

Es ist heute nicht anders als bei den Ägyptern vor dreieinhalbtausend Jahren: Kenntnis des Namens gibt magische Kraft über Menschen und Dinge. Nichts erscheint uns beispielsweise schlimmer, als wenn der Arzt eine Krankheit nicht diagnostizieren kann oder wenn sein Fachwissen gar vor einer unbekannten, mit Namen nicht zu benennenden Krankheit kapitulieren muß. Nichts ist beruhigender, als wenn wir unsere Krankheit einordnen können mit einem Namen, am liebsten – die Magie verstärkend – noch unverständlich lateinisch. Mit der Nennung des Namens verliert die Krankheit ihre Dämonie, sie wird eingeordnet, und tatsächlich kann ja der Arzt dann erst ihrer Herr werden oder sie zumindest beeinflussen. Das gilt nicht nur für somatische Erkrankungen: Auch seelische Probleme, etwa Schuldgefühle, können nur verarbeitet und bewältigt werden, wenn sie erkannt und benannt werden. Beiseiteschiebendes Schweigen, Verdrängungen machen krank.

Immer ist mit der Kenntnis des Namens, mit seiner Nennung – wenn auch in unterschiedlichem Maße – Verfügbarkeit verbunden. Nur eines ist letztlich unnennbar, für Menschen unerreichbar: der Name des Höchsten, der „Name, der kein Name ist. Keine handliche, gereinigte und zweckdienliche Formel. Keine ‚Chiffre' für ein Gottesbild; kein Schlüsselwort für ein philosophisches System. Unaussprechlicher Name" (Huub Osterhuis[100]) – in Ägypten (Amun = „Der Verborgene"), im Judentum (Jahwe = „Der Ich-bin-da" oder „Ich werde dasein, als der ich dasein werde", 2. Mose/Exodus 3,14) wie im Islam (Allah = „Der Gott"). Gott kann keinen herkömmlichen Namen haben, er wäre sonst „definierbar", könnte eingegrenzt, eingeordnet, verstanden werden. Wir müßten auf einer Meta-Ebene, jenseits der Welt, eben jenseits „des Höchsten" sein, um solche Definition vollbringen zu können. Nur im Benennen seiner Allmacht und seiner Wirkungen kann man sich dem Unnahbaren nähern. Ähnlich wie die Ägypter ihr Zeichen für „Gott" = ntr oft mit Beinamen versahen, etwa „Gott ist freundlich" oder „Gott lebt" oder „Gott ist gnädig"[101], so hat Allah 99 „schönste Namen" – allesamt Attribute, die seine göttlichen Eigenschaften aufzählen. „Allah hat hundert Namen" überschreibt Günter Eich ein Hörspiel[102], in dem sich folgender Dialog entwickelt:

> „Als mir der Star gestochen war, sah und hörte ich den hundertsten Namen Allahs hundert- und tausendfach. Im Ruf eines Vogels und im

Blick des Kindes, in einer Wolke, einem Ziegelstein und im Schreiten des Kamels.“ –

Davon spricht auch schon Angelus Silesius[103]:

„Man kann den höchsten Gott mit allen Namen nennen,
man kann ihm wiederum nicht einen zuerkennen.“

Günter Eichs Dalog fährt fort:

„O Vater der Weisheit, ihr übersetzt … Ich aber will den Namen, wie er ist.“ – „Man muß übersetzen, wenn das Original nicht zu verstehen ist.“ – „Ich bestehe darauf.“ – „Geduldet Euch, junger Herr, Ihr besteht auf Eurem Tod!“

Nur in „Übersetzungen“ können wir von Gott reden, erst nach unserm Tod dürfen wir hoffen, Gott „von Angesicht zu Angesicht“ zu schauen. Nur im Mythos und im Märchen gelingt das Unmögliche: Isis entreißt dem Höchsten seinen wahren Namen und gewinnt prompt Herrschaft über ihn[104], die Königstochter erfährt den Namen von Rumpelstilzchen und darf über seinen Willen verfügen. Aber in der Wirklichkeit kann man sich (wie den Göttern in anderen Religionen) dem Gott der Juden und der Christen nur in Umschreibungen nähern wie „Immanuel“, das bedeutet: „Gott mit uns“. Von solchen „Übersetzungen“ machen die nächsten Sätze des Weihnachtsoratoriums Gebrauch.

Der kurze Bibelbericht, der sich nicht aufteilen läßt, erzwingt eine völlig andere Gestaltung des vierten Oratoriumsteils. Die übliche Abfolge von bekräftigenden Accompagnato, Arie, Choral muß verändert werden. Und dennoch baut Bach wieder, auch in diesem Teil, ein bewundernswert vollendetes Formgebäude. Eine zentrale Arie wird umgeben von je einem Accompagnato mit Choral, eine zweite Arie wird von einem Choral bekräftigt.

38. Rezitativ (Baß) und Choral (Sopran)

Immanuel, o süßes Wort!
Mein Jesus heißt mein Hort,
mein Jesus heißt mein Leben.
Mein Jesus hat sich mir ergeben,
mein Jesus soll mir immerfort
vor meinen Augen schweben.
Mein Jesus heißet meine Lust,
mein Jesus labet Herz und Brust.
Jesu, du mein liebstes Leben
Komm! Ich will dich mit Lust umfassen,
meiner Seelen Bräutigam,
mein Herze soll dich nimmer lassen,
der du dich vor mich gegeben
Ach! So nimm mich zu dir!
an des bittern Kreuzes Stamm!
Auch in dem Sterben sollst du mir
das Allerliebste sein;
In Not, Gefahr und Ungemach
seh ich dir sehnlichst nach.
Was jagte mir zuletzt der Tod für Grauen ein?
Mein Jesus! Wenn ich sterbe,
so weiß ich, daß ich nicht verderbe.
Dein Name steht in mir geschrieben,
der hat des Todes Furcht vertrieben.

Das vom zarten Streicherklang geprägte Accompagnato beginnt in d-Moll. Wie diese Tonart im Zentrum unseres Tonsystems steht (darüber erfahren wir bald Genaueres in einer Arie, siehe Nr. 41, Seite 168), so führt – das scheint uns der tonartliche Einsatz zu signalisieren – die Betrachtung über die eben gehörte biblische Aussage ins Zentrum aller Gedanken und Hoffnungen. Bereits das erste Wort des Accompagnatos macht deutlich, warum der Bibeltext so gewichtig ist, daß er allein zur Aussage eines ganzen Oratorienteils werden kann und Bach für seine Betrachtung diese besondere Tonart wählt. „Immanuel“ ist, wie es das Accompagnato aussagt: *mein Hort, mein Leben*. Dem schon beschreibenden Namen werden weitere Beschreibungen seines Wirkens hinzugefügt. Und wie Gott die Wesen schafft, indem er sie beim Namen nennt, wie er selbst mit dem umschreibenden Namen Gestalt erhält, so kann der „Heiland" Gestalt, Ordnung in unser Leben bringen. *In Not, Gefahr und Ungemach* vermag er Leben ganz, heil zu machen. Wie im altägyptischen Amduat (vgl. Seite 148): Sein Name, die Anrufung seines Namens ist Garant dafür, daß *wenn ich sterbe, ... ich nicht verderbe.*

Umgekehrt gilt für jeden Menschen: „Ich habe dich bei deinem Namen gerufen, du bist mein" (Jesaja 43,1). Nur, weil er ein mit seinem Namen bezeichnetes Individuum ist, kann er auf diese Zusage vertrauen. Auch diese Erfahrung kannten schon die Ägypter: Ins neue Leben wird nach ihrem Glauben der Mensch, und zwar in seiner Identität, erst erweckt, wenn ihn Gott bei seinem Namen „ruft".[105] Bach hat im Lauf seines Musiker-Lebens seinen eigenen Namen in Noten oft zitiert – meist versteckt wie eine Unterschrift unter sein Werk. Im letzten Contrapunctus der Kunst der Fuge hat er ihn zum Thema einer großen Fuge, seiner letzten, gemacht – als wolle er nun, da er auch bekennt „Vor Deinen Thron tret ich hiermit", sich Gott mit der Nennung seines Namens in Erinnerung bringen, sich von Gott rufen lassen.

Der Rezitativtext ist in gewohnter Plastizität vertont und dem Baß zugewiesen. Spitzennoten betonen sogleich am Anfang die beiden wichtigsten Worte *Immanuel* und *Jesus.* Sie werden um einen Halbton noch überschritten bei der Vorstellung *Jesus soll mir immerfort vor meinen Augen schweben.* Dazu bilden zwei Streicherfiguren das Schweben nach; die erste, indem sie leicht wie eine Feder um eine Sext, die andere darauf um eine Septim emporgeweht werden:

Notenbeispiel 89

Nach neun Takten tritt im Sopran ein Choral zum Baß hinzu. Die Streicher, die bisher überwiegend in langen Noten begleitet hatten, fallen mit allen Stimmen in Kantilenen, ähnlich ausdrucksvoll wie die Melodik des cantus firmus. Dieses überhöht die Aussage des Basses mit dem tröstlichen Text des in der Bachzeit beliebten Chorals von Johann Rist, *Jesu, du mein liebstes Leben, meiner Seelen Bräutigam.* Die Melodie hat Bach allerdings nicht aus den Gesangbüchern seiner Zeit übernommen (es wäre die uns heute aus dem Paul-Gerhardt-Lied bekannte „Sollt ich meinem Gott nicht singen"), sondern sie für dieses Duett neu geschaffen. Das Lied steht in der üblichen Bar-Form. Hier erklingen nur die beiden Stollenpaare des Textes. Aber, ungewöhnlich, Bach läßt die in der Bar-Form übliche Wiederholung weg und führt das zweite Zeilenpaar mit eigener Melodik weiter, die so dem Text kongruenter und ausdrucksvoller – etwa bei *des bittern Kreuzes Stamm* – folgen kann als in der üblichen Wiederholung der Liedzeilen. Der Abgesang des Liedes ist aufgespart für die Fortsetzung des Duetts in der übernächsten Nummer.

Die Sprache *(meiner Seelen Bräutigam)* läßt wieder an ein Liebesduett denken wie in *Herr, dein Mitleid, dein Erbarmen* (Nr. 29). Es singen auch die beiden gleichen Stimmen wie dort, nämlich Sopran und Baß. Da es sich um eine Choralmelodie handelt, besetze ich den Sopran hier aber chorisch. Ich meine, der schweifenden Weite gerade dieser Melodie ist die Ausdruckskraft und Modulationsmöglichkeit einer ganzen Chorstimme angemessen.

Mit einer Anhäufung von verminderten und Dominant-Septakkorden führt Bach das Accompagnato nach Ende des Chorals fort und verschärft damit die letzten drei Sätze des Rezitativs dramatisch. Der Text spricht zunächst von *Not, Gefahr und Ungemach*, die der Gedanke an das Sterben einjagt, dann aber von der Gewißheit: *Dein Name steht in mir geschrieben, der hat des Todes Furcht vertrieben.* Der Schlußakkord leuchtet in einem unerwarteten, ruckartig eingeführten C-Dur auf, dessen Licht alle Finsternis der *Furcht vertrieben* hat.

Möglichlicherweise hat die Erzählung von Jesu Darstellung im Tempel auf die Textgestaltung unseres Accompagnatos eingewirkt, die im Lukas-Evangelium auf die hier betrachtete der Namensgebung (Lukas 2,22 ff.) folgt, im Weihnachtsoratorium aber nicht mehr vertont ist.[106] Schöner kann man das *Wenn ich sterbe, so weiß ich, daß ich nicht verderbe* nicht erleben und aussprechen, als es dort vom greisen Simeon berichtet wird. „Ihm war ein Wort zuteil geworden von dem Heiligen Geist, er solle den Tod nicht sehen, er habe denn zuvor den Christus des Herrn gesehen." Als er nun das Kind bei der Darstellung[107] zu sehen bekam, antwortete er mit den bewegendsten Worten, die man sich aus dem Mund eines alten Menschen, der sich zum Sterben anschickt, nur denken kann. Das Licht des Bachschen C-Dur leuchtet auf in ihnen:

> „Herr, nun lässest du deinen Diener in Frieden fahren,
> wie du gesagt hast;
> denn meine Augen haben deinen Heiland gesehen,
> den du bereitet hast vor allen Völkern,
> ein Licht, zu erleuchten die Heiden,
> und zum Preis deines Volkes Israel."
>
> (Lukas 2,29–32)

39. Arie (Sopran)

Flößt, mein Heiland, flößt dein Namen
auch den allerkleinsten Samen
jenes strengen Schreckens ein?
Nein, du sagst ja selber nein (nein!).
Sollt ich nun das Sterben scheuen?
Nein, dein süßes Wort ist da!
Oder sollt ich mich erfreuen?
Ja, du Heiland sprichst selbst ja (ja!).

Im Zentrum des vierten Teils steht eine der eigentümlichsten Schöpfungen Bachs – die „Echo-Arie". Ihr C-Dur leuchtet in der Umgebung des warmweichen F-Dur wie eine „Morgenlicht", wie ein aufkeimender Strahl von Hoffnung. Das gleiche C-Dur, das (mit seinem parallelen a-Moll) in der Umgebung des herrschaftlich gleißenden D-Dur und des lichten G-Dur in den beiden ersten Teilen des Oratoriums (*Wie soll ich dich empfangen* und *Schaut hin, dort liegt im finstern Stall*) wie eine Wendung zur Erde, zum *finstern Stall* eingesetzt war, erhält hier eine ganz andere, luzide Bedeutung. In der Vorlage stand die Arie in A-Dur und war einer Altstimme und einer Oboe d'amore anvertraut. Hier ist sie der lichteren Stimme und dem höheren Instrument (Oboe statt

Oboe d'amore) zugewiesen. Man hätte sich den Arientext auch gut aus Simeons Mund vorstellen können, dann hätte der profund tiefe Baß das unverrückbare Bekenntnis ablegen müssen. Aber Bach personalisiert selten so direkt; offensichtlich war ihm das Licht der hohen Stimme zur Charakterisierung seiner Aussage wichtiger als personelle Anklänge.[108] Man mag daran denken, daß Bach die Sopranstimme in anderen Werken (etwa in der Kantate BWV 21 *Ich hatte viel Bekümmernis*) als Trägerin der „Seele" eingesetzt hatte, um sie Zwiegespräche (in der genannten Kantate mit Jesus) führen zu lassen.[109]

Wieder fasziniert eine ausgewogene, dreiteilige Architektur. Textbedingt – denn natürlich soll das *Ja* des Textes dem Hörer als letztes im Gedächtnis bleiben – ist sie aber nicht in der mittelachsigen Dacapo-Form gebaut. Einem ersten Abschnitt werden vielmehr zwei sich entsprechende nachgestellt (A–B–B).

39. Arie (Sopran): *Flößt, mein Heiland, flößt dein Namen*

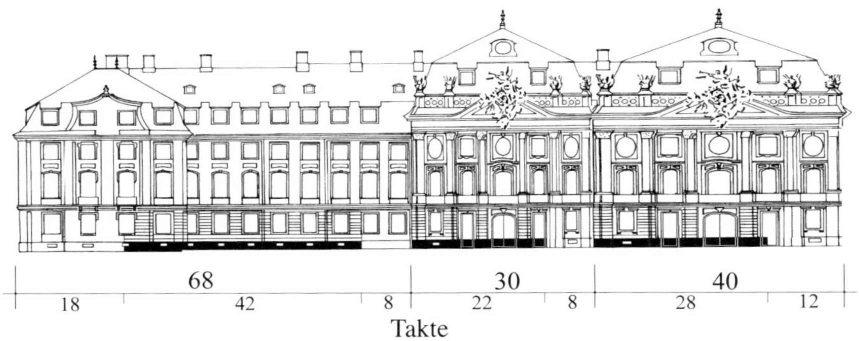

Im wiegenden, fast einlullenden 6/8-Takt führt die Sopranstimme, nur von einer Oboe sekundiert und vom Continuo abgestützt, ein intimes Selbstgespräch. Die Erkundungsreise beginnt die Oboe im Ritornell auf dem Grundton, dem Fundament der Tonart, gleichsam einer selbstsicheren Ausgangsposition allen Fragens. Sie erforscht zuerst die Tiefe bis zur Unterdominante (Notenbeispiel 90a), wendet sich sodann in die Höhe, vorsichtig die Terz, schließlich die Oberquint ertastend (Notenbeispiel 90b, 90c). Die Floskel, die in drei Noten die Unterdominante, und die Wendung, die die Terz umspielt, werden jeweils als Echo wiederholt – als wolle die hohe Stimme, man denkt nun wirklich an die Seele, das so eroberte Terrain nachsinnend verinnerlichen (Notenbeispiel 90d). Ebenso vergewissert sich die Musik ihres höchsten Aufschwungs, indem sie dem bestätigenden Echo dieser zweieinhalb Takte lauscht (Notenbeispiel 90e). Eine kurze Schlußformel beendet diese Motivik (Notenbeispiel 90f); sie schlägt von der Unterdominante zur Oberdominante aus, als wolle sie nun harmonisch die bisher melodisch ausgeschrittenen Weiten des nachdenklichen Fragens abstecken. Im letzten Drittel des Ritornells rahmt je ein auftrumpfender Septsprung (Notenbeispiel 90g) wiederholte, durch Pausen unterbrochene seufzende Sekunden (Notenbeispiel 90h). Man meint, das „Seufzen der ganzen Kreatur“ zu hören, unter dem die nachdenkende Seele sich ihre alles entscheidende Antwort *Nein* bzw. *Ja* abringt.

Notenbeispiel 90

Die 18 Takte des Ritornells werden im Gesangsabschnitt fortgesponnen. Die ersten zehn Takten mit dem Grundmotiv werden so zu 24 Takten, die folgenden acht Takte mit den Septsprüngen und den Seufzersekunden zu 18 Takten geweitet. Die Thematik bleibt, wenn auch harmonisch variiert, erhalten. Die beiden Solostimmen Oboe und Sopran wechseln sich, als sprächen sie miteinander, in der Führungsrolle ab; die jeweils andere Stimme antwortet mit kurzen, echohaften oder imitierenden Einwürfen. So beginnt die Sopranstimme in Takt 19, die Oboe in Takt 29, die Sopranstimme wieder in Takt 37 mit dem Grundgedanken. Der trotzige Septsprung bleibt der Singstimme vorbe-

halten, die seufzende Antwort *Nein* mit den pausenunterbrochenen Sekunden läßt sie sich doppelt von einem Echo bestätigen – von dem einer (zweiten) Sängerin und dem einer Oboe. Die letzte Antwort, hier das letzte *Nein*, gibt die Echostimme allein:

Notenbeispiel 91

Ein aus den mittleren Takten des Ritornells abgeleitetes instrumentales Zwischenspiel leitet zum zweiten Teil der Arie über, in dem zu dem neuen Text neue musikalische Motivik tritt: Sie zeichnet sich zunächst durch einen gleichmäßigen Fluß von Achteln aus, die in einer langen Ligatur das *erfreuen* unterstreichen (Notenbeispiel 92a). Das *Ja* wird dann nicht wie zuvor das *Nein*

Notenbeispiel 92

mit dem Seufzer der Sekunde bekräftigt, sondern mit einer fröhlichen Wechselnote (Notenbeispiel 92b), einer apodiktisch hingestellten Einzelnote (Notenbeispiel 92c) oder gar mit einem zupackend nach oben gerichteten Quint- bzw. Quartsprung (Notenbeispiel 92d). Ein zweites Zwischenspiel leitet über zum dritten Arienteil, der die Motivik des vorausgegangenen variiert. Ein um die ersten Takte verkürztes Nachspiel nimmt in der Grundtonart C-Dur das anfängliche Ritornell auf und schließt die Arie in einem Bogen ab. Ihre ständig fließende Achtelbewegung, ihre einheitlich wirkende Motivik und ihre immer wiederkehrenden Echos verleihen der Arie, auch wenn Text und Motivik wechseln, eine große innere Einheit, wie sie, trotz der Vielfalt von Gedanken und Gefühlen, wohl einer Unterhaltung mit der eigenen Seele zukommt.

Für die Echo-Sängerin hat Bach eine zweite Stimme ausschreiben lassen. Wir dürfen also sicher sein, daß sie getrennt von der ersten Sopranistin aufgestellt war.[110] Dieses „Echo" wiederholt immer wieder bestätigend Antworten, die sich die Sängerin schon selbst gegeben hatte. Jeweils am Ende der drei Phrasen aber verselbständigt sich die Echostimme und spricht allein das bekräftigende, versichernde *Nein* bzw. *Ja* aus. Auch in der Oboe hat Bach immer wieder wenige Noten nachklappend wiederholt und mit „piano" gekennzeichnet. Wir dürfen unterstellen, daß sie an dem Echo-Spiel teilnehmen soll. (Ich postiere dafür eine zweite Oboe neben die Sängerin des Echos.)

Zwar ist das Echo ein „Lieblingsdessin des Barock" (Thomas Mann[111]) und verkommt häufig schon in der Musik des Frühbarocks zur Manier. In der weltlichen Vorlage „Treues Echo dieser Orten" mag dies zutreffen. Das Echo des dort singenden Herkules scheint nicht viel mehr als eine Spielerei zu sein; zumindest ist es nur eine simple Erfüllung dessen, wovon der Text spricht.[112] Im Weihnachtsoratorium, wo der Text es nicht oberflächlich herausfordert, erhält der Einsatz des Echos eine viel tiefere Bedeutung.

In einem Beitrag des Bach-Jahrbuches 1989 hat Ernst Koch darauf aufmerksam gemacht, daß der Echo-Gedanke in der theologischen Literatur der Bachzeit üblich war.[113] Wenn dabei das Echo als Gottes Antwort auf menschliches Fragen verstanden wurde, so hatte es offenbar immer freundlichen, tröstlichen Charakter. Renate Steiger verifiziert diese Beobachtung u. a. anhand eines Bildes in einer Predigtschrift aus dem 17. Jahrhundert mit der Unterschrift: „Dulce assonat Echo" („Lieblich pflichtet das Echo bei").[114]

Bild 15: Heinrich Müller, Geistlicher Danck-Altar, Rostock 1670. „Süß klingt das Echo: Erbarm dich mein – Erbarm mich dein!"

Man versteht die tiefe Bedeutung des Echos in dieser Arie wohl am leichtesten, wenn man sich vergegenwärtigt, was der Mythos von der eigenartigen Naturerscheinung der Reflexion von Schallwellen (beispielsweise im Gebirge) erzählt: Echo war in der griechischen Sage eine Nymphe, die sich in den jungen Narziß verliebt, aber keine Gegenliebe gefunden hatte. Kein Wunder – ist doch Narziß so verliebt in sein eigenes Spiegelbild, daß er keinen Blick für die Wunder um sich hat. So „verzehrt sich Echo vor Gram und magert zu einem Knochengerüst ab, bis ihr Gebein zuletzt in Felsen verwandelt wird und nur die Stimme übrigbleibt".[115] Der in sich selbst verliebte Narziß aber verzehrt sich seinerseits in Qual um den ihm unerreichbaren Gegenstand seiner Liebe – unerreichbar, denn das vermeintliche Gegenüber ist ja nur ein trügerisches Spiegelbild.

Wenn wir auf das „Echo" in uns hören, halten wir nicht etwa narzißtische Selbstgespräche, sondern begegnen einer wundersamen Schönheit, kommunizieren mit einer außerhalb von uns, in der Welt vorhandenen Wahrheit. Das Echo ist ein Naturlaut. Seine Einführung in die Musik gleicht einem Lauschen auf das, was die Natur mir von meinen Gedanken zurückwirft. Um ein Echo zu hören, bedarf es eines gewissen Abstandes zur reflektierenden Stelle. Das Echo kann nur zustande kommen, wenn ich – ich ganz persönlich – rufe. Es ist aber nicht identisch mit meinem Fragen und Rufen, es kommt vielmehr als Antwort auf mein Rufen zustande. Wenn man lang genug in sich hineinhört, befördert man anderes hervor, als nur die Reflexion eigener Gedanken. In einer Art von Meditation, in einem letzten Hineinhorchen in die „Seele", hören wir Archetypisches. In einer Tiefenschicht des „kollektiven Unbewußten", in der jeder Mensch mit jedem Menschen, ja wohl gar durch eine Jahrmillionen währende Entwicklungsgeschichte mit unserer Erde und damit dem ganzen Universum verbunden ist, antworten Welt und Natur mir auf meine Fragen. Von innen kommen meine Fragen; von weit entfernt und doch durch das Medium meines Inneren kommen die Antworten. Das Echo ist nie laut, nie grell, nie vorlaut. Es ist eher leise, zaghaft, und es entsteht nur auf Anfrage, man muß zuhören können. Das letzte *Nein* auf allen Schrecken, das letzte *Ja* auf die Frage *sollt ich mich erfreuen?* gibt man nicht selbst. Man hört es als Antwort auf eigene Gedanken und Klagen. Und wohl nichts könnte geeigneter sein, ein solches sinnierendes Gespräch mit den eigenen Gefühlen und Gedanken einzuleiten, als Musik, die Sprache, die keiner Worte bedarf.

Wie stark eine solche selbst gefundene Antwort helfen kann, belegen zahlreiche Psychotherapien unserer Zeit, die allesamt daraufhin angelegt sind, das, was im Patienten als Lösung seiner Probleme längst schlummert, an die Oberfläche seiner Gedanken zu holen. Der gute Psychotherapeut oktroyiert seine Lösungen dem Patienten nicht auf; er befördert sie aus ihm selbst heraus als Antworten auf seine Fragen und Zweifel. Er folgt im Grunde der von Sokrates vorgeführten Kunst der Gesprächsführung, der „maieutiké techne", der Hebammenkunst des großen Griechen. Oft wiederholt er lange Zeit nur – echohaft – das vom Patienten Gesagte. Plötzlich steht des Rätsels Lösung mit einem klaren *Ja* oder *Nein* vor dem Patienten: Es ist nicht eine Wiederholung seiner Gedanken, es ist nicht die Meinung des Therapeuten – es ist eine tiefere Einsicht, die sich im Gespräch entwickelt hat und die Therapie beschließt.

Martin Buber hat diesen verwunderlichen Prozeß in seinem „Traum vom Doppelruf" bewegend und treffend beschrieben[116]:

> „Der Traum beginnt auf sehr verschiedene Weise, immer aber damit, daß mir etwas Außergewöhnliches widerfährt, [...] stets in einem jagenden Tempo [...]. Dann verlangsamt es sich plötzlich: ich stehe da und rufe. Meiner wachbewußten Übersicht der Ereignisse nach müßte ich ja annehmen, daß der Ruf, je nachdem, was ihm vorausging, einmal freudig, einmal schreckhaft und einmal wohl zugleich schmerzlich und triumphierend sei. Aber mein Gedächtnis am Morgen meldet ihn mir nicht so gefühlsbetont und wandlungsreich; es ist jedesmal derselbe Ruf, nicht artikuliert, aber rhythmisch streng, ab- und wieder ansetzend, schwellend bis zu einer Fülle, die meine wache Kehle nicht trüge, lang und langsam, ganz langsam und sehr lang, ein Lied-Ruf – wenn er endet, stockt mir der Herzschlag. Dann aber erregt sich irgendwo, in der Ferne, auf mich zu ein anderer Ruf, ein anderer und der gleiche, der gleiche von einer anderen Stimme gerufen oder gesungen, dennoch nicht der gleiche, nein, ganz und gar nicht ein ‚Widerhall' des meinen, vielmehr sein wahrer Gegenhall, Ton um Ton die meinen nicht, auch nicht abgeschwächt wiederholend, sondern den meinen entsprechend, entgegnend [...]. Wie nun aber die Erwiderung zu Ende ist, im ersten Nu nach ihrem abschei-

denden Schall, gerät eine Gewißheit, eine echte Traumgewißheit über mich: Nun ist es geschehen. Nur eben dies, gerade so: Nun ist es geschehen."

Buber hatte jahrelang denselben Traum, bis er eines Nachts folgende Veränderung erfuhr:

„Erst war's wie sonst [...], mein Ruf verklang, wieder stand das Herz mir still. Dann aber war Stille. Kein Gegenruf kam. Ich horchte hin, erhorchte keinen Laut. Ich erwartete nämlich, zum erstenmal, die Antwort, die mich sonst stets, als hätte ich sie nie zuvor erfahren, überrascht hatte; und die erwartete blieb aus. Nun jedoch geschah etwas mit mir: als hätte ich bisher keine anderen Zugangswege von der Welt zur Empfindung gehabt, als die über die Ohren führen, jetzt aber entdeckte ich mich als schlechthin mit Sinnen, organbekleideten und nackten, ausgestattetes Wesen, so reichte ich mich offen, zu aller Empfangnahme, Wahrnahme aufgeschlossen, an die Ferne. Und da kam, nicht aus ihr, sondern aus der Luft nah um mich, lautlos die Antwort. Eigentlich kam sie nicht, sie war da. Sie war – so darf ich wohl erklärend sagen – schon vor meinem Ruf dagewesen, war überhaupt da und ließ sich nun, da ich mich ihr auftat, von mir empfangen. Ich habe sie so vollständig wahrgenommen wie nur je den Gegenhall in einem der früheren Träume. Wenn ich berichten sollte, womit, würde ich berichten müssen: mit allen Poren meines Leibes. Wie nur je der Gegenhall in einem der früheren Träume, entsprach, entgegnete sie. [...] Als ich geendet hatte, sie aufzunehmen, verspürte ich wieder, glockenhafter als je, jene Gewißheit: Nun ist es geschehen."

Das große „Nun ist es geschehen", das Neue, das Revolutionäre an dem, was das Kind Jesus später verkünden wird, schlummert als tiefe Wahrheit in uns allen und muß nur geboren werden: Angst und Schrecken können überwunden werden, so daß Vertrauen in die Menschen, auch in die Welt und ihren Lauf, wachsen kann. Der Name des Sohnes, den wir ja auch als Richter beim Jenseits-Gericht kennen, soll nun keinen *Schrecken* mehr einflößen, der Gedanke an das Sterben kann mit einem erfreuten *Ja* beantwortet werden.

Wer das Liebeswerben der schönen Nymphe Echo nicht vernimmt, quält sich umsonst wie der irregeleitete Narziß. „Ja“ zu sich sagen kann nur der, zu dem unüberhörbar schon ja gesagt worden ist – und sei es aus noch so großer Ferne und noch so leise. Vielleicht ist die leise Antwort des Echos in Wahrheit nur der verkümmerte Rest einer schönen Nymphe, die zu Leben erwachen, uns schützen und lieben könnte, wenn wir sie nur wahrnähmen und lieb gewönnen. Und wer sie hörte, wer sie „mit allen Poren“ seines Leibes wahrnähme, dem könnte sie erscheinen „wie die Klarheit des Himmels, wie wenn ein Mensch die Lösung eines Rätsels findet“.

40. Rezitativ (Baß) und Choral (Sopran)

Wohlan, dein Name soll allein
in meinem Herzen sein,
    Jesu, meine Freud und Wonne,
    meine Hoffnung, Schatz und Teil,
So will ich dich entzücket nennen
wenn Brust und Herz zu dir vor Liebe brennen.
    mein Erlösung, Schmuck und Heil,
Doch Liebster, sage mir:
    Hirt und König, Licht und Sonne,
Wie rühm ich dich,
wie dank ich dir?
    ach! wie soll ich würdiglich,
    mein Herr Jesu, preisen dich?

Nach der wunderbaren Sopranarie wird das Accompagnato mit dem Choral fortgeführt. Es bleiben vom Lied *Jesu, du mein liebstes Leben* noch sechs Zeilen Abgesang, die der seltenen Reimordnung a–b–b–a–c–c folgen. Bach faßt sie teilweise zu je zweien zusammen, leitet sie ein, unterbricht sie und kontrapunktiert sie durch die Baßstimme. Der Text des Rezitativs verherrlicht nochmals den *Namen*. Das Lied ergeht sich in einer Aufzählung von Beinamen, die sich lesen wie ein ägyptischer Königsname, in dem auch alle Eigenschaften des Höchsten in den Namen eingehen. Beide Stimmen, Rezitativ-Baß wie Choral-Sopran, enden mit der Frage, wie der Hörer seinen Dank angemessen abstatten kann – eine Frage, die vom Baß so vorgebracht wird, wie das Orchester sie am Ende über einem lang ausgehaltenen Grundton im Continuo bekräftigt: mit ausdrucksvollen, von Pausen unterbrochenen Seufzerfiguren (Notenbeispiel 93). Als „suspiratio" wurde diese musikalische Figur in

Notenbeispiel 93

der zeitgenössischen Literatur beschrieben, „wodurch wir mittels Achtel- oder Sechzehntelpausen (welche deswegen suspiria genannt werden) Affekte des Stöhnens oder des Seufzens ausdrücken", schreibt der bedeutende Universalgelehrte Athanasius Kircher (1611–1680).[117]

Wir neigen dazu, uns Gott eher als ein Urprinzip, als „unbewegten Beweger" (Aristoteles) vorzustellen und seine Personalität als symbolische Aussage zu betrachten (wie auch anders, wenn man das „totaliter aliter" ernst nimmt!). So mag die Jesusminne des Textes uns fern liegen. Mir ist ihre Echtheit aufgegangen, als ein junges Mädchen aus meinem Chor, die überzeugte Sanjassin war und deren Leben wohl auch eine tiefgreifende, positive Veränderung durch die Lehre des indischen Gurus genommen hatte, mir vom Tod des Bhagwan berichtete. Sie konnte nicht anders darüber sprechen, als unter heftigen Tränen. Rationalisten mag solche Personalisierung ihres Lebensheils fern liegen. Aber nichts hindert daran, den Text so wenig personenbezogen, so auf die apersönlichen *Hoffnungen* zu hören, wie es der Choral ja tut.[118]

Das Rezitativ beginnt mit dem Dominantakkord zu C-Dur und nimmt damit die Tonart der Arie auf; es moduliert zurück in das warme, dunkle F-Dur, die Grundstimmung des ganzen Oratorienteils. Die Tonarten lassen spüren, daß man immer unten anfangen muß, im tiefen Grund des Seins, wenn man mit sich ins Reine, ins Licht des C-Dur kommen will. Es gibt kaum eine Szene im ganzen Oratorium, die so in persönliche Seelentiefen hineinführt wie die beiden expressiven Ariosi und die lichte Echo-Arie. Die drei Stücke machen klar, daß das wahre Gespräch der Seele mit sich selbst tatsächlich nicht allein, sondern immer im Dialog, im Dialog zwischen unten und oben, zwischen der Tiefe und der Höhe, letztlich im Gespräch mit der ganzen Welt geführt wird.

41. Arie (Tenor)

Ich will nur dir zu Ehren leben,
mein Heiland, gib mir Kraft und Mut,
daß es mein Herz recht eifrig tut!
Stärke mich,
deine Gnade würdiglich
und mit Danken zu erheben!

Ach, *wie soll ich würdiglich, mein Herr Jesu, preisen dich?* und *wie dank ich dir?* hatten die beiden Stimmen zum Schluß des vorausgegangenen Stückes gefragt. Die Arie gibt die Antwort. Schon die Worte ihres Textes preisen *würdiglich*, noch mehr freilich, in wahrhaft phänomenaler Weise, ihre Form. Ein Goldschmied würde einem König keine von leichter Hand schnell gefertigte Arbeit anbieten, und sei sie aus noch so edlem Metall; er würde ihn mit seiner auch handwerklich wertvollsten Arbeit ehren. Für den Musiker gilt (noch bei Beethoven, Brahms oder Reger) die Fuge als Ausweis des meisterlichen Handwerks. Ihre strengen kontrapunktischen Gesetze – verbunden mit der Freiheit zu blühender Phantasie in Gegenstimmen und Zwischenspielen – machen sie zum Brillanten der musikalischen Form. Zu einem solchen Edelstein innerhalb einer eigentlich periodisch liedhaften, ja tänzerisch und harmonisch bestimmten Gattung gerät diese Arie. Sie verbindet – ein Sonderfall in Bachs Œuvre – den bekannten Dacapo-Aufbau einer Arie mit der exakten Form einer Fuge, in der die vier Stimmen der Arie – zwei Soloviolinen, der Tenor und der Continuo – streng kontrapunktisch geführt sind.

41. Arie (Tenor): *Ich will nur dir zu Ehren leben*

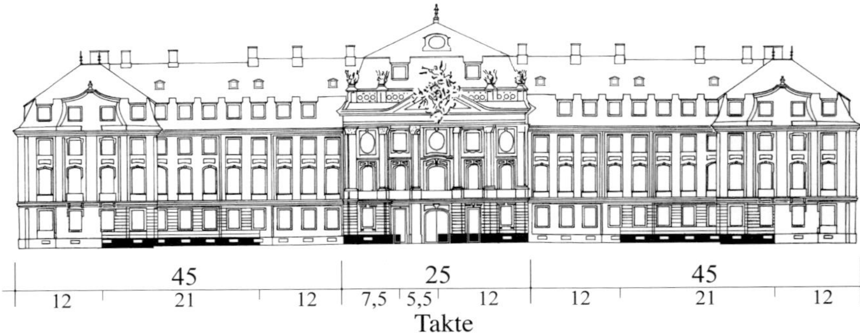

Das Thema selbst hat entscheidenden Anteil an der Charakterisik der Arie: Mit einem großen, synkopisch betonten Sprung in die Unteroktave stürzt es sich mutig in das besungene *Leben* (Notenbeispiel 94a); mit vier pochend insistierenden Tonrepetierungen verleiht es der Erklärung *dir zu Ehren* (Notenbeispiel 94b), mit einer weit ausgedehnten Koloratur dem *leben* Nachdruck; die Bitte, daß es mit *Kraft* geschehe, unterstreicht es mit einer sich aufschwingenden Koloraturphrase (Notenbeispiel 94c). In der Parodie-Vorlage der Kan-

Notenbeispiel 94

tate *Laßt uns sorgen, laßt uns wachen* BWV 213 stehen auf diese weit schwingende Koloratur die Worte „auf meinen Flügeln sollst du schweben".[119] Etwas von der duftigen Leichtigkeit schwereloser Dahingleitens meint man der eigentlich halsbrecherischen Koloratur anzuhören, wenn die Ausführenden technisch hinreichend souverän brillieren.

Im zwölftaktigen Ritornell hören wir bereits die ganze Fugenexposition mit drei Einsätzen nacheinander von den beiden Solo-Violinen und der Continuostimme – korrekt, wie es die Regel will, im Tonartenverhältnis Tonika – Dominante – Tonika. Eine erste Fugen-Durchführung beginnt mit dem Einsatz des Tenors in Takt 13 wiederum auf der Tonika, wie im Ritornell folgt eine zweite Stimme (hier im Continuo) auf der Dominante, kurz darauf eine dritte Stimme (erste Violine) mit der Umkehrung des Themas. Soweit sie am Fugengeschehen nicht beteiligt sind, stützen die drei Instrumentalstimmen meist nur mit tupfenden Achteln. Eine zweite Durchführung (Takte 20,2 bis 26) beginnt und endet je mit einer Engführung des Themas in den beiden Violinen (Notenbeispiel 95a). Der Sänger jubiliert dazwischen mit einem Themeneinsatz, der dadurch hervorgehoben ist, daß er unerwartet in Dur erklingt (Notenbeispiel 95b). Eine dritte Durchführung (Takte 27–33) läßt Sänger und erste

Notenbeispiel 95

Violine in Engführung wetteifern und kehrt darauf im letzten Einsatz das Thema im Continuo um, währenddessen die beiden Violinen verschiedentlich den Themenkopf in seiner ursprünglichen Fassung wie auch in seiner Umkehrung zitieren – eine fast verwirrend intensive Steigerung des Fugengeschehens. Die drei Durchführungen der Fuge drängen sich in nur 21 Takten des Gesangsteiles und münden in eine Wiederholung des zwölftaktigen Ritornells mit seiner Exposition der Themen. Mit seinen häufigen Engführungen und Umkehrungen spiegelt der Satz das Leben wider, wie es ist: quirlig, oft in seinen Ereignissen sich überstürzend, oft uns mit dem Gegenteil des Erwarteten überraschend oder uns auffordernd, „umzukehren" und das Gegenteil des Üblichen zu tun.

Der Mittelteil mit seiner Bitte *stärke mich* ist gegenüber dem A-Teil der Arie lockerer und duftiger. Die Motivik der Gesangsstimme ist neu, die Fuge bleibt aber mit ihrer Thematik präsent. Zwei Anläufe und ein vollständiges Fugenthema im Continuo (nochmals in Dur) untermauern einen ersten Gesangsblock, zwei Themendurchführungen (die zweite in Gegenbewegung) ebendort einen zweiten Gesangsblock. Und eine eigene Fugen-Durchführung mit Engführung der beiden Violinen verbindet diese beiden Blöcke in einem instrumentalen Zwischenspiel. Es ist, als wolle die ständige Präsenz des Fugenthemas der Bitte des Tenors *stärke mich* Nachdruck verleihen mit dem festen Entschluß: *Ich will.* Einmal, zu Beginn des zweiten Gesangsabschnittes, nimmt der Tenor mit seinem *stärke mich* selbst die synkopierte Oktav auf und bekräftigt so seine Entschlossenheit. Die Gnade unterstreicht er zweimal mit einer fröhlichen Koloratur (beides Notenbeispiel 96).

Notenbeispiel 96

Die Arienfuge steht in d-Moll, der Paralleltonart jenes F-Dur, mit dem das Rezitativ zuvor geschlossen hatte und in dem der anschließende Schlußchoral fortfahren und zur Ausgangs- und Grundtonart des ganzen Oratoriumsteils zurückführen wird. Der Ton d steht im „Mittelpunkt des diatonischen Tonsystems"[120]: Die Anordnung der Halb- und Ganztöne ist nur um diesen Ton vollkommen spiegelsymmetrisch. Ebenso wie das auf ihm aufgebaute Dorisch hat dessen Nachfolge-Tonart d-Moll zentralistischen Charakter. Wir assoziieren mit ihr jenes Fugenwerk, mit dem Bach sein kompositorisches Schaffen krönt. Und tatsächlich erinnert das Thema unserer Arie an zwei Themen-Modifikationen in der Kunst der Fuge (Contrapunctus IX und XIII; Notenbeispiel 97). Hier wie dort scheinen die unendlich laufenden Noten ein Sinnbild

Notenbeispiel 97

für den Lauf des Lebens; eines Lebens, das sich durch *Kraft* und durch *Gnade* auszeichnet. Die Arie verbindet nicht nur die Schlußfragen des Rezitativs mit den Wünschen des folgenden Chorals. Sie wirkt wie ein geschliffen-funkelndes Kleinod, das in seiner außergewöhnlichen Verarbeitung eine Sonderstellung im Weihnachtsoratorium einnimmt und zu den besonderen Kostbarkeiten Bachschen Schaffens gehört. Mit ihrer Tonart steht sie in der Mitte unseres diatonischen Tonsystems, mit ihrem Text („Loben – Leben – Kraft") nennt sie zentral Wichtiges, in ihrer musikalischen Gestaltung vereint sie zwei Pole der Musik (die Liedhaftigkeit der Arie mit der Intellektualität der Fuge).

42. Choral

Jesus richte mein Beginnen,
Jesus bleibe stets bei mir,
Jesus zäume mir die Sinnen,
Jesus sei nur mein Begier,
Jesus sei mir in Gedanken,
Jesu, lasse mich nicht wanken!

Der ganze Text spricht in nachdenklichem Optativ. Erst seine letzte Zeile redet fordernd mit einem Vokativ und Imperativ Jesus direkt an. Diese grammatikalische Variante scheint auf Bach zurückzugehen, sie ist in den Gesangbüchern, im Originaltext des Dichters Johann Rist nicht enthalten.[121] Der letzte, zusammenfassende Wunsch, textlich als dringende Bitte formuliert, erklingt so mit besonderem Nachdruck.

Die meditative Grundstimmung des Textes wird getragen von den instrumentalen Vor- und Zwischenspielen, in denen der Grundgedanke des ganzen Oratorienteils ähnlich reflektiert und zusammengefaßt wird wie in den Schlußchorälen des ersten und zweiten Teils. Das volle Instrumentarium dieses Neujahrs-Teils – neben den Streichern zwei Oboen und zwei Hörner – ist eingesetzt. Die Instrumenten-Gruppen erklingen gegeneinander versetzt. Sie ergehen sich in einer Aneinanderkettung von je zwei seufzend phrasierenden Achteln, die nur im Kopf mit einer Wechselnote geschmeidiger gemacht sind (Notenbeispiel 98). Wenn das Lied im Chor erklingt, begleiten Streicher und Holzbläser colla parte.

Notenbeispiel 98

Bach setzt keine der Melodien ein, in denen das Lied damals gesungen wurde. Sie stehen allesamt in Moll. Bach aber schafft eine neue, expressive Melodik in Dur, die diesen Neujahrs-Teil zu seinem tonartlichen Ausgangspunkt zurückführt und ihn nachdenklich-ausdrucksvoll, aber auch festlich krönt. Aus der meditativen, sehnsüchtigen Tiefe des F-Dur, gleichsam unterhalb der Bewußtseinsebene, haben wir im Licht des C-Dur, in das uns die erste Arie erhoben hatte, in der Mitte des d-Moll, in das uns die zweite Arie versetzt hatte, „die Lösung eines Rätsels“, des Rätsels unseres Lebens gefunden, „die Klarheit des Himmels“ gesehen und erfahren: *Wenn ich sterbe, so weiß ich, daß ich nicht verderbe* (vgl. Nr. 38), denn „der Tod steht heute vor mir wie das Genesen eines Kranken“ (altägyptischer Text, siehe Seite 141).

Teil V

Wird Christus tausendmal zu Betlehem geborn
und nicht in dir: du bleibst noch ewiglich verlorn.

Halt an, wo laufst du hin? Der Himmel ist in dir!
Suchst du Gott anderswo, du fehlst ihn für und für.

Angelus Silesius[122]

43. Chor

Ehre sei dir, Gott, gesungen,
dir sei Lob und Dank bereit'.
Dich erhebet alle Welt,
weil dir unser Wohl gefällt,
weil anheut
unser aller Wunsch gelungen,
weil uns dein Segen so herrlich erfreut.

Wenn man sich die sechs Teile des Oratoriums auf sechs unterschiedlich hohen Bühnen vorstellt, so spielt der fünfte Teil auf der höchsten, lichtesten Ebene, in der Tonart A-Dur. Das strahlende Licht von D-Dur wird in dieser um eine Quint höheren Tonart nicht heller, sondern leichter, glänzender. Es erstrahlt in einer Klarheit und Reinheit, die man nur in der Luft hoher Berge erleben kann. Bisher war diese Tonart nur kurz im dritten Teil erreicht in der Choralstrophe *Dies hat er alles uns getan* (Nr. 28) und dem Liebesduett *Herr, dein Mitleid* (Nr. 29). Nun ist die hohe Bühne für einen ganzen Oratoriumsteil gerichtet und wird in ihm nur selten für bange Fragen und sehnsüchtige Bitten um eine Quinte und nach Moll unterschritten. Alles spielt wie auf Wolken: leicht, schwebend, locker. Die Mittel auf dieser Bühne sind um vieles bescheidener und damit schwereloser als die der anderen Teile. Vergessen ist die Hirtensymbolik der vier Oboen; beiseitegelassen sind die Flöten mit ihrer silbrigen Höhe, die Trompeten mit ihrer strahlenden Festlichkeit, die Hörner mit ihrem stillen Glanz, gar die aufrüttelnden Pauken. Nur der Klang der Streicher und zweier tiefgestimmter, dunkel weicher Liebes-Oboen (wie wir sie im gleichen hohen A-Dur schon im Duett *Herr, dein Mitleid* gehört hatten) erwartet uns. Aber welch leichtfüßiges Jubilieren entfachen die Instrumente in solch kammermusikalischer Besetzung!

„Vivace", d. h. „lebhaft" überschreibt Bach den 3/4-Takt (der also nicht wie die 3/8-Takte der Eingangs-Chöre zum ersten und dritten Teil in ganzen Takten zu denken ist). Forsch Anlauf nehmende 16tel der Oboen und Girlanden gebrochener 16tel-Dreiklänge in den Streichern entfachen ein lebhaftes Wechselspiel (Notenbeispiel 99). Nach vier Takten spinnen die ersten Violinen ihre übermütigen Dreiklangsfigurationen in einer langen Kette fort, während die Oboen in kecken Viertel-Synkopen gebrochene Dreiklänge dagegensetzen (Notenbeispiel 100). Das Vorspiel und der ganze Chorsatz erhalten

Notenbeispiel 99

Notenbeispiel 100

einen erregenden Swing durch die ständige Achtelbewegung der Continuostimmen, oft klopfend auf einem Ton, dann in weiten Dreiklangsbrechungen, in die immer wieder die allumfassende Oktav einbezogen ist (Notenbeispiel 99). Oft meint man, vor allem später mit den synkopischen Einsätzen des Chores, von Schlagbesen unterstrichene Jazzrhythmen zu vernehmen. Gegen Ende des Ritornells wirft die erste Oboe Staccato-Achtel federnd wie Pingpong-Bälle in die Höhe; parallel dazu richten die ersten Violinen in Sequenzen halbkreisförmiger Motive eine lange Kette von 16teln auf, die die Continuostimmen parallel mit daktylischen Rhythmen (lang – kurz – kurz) frech, gleichsam händeklatschend kontrapunktieren (alles Notenbeispiel 101). Beide Stimmen führen bedeutungsvoll durch den Oktavraum und erinnern damit an eine ähnliche Figur im Chor *Ehre sei Gott in der Höhe* (Nr. 21, Takte 1

Notenbeispiel 101

und 49; siehe Seite 103). 16 Takte lang währt dies aufregende Spiel des Ritornells. Wie ein Schwarm tanzender Insekten im strahlenden Sonnenschein, den die Tonart A-Dur assoziiert.

Der Chor setzt ein. In den insgesamt (mit instrumentalen Vor- und Zwischenspielen) 98 Takten des A-Teils wiederholt er immer nur die wenigen Textworte: *Ehre sei dir, Gott, gesungen, dir sei Lob und Dank bereit'*. Den restlichen fünf Textzeilen werden im Mittelteil des Chores nur insgesamt 29 Takte zugestanden.

Der Chor ist kunstvoll in die Thematik der Instrumente eingebaut. Dreimal hintereinander das gleiche Spiel: Paarweise nacheinander setzen die Chorstimmen ein mit der Motivik der Oboen, die ihrerseits den Chorgesang in

43. Chor: *Ehre sei dir, Gott, gesungen*

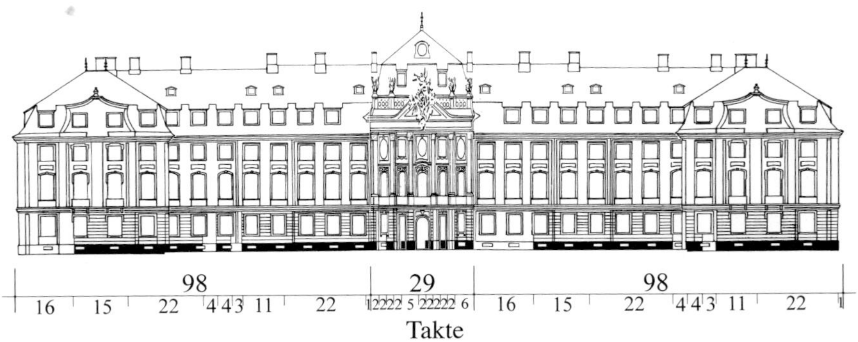

einem eigenen Takt bekräftigen. Dann folgt ein akkordischer Einbau des Chores in die Dreiklangsbrechungen der Streicher. Währenddessen behalten die Continuo-Instrumente ihre klopfende oder in weiten Dreiklängen swingende Bewegung bei:

Notenbeispiel 102

Die zweite Textzeile, *dir sei Lob und Dank bereit'*, wird in einer kleinen Fugenexposition ausgeführt; weitgehend a cappella, denn nur Continuo und kurze Akkorde der Streicher stützen den Chor ab, und nur die beiden Oboen spielen die Frauenstimmen colla parte mit. Das *Lob* erhält dabei im Thema eine übermütig jauchzende Aufwärtsfigur (Notenbeispiel 103). Diese kleine

Notenbeispiel 103

Fuge wirkt wie ein Einschub; ihre Motivik war im Ritornell nicht enthalten. Nach ihrer Beendigung beginnen die Streicher wie erwartet mit ihrer Kette

gebrochener Dreiklangsfiguren; der Chor übernimmt mit seinem *dir sei Lob und Dank* die kecken Synkopen der Oboen. Gegen Ende das gleiche Spiel wie im Ritornell: daktylisch klatschende Figuren im Chor- und Continuobaß sowie in den Sopranstimmen; sequenzierend sich aufrichtende 16tel in den ersten Violinen. Wieder durchstreifen die Stimmen dabei den alles umfassenden Oktavraum.

Wir sind auf dem tonartlichen Höhepunkt des Chores, in der Dominante E-Dur, angelangt. In dieser hohen Tonart beginnen die Instrumente neu mit dem Ritornell, nach vier Takten beteiligt sich der Chor mit einem dreitaktigen Einbau. Als solle der Übergang verschleiert werden, schleicht sich jetzt die Musik unversehens in eine Wiederholung des eben gehörten Gesangsblockes: Das Ritornell hebt abermals an, nun in der Ausgangstonart A-Dur. Wiederum fällt der Chor ein und wiederholt nun alle Gedanken und Formen in einem ausgedehnten zweiten Chorkomplex: das paarweise Einsetzen der Chorstimmen, die Fuge, den Choreinbau in die gebrochenen Dreiklangsakkorde – alles umgestellt (es fehlen anfangs die Oboen-Zwischentakte), leicht abgewandelt und tonartlich versetzt.

Ein kurzer Mittelteil handelt zweimal die verbleibenden fünf Textzeilen ab: die ersten beiden jeweils einzeln, die letzten drei zusammengefaßt. Die Choreinsätze werden unterbrochen von kurzen, zweitaktigen Orchesterzwischenspielen mit der Motivik des Eingangsritornells. Dadurch werden die beiden Texte, das *Lob* und die Begründung dafür, eng miteinander verknüpft. Zweimal wird die Thematik der Oboen durch den Einschub von Wechselnoten ihres charakteristischen Rhythmus beraubt und lyrisch geglättet (Notenbeispiel 104) – Bach notiert extra Legato-Bögen! – textkonform, denn es ist von unserem *Wohl* die Rede.

Notenbeispiel 104

Das Dacapo des ausführlichen Anfangsteils mit seiner lichten Schwerelosigkeit und mit seinem Jubel beschließt den großartigen Eingangssatz. Obwohl Bach auch hier offenbar eine Parodie vorgesehen hatte – der Schlußsatz aus der schon mehrfach fürs Weihnachtsoratorium parodierten Glückwunschkantate BWV 213 *Laßt uns sorgen, laßt uns wachen* hätte im Versmaß gepaßt und war wohl ursprünglich für eine Weiterverwendung vorgesehen –, entschied er anders: Dieser Chorsatz ist der einzige Eingangs-Chor, den Bach original für das Weihnachtsoratorium komponierte.[123]

44. Evangelium
45. Chor und Rezitativ (Alt)

Da Jesus geboren war zu Bethlehem im jüdischen Lande zur Zeit des Königes Herodis, siehe, da kamen die Weisen vom Morgenlande gen Jerusalem und sprachen:

(Chor:) *„Wo ist der neugeborne König der Juden?“*
Sucht ihn in meiner Brust,
hier wohnt er, mir und ihm zur Lust!
„Wir haben seinen Stern gesehen im Morgenlande und sind kommen, ihn anzubeten.“
Wohl euch, die ihr dies Licht gesehen,
es ist zu eurem Heil geschehen!
Mein Heiland, du, du bist das Licht,
das auch den Heiden scheinen sollen,
und sie, sie kennen dich noch nicht,
als sie dich schon verehren wollen.
Wie hell, wir klar muß nicht dein Schein,
geliebter Jesu, sein!

Bach berücksichtigt nicht das für diesen Sonntag eigentlich vorgeschriebene Evangelium von der Flucht nach Ägypten (Matthäus 2,13–23). Um eine durchgehende Erzählung – das Wesen eines „Oratoriums“ – zu gewährleisten, teilt er vielmehr das Evangelium des Epiphaniastages (Matthäus 2,1–12) auf die Oratoriumsteile V und VI auf. Dieses berichtet von den „Weisen aus dem Morgenlande“. Sie haben einen Stern, offensichtlich ein seltsames, überraschendes Sternzeichen gesehen. Mit Sicherheit liegt dem ein wirkliches, ungewöhnliches Ereignis zugrunde. Man hat einen Kometen, eine Supernova, aber auch die Konjunktion (also das Nebeneinander- bzw. Hintereinanderstehen und somit besonders helle Leuchten) zweier Planeten vermutet. Man muß sich erinnern, daß die hochentwickelten Völker des Alten Orient, besonders die Babylonier, aber auch die Ägypter, große Sternenbeobachter waren. Es war dies die einzige Möglichkeit für sie, einen Kalender zu entwickeln und so den scheinbar unendlichen Fluß der Zeit zu gliedern. Die normale Veränderung des Sternhimmels, die Wiederkehr bestimmter Konstellationen war ihnen also vertraut; jedes unvorhergesehene Ereignis mußte ihnen auffallen und als Hinweis der Götter auf Außerordentliches verstanden werden. Das ist in der ganzen alten Welt so gewesen; so wurde in Ägypten die Geburt eines Königs, besonders aber die Geburt des ersten Götterkönigs Osiris mit Himmelserscheinungen in Zusammenhang gebracht.[124]

Der Evangelist beginnt in der hohen Tonartenebene des Chores, aber in dem parallelen fis-Moll. Die Worte der Weisen werden dem Chor übertragen. Mehrmals fragt dieser neugierig *wo?*, unterbricht stockend mit Pausen (Notenbeispiel 105) und schließt mit einem letzten *wo* nachdrücklich in einer harmonisch offenen, fragenden Wendung (auf einem unaufgelösten Dominantseptakkord). Die Instrumente setzen anfangs imitierend zum Chor ein und bekräftigen so dessen Frage. Dann begleiten sie und erweitern dabei die Chorthematik mit großen, fragend nach oben gerichteten Schritten:

Notenbeispiel 105

Bevor die Weisen mit ihrem zweiten, begründenden Satz fortfahren können, fällt ihnen der Alt ins Wort, jene Stimme, die wir in den ersten drei Teilen des Oratoriums als die einer liebevollen, anteilnehmenden, alles verinnerlichenden Frau kennengelernt hatten. Nahtlose Übergänge vom Bibelbericht zum betrachtenden Accompagnato haben wir schon erlebt. Hier aber unterbricht die Sängerin die Weisen in ihrer Rede und fordert: *Sucht ihn in meiner Brust*; *hier wohnt er*, betont sie mit einer ausdrucksvollen Aufwärtssext und warnt so, ein Ereignis in einem äußeren Spektakel zu suchen, das man nur im eigenen Innern wahrnehmen kann.

In einem kleinen Fugato fahren die Weisen fort: *Wir haben seinen Stern gesehen im Morgenlande*. Einer nach dem anderen hat die seltsame Erscheinung beobachtet und macht sich auf den Weg. Mit einem Aufwärtsgang durch die Quint (Notenbeispiel 106) setzt eine Stimme nach der anderen ein, als

Notenbeispiel 106

wolle sie der vorigen nachfolgen wie ein Weiser dem anderen. Die Mitteilung *und sind kommen, ihn anzubeten* wird noch nacheinander in zwei Einsätzen der parallel geführten Frauen- und Männerstimmen vorgebracht. Sie endet aber in schöner akkordischer Einmütigkeit und in allen Stimmen mit einer ausdrucksvollen Kantilene auf das *beten*, im Alt in einem chromatischen Gang, den Blick nach oben erhoben:

Notenbeispiel 107

Kaum zu glauben, daß auch dieser kleine Chorsatz der Weisen vom Morgenlande wahrscheinlich (wie man aus dem Versmaß schließt) eine Parodie ist, Übertragung eines Chores mit dem so andern Text „Pfui dich“ aus der verlorengegangenen Markuspassion, von der nur der Text erhalten ist.[125] Das beharrliche Wiederholen des *Wo* hätte dann dem „Pfui“ gegolten, der aufwärts gerichtete Quintgang des erstaunten *Wir haben seinen Stern gesehen* dem Aufrichten des Tempels bei „und bauet ihn in dreien Tagen“.

Nach dem Chor der Weisen fällt (ab Takt 18) wieder die Altistin ein und besingt, was der Stern bedeutet und was dem ganzen Oratoriumsteil sein lichtes, tonartlich hohes Erscheinungsbild verleiht: *Wohl euch, die ihr dies Licht gesehen!* Dies abschließende Altsolo war von Bach ursprünglich für Baß notiert.[126] Man versteht, daß die Worte sich auch von der tiefen Männerstimme vorgebracht gut ausgenommen hätten. Aber aus dem Mund der alles verinnerlichenden Altstimme wirken sie geborgener. *Du bist das Licht*: Wie die Morgensonne die Finsternis der Nacht verzehrt, so durchbricht der Gott die Dunkelheit unseres Lebens. Wie der Stern den Weisen den Weg wies, so – betont die Sängerin in strahlendem D-Dur – ist das Licht der Gottesgeburt *zu eurem Heil geschehen! Wie hell, wie klar* leuchtet sein *Schein* in dem abschließenden, außergewöhnlich hohen Cis-Dur; sein Strahlen überdauert in einer halben Note die Worte der Sängerin.

46. Choral

Dein Glanz all Finsternis verzehrt,
die trübe Nacht in Licht verkehrt.
Leit uns auf deinen Wegen,
daß dein Gesicht und herrlichs Licht
wir ewig schauen mögen!

Das Lied setzt mit einem fis-Moll-Akkord ein und deutet so den hohen Cis-Dur-Abschluß des vorausgegangenen Accompagnatos zur Dominante um. In Wahrheit aber steht es in dem parallelen A-Dur: voller *Glanz* und *Licht* wie die Sonne selbst. Ausdrucksstark zeichnet der Chorsatz die Worte nach.

Der *Glanz* geht im Alt mit einem Gang durch fünf Töne auf (Notenbeispiel 108a); die *Finsternis* neigt sich im Sopran und im Baß in weiten Schwüngen über die Erde (Notenbeispiel 108b); die *Trübe* der Nacht ist *in Licht verkehrt* – sie kommt im Baß in Synkopen, also gleichsam „verkehrtem“ Metrum (Notenbeispiel 108c); der Alt läßt mit einer daktylisch rhythmisierten Figur das *Licht* hervorbrechen, einer kleinen Figur, die er sogleich wörtlich *auf deinen Wegen* wiederholt, um nur ganz klar zu machen, wo das Licht scheint (Noten-

Notenbeispiel 108

beispiel 108d). Das *ewig schauen* schließlich ermuntert alle Stimmen zu visionären Kantilenen. Daß das *ewig schauen* ähnlich umgekehrt, „totaliter aliter“ (siehe die Erzählung Seite 134) ist wie *die trübe Nacht in Licht verkehrt*, unterstreicht der Alt mit Synkopen (Notenbeispiel 108e). Damit sie es wirklich *ewig schauen mögen*, begruben viele Völker, so auch die Ägypter, ihre Toten mit dem Kopf nach Westen, zur untergehenden Sonne ausgerichtet – die Augen aber sahen nach Osten, der aufgehenden Sonne entgegen.[127] Der lichte Liedsatz besticht durch seine dichte musikalischen Aussage!

47. Arie (Baß)

Erleucht auch meine finstre Sinnen,
erleuchte mein Herze
durch der Strahlen klaren Schein!
Dein Wort soll mir die hellste Kerze
in allen meinen Werken sein;
dies lässet die Seele nichts Böses beginnen.

Wie eine Erfüllung der in der Arie des Weihnachtsoratoriums vorgetragenen Bitte wirkt der parodierte Originaltext der Arie:

„Durch die von Eifer entflammeten Waffen
Feinde bestrafen,
bringt zwar manchen Ehr und Ruhm;
aber die Bosheit wie Wohltat vergelten,
ist nur der Helden,
ist Augustus’ Eigentum.“

Nichts Böses, keine „entflammeten Waffen“ werden die Welt regieren, vielmehr „Bosheit wie Wohltat vergolten“, wenn wir *der Strahlen klaren Schein* in unsere Herzen lassen. Da die parodierte Vorlage (Kantate BWV 215 *Preise dein Glücke, gesegnetes Sachsen*) nur drei Monate vor dem Weihnachtsoratorium, nämlich am 3. Oktober 1734, zum Jahrestag der Königswahl August III. aufgeführt wurde, liegt die Vermutung nahe, beide Kompositionen seien nebeneinander entstanden. Jedenfalls erscheint uns im Weihnachtsoratorium wie manch anderes Mal die Textdeklamation eher besser und die Textkongruenz stimmiger als in der Vorlage. Bach hat die Tonart der Vorlage um eine Quart abwärts transponiert (dadurch freilich im Quintenzirkel, in der Farbskala der Tonarten aufwärts!). Die helle Sopranstimme und die beiden (unisono spielenden) silbrigen Flöten der Vorlage sind gegen eine (allerdings hohe) Baßstimme und eine lieblich-schmeichelnde Oboe d'amore ausgetauscht. Die Arie vereinigt so auf wunderbare Weise die Kantabilität einer sehnsüchtig, jugendlich strahlenden Melodik, die profunde Würde der Baßstimme, die Klangweichheit der Oboe d'amore mit dem Leuchten des *klaren Scheins* in einer ungewohnt hohen Tonart, die die Höhe des vorausgegangen A-Dur hält, es aber in das weiche, bittende, parallele fis-Moll wandelt. Das ständige Fließen einer nie zu Ende kommenden Melodik und die drängenden Bitten des Textes scheinen jede Form, jede symmetrische Gliederung zu überfluten. Immer neu und innerlich erregt hebt der Sänger an, seine Gedanken zu drehen und zu wenden; dabei entbehrt er – scheinbar nur, wie wir erfahren werden – logisch ableitender und gliedernder Gedankenschärfe in der Formulierung. Nur das strömende 24taktige Ritornell läßt beim ersten Hören schon Gliederung erkennen und gibt der Arie, da es am Ende wörtlich wiederholt wird, deutlich Halt und Geborgenheit.

Mit einem fordernden Quartauftakt – *Erleucht!* textiert der Sänger später – beginnt die Oboe d'amore eine liebevoll ausgesponnene Melodie. Mit ihren charakteristischen Rhythmen, der in originellen Phrasierungen lebhaft sprechenden Deklamation und schließlich auftrumpfenden Sextsprüngen wirkt sie jugendlich schwungvoll. In der zweiten Hälfte des 24taktigen Ritornells (Notenbeispiel 109) verfällt sie anfangs in hartnäckige Tonrepetierungen

Notenbeispiel 109

und anapästisch zugespitzte 32stel-Rhythmen, bevor sie in schwärmerisch-weitgespannte 16tel-Ketten einmündet.

Der Sänger übernimmt für die bittenden ersten drei Textzeilen die Thematik des Vorspiels, variiert und erweitert sie aber auf 36 Takte. In einem ersten Abschnitt von 14 Takten hält er sich zunächst noch an die Motivik des Ritornells. Alsbald aber weicht er von ihr ab, um der zum zweiten Mal vorgebrachten Bitte (und damit wohl auch den *finstren Sinnen*) in Synkopen bekräftigende Charakteristik zu verleihen (Notenbeispiel 110a). In einem dritten Anlauf bringt er innerhalb des gerade erreichten Cis-Dur die Bitte mit einem Septsprung ins hohe his, gleichsam mit erhobener Stimme, vor (Notenbeispiel 110b). Die *Strahlen* blitzen dabei zunächst in 16teln auf (Notenbeispiel 110c), dann in einem nach oben sich aufreckenden Septklang (Notenbeispiel 110d).

Notenbeispiel 110

Die Oboe kontrapunktiert überwiegend mit Einfällen aus dem zweiten Ritornellteil; die beharrlich repetierenden Achtel und die anapästischen 32stel verleihen dem Anliegen des Sängers Nachdruck. Es ist, als wolle er in einem ersten Anlauf der dreimal so unterschiedlich vorgetragenen Bitte jedesmal neue Facetten abgewinnen.

Dies wiederholt sich noch verstärkt in einem zweiten Gesangsabschnitt von nun 22 Takten. Er beginnt (in Takt 39) in A-Dur – die Bitte *erleucht!* erhält die männliche Selbstsicherheit des anderen Tongeschlechts, dazu in einer ausgedehnten Koloratur neue Intensität (Notenbeispiel 111). Der Strahl fährt diesmal, als wäre die Bitte in der Musik schon erhört, in einer Aneinanderreihung auf- und abwärts gezackter Quarten durch eine Oktav aus dem Himmel des hohen cis herab (Notenbeispiel 111a). Über einen neuen Textanlauf in der Wechseldominante Gis-Dur (!) (Notenbeispiel 111b) erreicht der Abschnitt cis-Moll, eine Quint höher als die Grundtonart fis-Moll. Auch in diesem zweiten Gesangsabschnitt des A-Teils kontrapunkiert die Oboe

Notenbeispiel 111

nahezu immer thematisch. Die ganze Arie erhält dadurch eine ungemeine Ausdrucksdichte. Keine Floskel, keine nebensächliche Äußerung lenkt von der Heftigkeit und Konzentration der Bitte ab. In der Dominanterhöhung von cis-Moll schließt ein verkürztes Ritornell nur mit der Motivik des zweiten Ritornellteils den A-Teil der Arie ab.

Nach 72 Takten Außenteil verbleiben für den restlichen Text nur zwanzig Takte im Mittelteil der Arie. Die Oboe unterstreicht den Wunsch *Dein Wort soll mir die hellste Kerze in allen meinen Werken sein* durch die mehrfache Wiederholung jenes Ritornelltaktes, in dem nach einem gebrochenen Dreiklang repetierende Noten insistieren. Der Sänger unterstreicht die Helligkeit der Kerze mit seiner Spitzennote e und betont, daß es *alle meine Werke* sein sollen in einer ausgedehnten Koloratur. Das Ritornell setzt ein (Takt 85 mit Auftakt) und erweckt den Eindruck, das Dacapo begänne. Es erklingt aber noch nicht in der Ausgangstonart, auch nur mit seinen ersten vier Takten und leitet über zur ebenfalls viertaktigen Abhandlung der letzten Textzeile *dies lässet die Seele nichts Böses beginnen*. Übergangslos, ohne erkennbare Zäsur gleiten diese Takte in ein verkürztes und stark abgewandeltes Dacapo; wieder werden andere Gesichtspunkte des Textes hervorgehoben. Der nun nur 28taktige Gesangsblock des Dacapos wird vom wörtlich wiederholten, 24taktigen Eingangsritornell abgeschlossen.

Nur die Wiederholung des Ritornells scheint die Arie so bergend zu umschließen, wie wir es von der Dacapo-Form erwarten. Immer, wenn der Sänger mit seinem heftigen Flehn das Sagen hat, scheint die Musik weniger deutlich gegliedert zu sein, mehr nur den vielen Wandlungen des sehnsüchtigen und erregten Bittens zu folgen. Tatsächlich aber waltet auch hier die Geborgenheit einer klaren, wenn auch unerwarteten Form: Sie verbindet die Dreiteiligkeit der Dacapo-Form mit einer von einer Mittelachse geprägten Zweiteiligkeit. Zwischen den beiden 24taktigen Ritornellen nämlich sind zwei je 48taktige

47. Arie (Baß): *Erleucht auch meine finstre Sinnen*

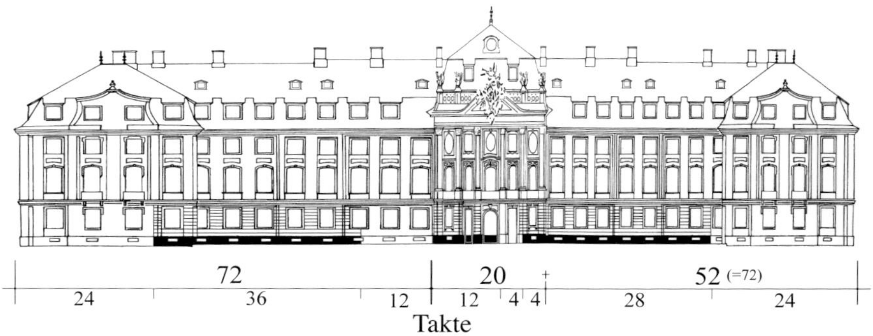

Innenteile so geordnet, daß erst genau bei ihrem Aufeinanderstoßen (zwischen dem 72. und 73. Takt) der B-Teil der Arie beginnt (was ja einer ausgewogenen Dreiteiligkeit widerspricht). Das Dacapo ist entsprechend verkürzt. Zentralität also bestimmt die Arie gleich zweifach: Zwei Außenteile umschließen in ihr einen Mittelteil wie in jeder Dacapo-Form, zugleich aber weist die Arie genaue Hälftigkeit auf. Beide Formprinzipien – Zwei- und Dreigliedrigkeit – sind gleichsam in eine höhere, auf geheimnisvolle Weise radikal zentrale Ordnung aufgehoben, in eine ungewohnte Behausung, in der der Beter bei aller Unruhe und Erregung sich geborgen fühlen darf. Wir werden im Eingangs-Chor des letzten Oratoriumteils dieser rätselhaft in sich verschlungenen Form wieder begegnen; dort legt sie, bei weitem komplexer und mit mehreren Motiven, Zeugnis ab von einer Behausung, die angegriffen, aber wehrhaft ist und deutlich festen, umfassenden Schutz bietet.

48. Evangelium
49. Rezitativ (Alt)
50. Evangelium

Da das der König Herodes hörte, erschrak er und mit ihm das ganze Jerusalem.

Warum wollt ihr erschrecken?
Kann meines Jesu Gegenwart
euch solche Furcht erwecken?
O! solltet ihr euch nicht
vielmehr darüber freuen,
weil er dadurch verspricht,
der Menschen Wohlfahrt zu verneuen.

Und ließ versammlen alle Hohepriester und Schriftgelehrten unter dem Volk und erforschete von ihnen, wo Christus sollte geboren werden. Und sie sagten ihm: Zu Betlehem im jüdischen Lande; denn also stehet geschrieben durch den Propheten: Und du Betlehem im jüdischen Lande bist mitnichten die kleinest unter den Fürsten Juda; denn aus dir soll mir kommen der Herzog, der über mein Volk Israel ein Herr sei.

D*a das der König Herodes hörte, erschrak er ...* – mit einem hohen a und einem verminderten Septakkord berichtet der Evangelist von dem Erschrecken des Königs. Der erste Satz des Bibelberichts setzt, wie oft bei Bach, auf einem Sextakkord der Dominante (nun wieder von A-Dur) ein und führt ihn erregt eine Quint aufwärts nach cis-Moll.

Abermals, wie vorher bei den Worten der Weisen vom Morgenlande (Nr. 45), kann der Evangelist nicht fortfahren mit seinem Bericht. Unvermittelt fällt ihm wieder der Alt ins Wort mit dem von Streichern begleiteten Accompagnato *Warum wollt ihr erschrecken?* Viermal unterstreichen die Violinen und Bratschen mit heftig repetierenden 32steln das ängstliche Zittern und das heftige Aufrütteln des Textes (Notenbeispiel 112); dann – *O! solltet ihr euch nicht vielmehr darüber freuen* – verfallen sie in eine kleine Figur, die fröhlich lacht

Notenbeispiel 112

(Notenbeispiel 113) weil doch der Gefürchtete in Wahrheit verspricht, *der Menschen Wohlfahrt zu verneuen.*

Notenbeispiel 113

Der Evangelist fährt fort mit seinem Bericht. Auch die doppelte direkte Rede – erst die der Hohepriester und Schriftgelehrten, dann die des von ihnen zitierten Propheten – ist ihm übertragen. Bis zum Einsatz des Prophetenzitats durchschreitet der Continuo in ruhig erhabenen Noten eine Oktav, als wolle er den Blick nach oben wenden und andeuten, daß dieser *Christus* die Welt umspannen und beherrschen wird wie die Oktav den Tonraum. Bei den Prophetenworten wechselt die Musik in ein Arioso – Bach schreibt „andante" vor; im Continuo begleiten durchgehende Achtel, die am Ende mehrmals zu Oktavschritten ausholen. Die Kantabilität der Achtel-Melodik verleiht dem Zitat seine beruhigende Feierlichkeit, die Oktavschritte seine umfassende Würde. Nach der Erregung von cis-Moll / E-Dur im Anfang des Evangeliums sind wir zwei Quinten tiefer, auf der Paralleltonart des festlichen D-Dur, in h-Moll angelangt, jener Tonart, die wir bei Bach mit den Klagen des „Kyrie eleison" verbinden, in der im Oratorium bereits eine innige Arie erklungen war.

51. Terzett (Sopran – Alt – Tenor)

Ach, wenn wird die Zeit erscheinen?
Ach, wenn kömmt der Trost der Seinen?
Schweigt, er ist schon würklich hier!
Jesu, ach so komm zu mir!

H-Moll, Tonart der Bitte und Klage. Als Soloinstrument wieder, wie in der anderen h-Moll-Arie des Weihnachtsoratoriums, *Schließe, mein Herze* (Nr. 31), die Solovioline. Dazu ein in zwei Synkopen ähnlich nachdrücklich beginnendes Motiv wie in der parallelen Arie – *ach, wenn?* werden die Sänger es textieren (Notenbeispiel 114a). Das Grundmotiv verströmt sich nach vier Takten in sehnsüchtig weit ausgreifenden Melodieschwüngen voller gebrochener Dreiklänge, dabei werden die Takte 5–8, als sollten sie bekräftigt werden, in den darauffolgenden vier Takten sequenzierend wiederholt (Notenbeispiel 114b). Zweimal rüttelt die Violine dann mit einem anapästischen Rhythmus (Notenbeispiel 114c) auf, bevor sie mit großen Sprüngen in himmelstürmenden Sequenzen (Notenbeispiel 114d), nach insgesamt fünfmal vier Takten, in die Schlußkadenz führt.

Notenbeispiel 114

Zwei Sänger, Sopran und Tenor, setzen ein und breiten sich in unendlichen Fragen aus, der Sopran mit dem schier verzweifelten *Ach, wenn wird die Zeit erscheinen?*, der Tenor mit dem sehnsüchtigen *ach, wenn kömmt der Trost der Seinen?* Ihr *Ach* nimmt nachdrücklich das synkopische Hauptmotiv aus dem Ritornell auf (Notenbeispiel 115) oder wird mit klagendem, abrupt abgesetztem Sekundseufzer vorgebracht (Notenbeispiel 116).

Notenbeispiel 115

Notenbeispiel 116

Die beiden Stimmen setzen nacheinander, sich imitierend, zunächst sogar im strengen Kanon ein. Sie beginnen aber (im Oktavabstand) auf der gleichen Note, als wollten sie in solchem Einklang die Einmütigkeit ihrer Anliegen, die Gleichheit ihrer Bitten betonen. Die Einigkeit ihres Bittens verstärkt sich, während sie singen. So fallen sie oft in parallele Bewegung, zunächst bei ihrer seufzenden Frage *Ach* (Notenbeispiel 117); schließlich mit einer langen, innigen Koloratur (Notenbeispiel 118):

Notenbeispiel 117

Notenbeispiel 118

Die Solovioline umrankt die Bitten mit einer Fortspinnung ihrer weit ausholenden 16tel-Kette; dann, vor der langen gemeinsamen Koloratur der Sänger, verleiht sie mit dem synkopischen Themenkopf dem *Ach* der Stimmen Nachdruck.

Nach 16 Takten gemeinsamer Fragen fällt plötzlich und unerwartet der Alt, die Stimme des Innen, die alles schon tiefer weiß als andere, mit der verblüffenden Weisung und Zusage ein: *Schweigt, er ist schon wirklich hier!* – mit festen, oft nach Pausen eindrücklich wiederholten Vierteln[128], mit ganz neuer musikalischer Motivik (Notenbeispiel 119). Sie, die weise Frau, behält auch

Notenbeispiel 119

das letzte Wort, überlappt nämlich mit ihren versichernden Worten die beiden fragenden Stimmen. Wir sind inzwischen um eine Quint nach oben, nach fis-Moll versetzt, das 20taktige Ritornell schließt auf dieser hohen Tonartenebene den A-Teil der Arie ab.

Er ist schon wirklich hier: „Hier" ist gewiß mehr als Bethlehem. Ich denke an die Geschichte der beiden Mönche (siehe Seite 80 f.): „Hier" ist an jedem Ort in meiner Wirklichkeit. Wir müssen es den Mönchen nur nachtun und das Tor öffnen. So, auf die Zusage des Alt bauend, flehen im Mittelteil der Arie (ab Takt 80) Sopran und Tenor mit gleichen Worten: *Jesu, ach so komm zu mir!* Sie setzen wieder zunächst im strengen Kanon ein (Notenbeispiel 120). In einer langen Koloratur, die sehnsüchtig das *komm* unterstreicht,

Notenbeispiel 120

lösen sie sich voneinander (der Sopran hat hier die größere Ausdauer: sieben Takte strömen seine 16tel!) und fallen doch wieder in die Einmütigkeit paralleler Bewegung. Der Alt schweigt unterdessen. Die Solovioline unterstreicht das Anliegen der Sänger nur mit kurzen Einwürfen, oft in weiten, ausholenden Achtel-Dreiklängen; ein Achtel des Dreiklangs intensiviert sie oft (als Durchgangs- oder Wechselnote) mit zwei 16teln (Notenbeispiel 121). Nach 18 Takten solch inständigen Flehens beginnt die Solovioline mit dem Hauptmotiv

Notenbeispiel 121

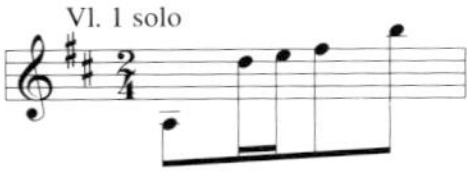

des A-Teils, aber, als seien die Bitten schon erhört, in A-Dur. Das Hauptmotiv leitet aber noch nicht zurück in den A-Teil, sondern verbindet – wie oft – nur zwei Gesangsblöcke des Mittelteils. In das Ende des viertaktigen Ritornell-Zitats bringen beide Stimmen, kanonisch nacheinander, wie in einer kurzen, bekräftigenden Schlußformel, nochmals ihr Anliegen mit einer pathetischen Aufwärtssext vor (Notenbeispiel 122) und leiten damit über zu einem zweiten

Notenbeispiel 122

Gesangsblock im Mittelteil der Arie. Die Rollen sind vertauscht: Diesmal geht der Sopran voraus. In zunächst strengem Kanon folgt der Tenor; er hat diesmal auch die längere, innigere Koloratur, in die dann doch, wieder in einmütiger Parallelität, der Sopran einfällt. Nach den 18 so abgeändert wiederholten Takten setzt wiederum die Solovioline mit ihrem ersten Thema ein, wieder in Dur, nun in D-Dur. Abermals setzen die beiden Gesangsstimmen ihre wie in einer Schlußformel vorgebrachte Bitte gegen die Solovioline. Diesmal aber beendigen sie damit tatsächlich den Mittelteil, denn nach wenigen vier Takten instrumentaler Überleitung setzt ein abgeändertes Dacapo ein. Sopran und Tenor beginnen wieder mit ihren kanonisch einsetzenden, sehnsüchtigen Fragen *Ach, wenn ... ach, wenn?* Dabei tauschen sie ihre Rollen: Der Tenor beginnt und übernimmt den Text des Soprans, der Sopran folgt mit dem Text des Tenors. Erst jetzt wieder setzt der Alt auch sein vertrauensvolles *Schweigt* gegen die unendlichen Fragen der beiden. Er schließt seine Ermahnung mit einem Abwärtsdreiklang – der Dreiklang steht in alter Musik für die Trinität Gottes, die Abwärtsgewandtheit für die Menschwerdung des Gottessohnes. Nicht erstaunlich also, daß die kurze Schlußformel (Notenbeispiel 123) fast notengleich ist mit dem „et incarnatus est" der h-Moll-Messe (Notenbeispiel 124).[129]

Notenbeispiel 123

Notenbeispiel 124

Wie zuvor im A-Teil behält der Alt damit auch hier das letzte Wort. Seine letzten Noten überragen die beiden Außenstimmen, seine Zusage überdauert die sehnsüchtigen Fragen. Die Solovioline schließt und rahmt die Arie mit dem wörtlich wiederholten Ritornell.

51. Terzett (Sopran – Alt – Tenor): *Ach, wenn wird die Zeit erscheinen?*

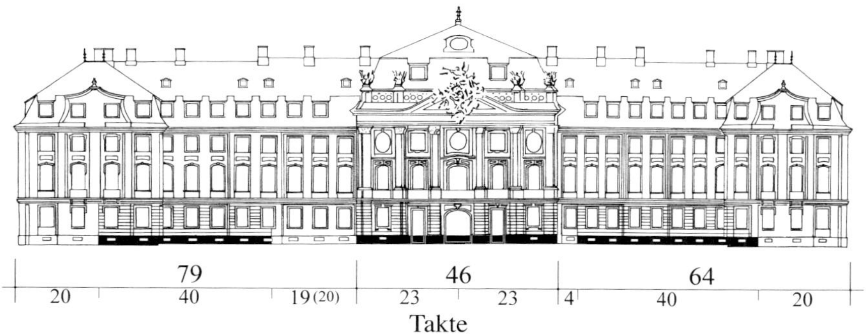

Die Arie ist in der autographen Partitur in wunderbarer Reinschrift niedergeschrieben, so daß wir annehmen müssen, auch sie sei Parodie, Abschrift aus einer vorliegenden Handschrift.[130] Die Vorstellung einer Parodie fällt freilich gerade bei dieser Arie schwer. Ihre wortkongruente Textdeklamation, mehr noch ihre streng wortbezogene Form mit den unterschiedlichen, auch motivisch gesonderten Schichten des sehnsüchtigen Fragens *ach wenn?* und der Aufforderung *schweigt!* im A-Teil, der persönlichen Bitte *ach, so komm!* im B-Teil sind so originär, daß man sich schwer die Übernahme aus einem anderen Text vorstellen kann. Wir waren jedoch schon bei der vorausgegangenen Baßarie belehrt worden, daß Bachs Phantasie und seine Kenntnis psychischer Zusammenhänge unsere Vorstellungen von Parodiemöglichkeiten übertreffen. Vielleicht sind menschliche Affekte in einer seelischen Tiefenschicht viel verwandter, als wir uns das gemeinhin vorstellen, und können so musikalisch vertauscht werden. Vielleicht erfahren wir aus Bachs Parodiepraxis mit ihrem tiefen und klaren psychologischen Einfühlungsvermögen viel über das Wesen menschlicher Gefühle und darüber, wie sie ineinander verschlungen oder in der Tiefe gar miteinander verbunden sind.

52. Rezitativ (Alt)

Mein Liebster herrschet schon.
Ein Herz, das seine Herrschaft liebet
und sich ihm ganz zu eigen gibet,
ist meines Jesu Thron.

Als hätte sie mit ihren apodiktischen Einwürfen nicht genug überzeugt, bestätigt die Altstimme in einem kurzen Accompagnato – von den beiden Liebesoboen unterstützt, von fis-Moll, mit dessen Dominante sie einsetzt, nach A-Dur modulierend – nochmals: Die *Herrschaft* des *Liebsten* ist längst angebrochen. Sein Thron freilich ist nicht irgendwo im Außen errichtet. Er kann anders nicht als in unserm Herzen sein. Denn:

> „Wird Christus tausendmal zu Betlehem geborn
> und nicht in dir: du bleibst noch ewiglich verlorn."
> (Angelus Silesius)

Wieder, wie schon in ihrem Rezitiativ *Ja, ja, mein Herz soll es bewahren* (Nr. 31) lassen die langen Noten der Instrumente und die meist ganze Takte beibehaltenen Harmonien etwas von der ruhigen Selbstsicherheit der Sängerin spüren.

53. Choral

Zwar ist solche Herzensstube
wohl kein schöner Fürstensaal,
sondern eine finstre Grube;
doch sobald dein Gnadenstrahl
in derselben nur wird blinken,
wird es voller Sonnen dünken.

Ich werde nie ein Ereignis vergessen, das in einer Aufführung uns allen die Radikalität der Aussage unterstrich. Ich beginne den Choral piano, lasse ihn auf die *finstre Grube* – Bach charakterisiert sie mit seufzenden Sekunden im Alt (Notenbeispiel 125) ähnlich wie im ersten Choral des Oratoriums die

Notenbeispiel 125

schüchterne Frage *wie soll ich dich empfangen?* – sogar noch leiser und dunkler werden. Genau in diesem Moment fuhr draußen auf der Hauptverkehrsstraße, an der der Hamburger Michel liegt, ein Polizei- oder Feuerwehrauto mit bis in die Kirche hinein blinkendem Blaulicht und laut quäkendem Martinshorn vorüber. Ich glaube, alle Hörer erschraken ebensosehr wie ich. So überraschend und plötzlich, so nachdrücklich konnte uns die *finstre Grube* vor Ohren geführt werden und uns aus der weihnachtlichen Stimmung herausreißen! Wie inbrünstig, wie echt und verheißungsvoll hörten wir alle anschließend das Anwachsen des Klanges, das Aufleuchten des *Gnadenstrahls*.

Nur dieses Mal schließt ein Teil des Weihnachtsoratoriums mit einem schlichten vierstimmigen Choralsatz ab. Aber wieviel Gedankentiefe, wieviel Gefühlsschwere umfaßt solche Schlichtheit! Angesichts des in allen Stimmen geheimnisvoll leuchtenden Bach-Satzes vergißt man die Ungeschicktheit der Textdeklamation im cantus firmus (dieser ist, wie die Versreime, in Bar-Form dreiteilig, der Textsinn zweiteilig; daraus ergibt sich eine wenig einleuchtende Textdeklamation der dritten und vierten Verszeile).[131]

Wir sind wieder in A-Dur, in der lichten Ebene voller Sonnen angelangt und verlassen damit diese gebirgige Tonartenhöhe. Der nächste, letzte Oratoriumsteil mit seinem kämpferischen Text steht wieder in der Ausgangstonart des Oratoriums, in D-Dur. So wie die Tonarten innerhalb der einzelnen Teile Bögen spannen, schlagen sie unter den Oratoriumsteilen in einer Ausgewogenheit sondergleichen in drei Kurven um D-Dur aus (Bild 16). Schwer zu begreifen, wie Bach eine so große Textkongruenz mit einer erhabenen und weit ausgreifenden Tonarten-Architektur in Übereinstimmung bringen konnte.

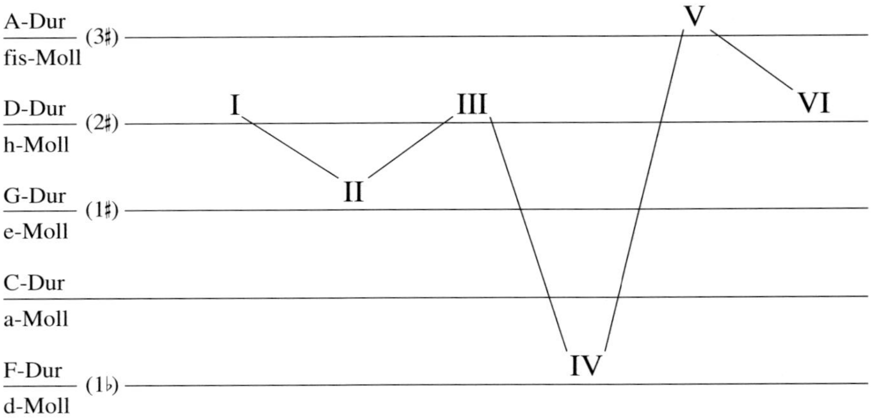

Bild 16: Grundtonarten der Teile I–VI.

Teil VI

Vielleicht sind alle Drachen unseres Lebens Prinzessinnen,
die nur darauf warten, uns einmal schön und mutig zu sehen.
Vielleicht ist alles Schreckliche im tiefsten Grunde
das Hilflose, das von uns Hilfe will.

Rainer Maria Rilke[132]

54. Chor

Herr, wenn die stolzen Feinde schnauben,
so gib, daß wir im festen Glauben
nach deiner Macht und Hülfe sehn!
Wir wollen dir allein vertrauen,
so können wir den scharfen Klauen
des Feindes unversehrt entgehn.

Der sechste Teil des Oratoriums scheint überwiegend Parodie einer verschollenen Kirchenkantate zu sein.[133] Für den Eingangs-Chor wird darüber hinaus die Parodierung der Glückwunsch-Kantate *So kämpfet nur, ihr muntern Töne* (BWV Anh. 10) angenommen, von der die Musik verschollen ist, der Text sich aber erhalten hat.[134] Den Überraschungen und Geheimnissen dieses Satzes in der Vorlage nachzuspüren ist uns also versagt – vielleicht glücklicherweise, denn das Studium der Vorlagen scheint ja von einer tieferen Erkenntnis häufig abzulenken.

Der Eingangssatz überbietet an Vielschichtigkeit und „imponierender Großartigkeit" (Alfred Dürr[135]) alles bisher Gehörte. Er erstürmt in seiner Formung die höchsten kontrapunktischen Höhen. Er folgt nämlich überwiegend den strengen Gesetzen einer Fuge. Ja, er wirkt wie eine gigantische, textkongruent abschnittsweise vorgetragene Fuge. Dazu vereinigt er noch einmal die Pracht des vollen Instrumentariums (nur die Flöten fehlen). Nicht zuletzt überrascht er durch eine seltsame Form, die eine exakte Zweiteiligkeit (120 : 120 Takte) mit der dreiteiligen Dacapo-Form vereint – ähnlich, aber noch formgewaltiger, wie wir es in der Baßarie *Erleucht auch meine finstre Sinnen* (Nr. 47) schon gehört hatten. Reich an Motiv- und Form-Überraschungen spricht er von einer Ur-Erfahrung, die in allen Religionen ihren Niederschlag gefunden hat und die wir im Alltag unseres Lebens immer wieder machen: Friede, Glück, Freude, Kindheit bleiben nicht ungestört. Sie haben Widersacher, und man kann nur immer wieder neu und eindringlich darum bitten, deren scharfen Klauen zu entkommen.

Das Studium der komplexen Form, die Analyse der vorherrschenden Motivik mit ihren Ableitungen und Abhängigkeiten führt uns tief in die rätselhafte Welt von Bachs Komponier-Werkstatt.

54. Chor: *Herr, wenn die stolzen Feinde schnauben*

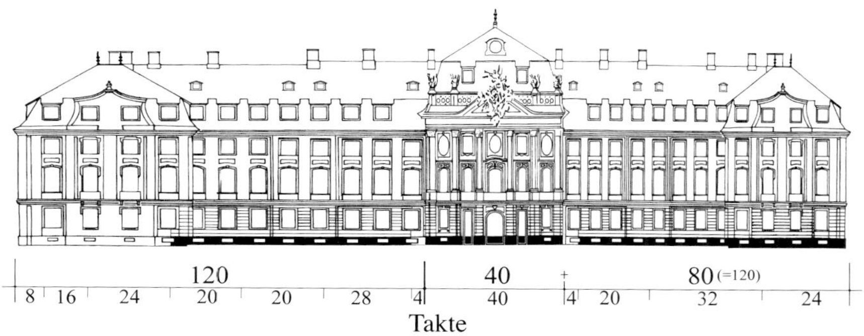

In ihrer strengen Kontrapunktik, in ihrer erhabenen Disziplin wirkt die Musik trutzig, wehr-, ja sieghaft. In ihrer vorwärts stürmenden Melodik, in ihrer wie zerklüftet wirkenden Formgebung, in der Komplexität ihrer Gliederungsprinzipien wirkt sie dynamischer, vorwärtsdrängender, kämpferischer als alles bisher Gehörte. In der Einheitlichkeit ihrer Motivik – alle musikalischen Gedanken scheinen voneinander abgeleitet und miteinander verwandt zu sein – wirkt sie selbstsicher und unangreifbar wie ein fest zusammenhaltender Familienclan. Diese Eindrücke hat jeder Hörer spontan und unmittelbar. Er fühlt sich einerseits von Motiv-Wiederholungen und -Verwandtschaften, auch von einer erkennbaren Dacapo-Form und anderen Rückbezügen geborgen und wird doch andererseits von der stürmischen Musik, von dem kontrapunktisch verschlungenen Geschehen wie vom Strudel eines reißenden Flusses mitgerissen.

Im Instrumentalvorspiel von 48 Takten klingen unterschiedliche, später auf jeweils eigene Texte wiederkehrende Gedanken an. Ein kämpferisches Trompetensignal beginnt, das seinen Quartauftakt zum Quint- und schließlich zum Sextsignal ausweitet (Motiv 1, Notenbeispiel 126a). Begleitet wird es – ohne die Schwere der Continuostimmen, die noch schweigen – von 16teln in den oberen Streichern, die zwei 16tel gegen vier 16tel binden und so gegen den Taktschwerpunkt phrasieren, als würden sie atemlos erregt auftrumpfen (Notenbeispiel 126b). Nach vier Takten wechseln die Fronten: Die Oberstimmen (erste Violinen, erste Oboen und zweite Trompete) übernehmen – nun mit Abstützung durch den weit ausschreitenden Continuo – das Fanfarenmotiv (Notenbeispiel 126c). Die erste Trompete überhöht die Fanfaren mit einer aufdringlich dreimal gleich erklingenden Figur, die die Phrasierung der Streicher-16tel umkehrt (zuerst vier gebundene, dann zwei gebundene Noten[136]). Sie wird dadurch der natürlichen Taktbetonung gerechter und verleiht so der Motivwiederholung anstelle der bisher vernommenen Atemlosigkeit wehrhafte Festigkeit (Notenbeispiel 126d).

Notenbeispiel 126

Nach den zweimal vier Takten hebt eine neue Phrase an, das Wechselspiel der Instrumentengruppen wiederholt sich mit einem neuen Motiv – die erste Trompete stellt es gleich mit zwei 32steln verziert vor (Notenbeispiel 127a). Nach vier Takten wechselt es unverziert in die Oberstimmen (Motiv 2, Notenbeispiel 127b). Die Phrasierung und die Notenfolge dieses zweiten Motivs wirken wie aus dem Kontrapunkt abgeleitet, mit dem die Streicher anfangs der Trompete sekundiert hatten. Die Phrase wird fortgesponnen und auf insgesamt 16 Takte erweitert. An ihrem Ende fällt die Musik plötzlich und unerwartet,

Notenbeispiel 127

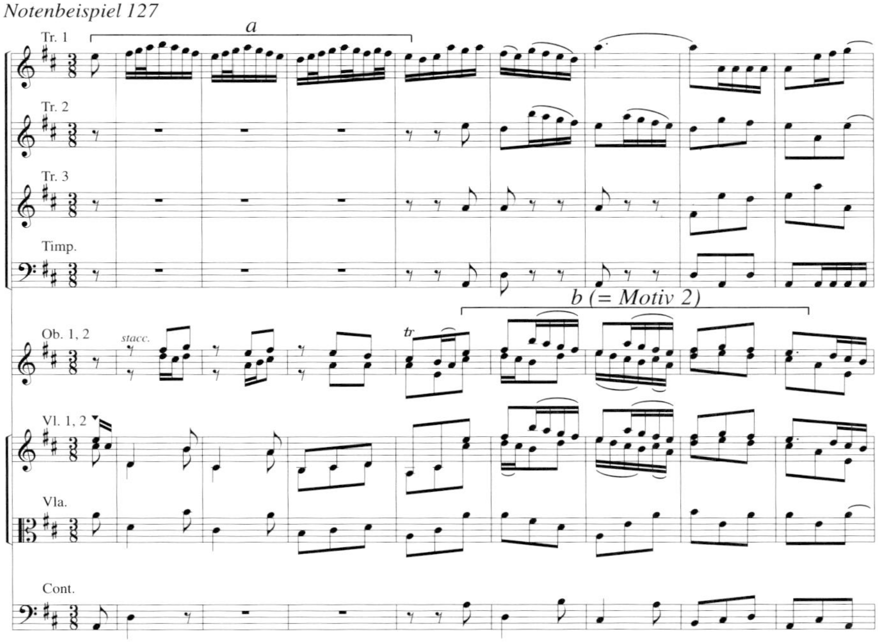

nämlich mit einem Trugschluß, aus ihrem strahlenden Forte in ein erschrockenes Piano. In den unteren Streichern erklingen ängstlich zitternd repetierende 16tel (man erinnert sich einer ähnlichen Stelle in der Matthäuspassion, im Rezitativ „O Schmerz, hier zittert das gequälte Herz"). Die Oberstimmen (erste Violinen und Oboen) strecken sich in einem sehnsüchtig gebundenen, verminderten Septakkord schüchtern nach oben (Notenbeispiel 128a). Und ebenso überraschend, wie das ängstliche Zittern begonnen hatte, wird es alsbald von einer Forte-Kadenz beendet, als würde eine Prophetengestalt mit wenigen kräftigen Worten die Furcht beiseite wischen (Notenbeispiel 128b).

Die erste Phrase von acht, die zweite Phrase von 16 Takten münden in eine Durchführung von 24 Takten Länge. Die bisher gehörten Motive werden aufgenommen, variiert, umgekehrt oder fortgesponnen. Zunächst erklingt in der Trompete ein neuer Gedanke (Motiv 3), der aber mit seinem Quartauftakt und mit seinen gebundenen 16teln wie eine besänftigte Fortführung des ersten Motivs wirkt; die begleitenden Streicher verfallen denn auch wie-

Notenbeispiel 128

der in ihre atemlose, gegen das Taktgefühl agierende Phrasierung (zunächst ein Achtel, dann vier 16tel gebunden – Notenbeispiel 129). Nach acht Tak-

Notenbeispiel 129

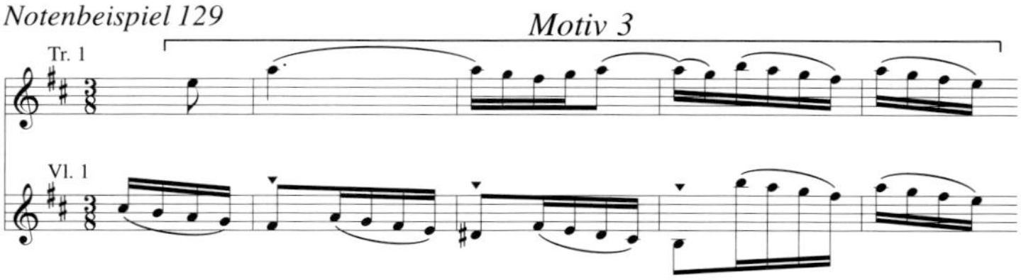

ten wird das erste, von der Quart zur Sext sich ausweitende Fanfarenmotiv eigentümlich zurückgenommen: Es erklingt rückwärts und umgekehrt, in Abwärtsintervallen von der Septim über die Sext, Quint zur Quart (Notenbeispiel 130). Die begleitenden Streicher wechseln in die taktbetonend festere Phrasierung (zunächst vier, dann zwei 16tel gebunden). Auch die Bewegungsrichtung der Oberstimmen in der wieder abschließenden Pianostelle ist

Notenbeispiel 130

umgekehrt; sie verläuft nun von oben nach unten, läßt gleichsam ihre zuvor sehnsüchtig ausgestreckte Hand wieder herunterfallen. Wieder finden Angst und Sehnsucht dieser erschrockenen Takte ihren Abschluß in einer keinen Widerspruch duldenden Forte-Kadenz.

Nach den 48 Takten dieses ereignisreichen Ritornells setzt der Chor ein. Er übernimmt das Kriegsfanal der ersten Trompete. Als mache er sich selbst Mut, skandiert er darauf in einer vierstimmigen Fugenexposition (der die erste Trompete in einer Überstimme noch einen fünften Einsatz hinzufügt): *Herr, wenn die stolzen Feinde schnauben* und sogleich darauf in einer zweiten, notengleichen Fuge die nächste Verszeile *so gib, daß wir im festen Glauben.* Diese Fugati mit ihrem Nacheinander der Fanfare in den Chorstimmen, deren Einsätze regelmäßig wie ein Pendel erfolgen, weiten die zweimal vier Takte des Ritornells zu zweimal 20 Takten. Die erste Fuge wird von einer mächtig ausholenden, wieder atemlos phrasierenden Figur der ersten Violinen kontrapunktiert, ähnlich der ersten Kontrapunktierung des kriegerischen Motivs. Die zweite Fuge wird colla parte vom ganzen Orchester begleitet, dazu von der ersten Trompete überhöht. Sie führt ihren chorunabhängigen, fünften Themeneinsatz aus der ersten Fuge fort.

Wir sind in Takt 88 angelangt und betreten den nächsten Raum der Musik-Burg. Mit dem zweiten, eher lyrischen Gedanken des Ritornells (Motiv 2) beginnt der Chor *nach deiner Macht und Hülfe* zu sehn – abermals in Art einer kleinen (in ihren Einsätzen unorthodox durchgeführten) Fugenexposition. Interessanterweise führt Bach also für die dritte Textzeile ein neues Motiv ein, während er die ersten beiden Zeilen mit dem gleichen Motiv vorgetragen hatte. Dies, obwohl doch die dritte Verszeile den Text der zweiten nur fortführt und man eigentlich einen musikalischen Zusammenhang hier erwarten würde. Aber die Verwandtschaft der Affekte – Kampfbereitschaft und Glaubensfestigkeit in den ersten beiden Textzeilen, Bitte um Hilfe in der dritten – ist für den Musiker wichtiger als die äußerliche Zusammenbindung eines textlichen

Sinnzusammenhangs. Wieder kann die Trompete nicht anders, als – wie vorn – das kleine Motiv mit jubelnden Verzierungen zu versehen. Das Orchester allein schließt ab mit den im Piano zitternden 16teln und dem gebrochenen Septakkord darüber, schließlich mit der Forte-Kadenz.

Bis hierher sind genau 120 Takte der insgesamt 240 Takte vergangen. Wir sind auf der Dominanttonart A-Dur angelangt. Erst nach dieser Mittelachse beginnt nun der Mittelteil des Chores mit dem neuen Text *Wir wollen dir allein vertrauen, so können wir den scharfen Klauen des Feindes unversehrt entgehn*. Wieder handelt es sich um eine ausgedehnte Fuge, deren musikalisches Vokabular wie aus dem Motiv 3 des Ritornells (Notenbeispiel 131) abgeleitet

Notenbeispiel 131

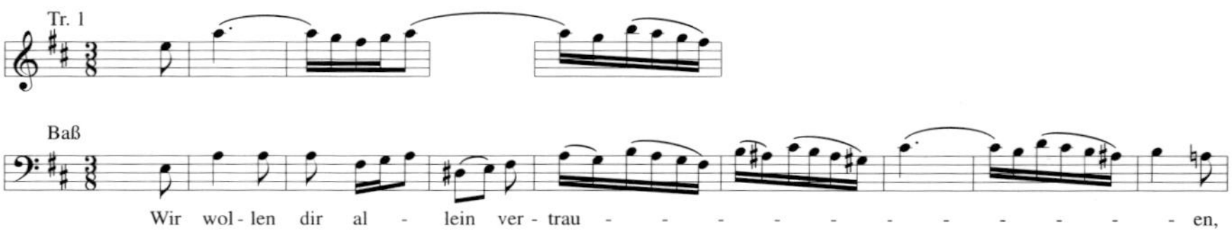

wirkt. Als letzten, siebenten Themeneinsatz der Fuge trägt die Trompete denn auch das Motiv, als solle es sich nun deutlich zu erkennen geben, unverändert vor. Lange Koloraturen festigen das *Vertrauen*können. Wieder schließen die überraschenden Pianotakte ab, diesmal aber fällt der Chor in einem Forte, das gleichsam unumstößlich ist und keinen Widerspruch duldet, mit den Worten *unversehrt entgehn* in das Zittern des Orchesters ein.

Nach nur 40 Takten Mittelteil beginnt ein verkürztes Dacapo. Es vereinigt noch einmal zusammengedrängt alle Gedanken des A-Teils. Das Ritornell ist auf vier Takte verkürzt, die folgende kleine Fugenexposition im Chor verarbeitet in einem Durchgang beide ersten Textzeilen. Die Fuge auf das zweite, lyrische Ritornellmotiv – *nach deiner Macht und Hülfe sehn* – ist in der Abfolge der Einsätze (sie beginnt im Chorbaß einstimmig, die anderen Stimmen folgen nach oben aufgereiht), auch im Intervallabstand ihrer Einsätze eher regelmäßiger gearbeitet als vorn. Unmerklich gleitet diese Fugenexposition in eine Wiederaufnahme des letzten Ritornellteils über, der bereits ab seinem ersten erschrockenen Piano (vorn Takt 20, hier Takt 212) wörtlich wiederholt wird. Nun aber ist kunstvoll der Chor eingebaut: In das dritte Motiv, das hier im Orchester wieder erklingt und das im Mittelteil die Vorlage zur Fuge *Wir wollen dir allein vertrauen* abgegeben hatte, fällt er wie in einer grandiosen Reprise mit seinem ersten Text *Herr wenn die stolzen Feinde schnauben* ein – gegenüber der kontrapunktisch aufgefächerten Deklamation des Anfangs aber nun in apodiktisch einmütig wirkenden Akkorden. Während die Trompete mit ihren eigentümlichen Umkehrungen des Hauptthemas brilliert (siehe Notenbeispiel 130), unterstreicht der Chorsopran mit einer lang festgehaltenen Note, daß wir *im festen Glauben* vertrauen wollen. Mit dem so pathetisch ausdrucksvollen Neapolitanischen Sextakkord, den Bach oft wie eine Staumauer innerhalb einer Schluß-Kadenz einsetzt, unterstreicht die Musik, als wolle sie sich an dem Retter und Heiland festklammern, zuversichtlich das Wort *deiner*. Kaum hat das Orchester (allein) mit seinen erschrockenen Pianotakten begonnen, fällt der Chor mitten in das Zittern, mitten in die traurig fallende Gebärde der ersten Violinen mit wenigen, apodiktischen Akkorden ein. Er faßt zusammen, wovon der ganze überwältigende Eingangs-Chor gesprochen hatte; er spricht aus, worauf der Hörer vertrauen darf, unumstößlich, unwiderlegbar: *Nach deiner Macht und Hülfe sehn!*

55. Evangelium

Da berief Herodes die Weisen heimlich und erlernet mit Fleiß von ihnen, wenn der Stern erschienen wäre? Und weiset sie gen Betlehem und sprach: Ziehet hin und forschet fleißig nach dem Kindlein, und wenn ihrs findet, sagt mirs wieder, daß ich auch komme und es anbete.

Es ist eigentlich selbstverständlich, daß nach dem Eingangs-Chor ein biblischer Bericht folgen muß. Versehentlich aber hatte Bach mit einem Rezitativ des Sopran beginnen wollen. Was mag ihn dazu geführt haben? Stockte, weigerte sein Unbewußtes sich, das Secco des Tenors niederzuschreiben, das Herodes mit seinen grauenvollen Absichten entlarvt? Als Korrektur eingetragen[137] erzählt es von den Beratungen des Herodes und seiner (von einem Soliloquenten vorgetragenen) Weisung an die Weisen. Der Bericht von der Begegnung der Weisen mit Herodes hatte schon im V. Teil des Oratoriums begonnen. Dort hörten wir, daß Herodes erschrak, als er vom neugebornen König der Juden erfuhr. Hier nun offenbart er seine listig vorgegebene Absicht, *daß ich auch komme und es anbete.* Was vielleicht den Worten nicht anzuhören ist, die Musik weiß es schon und offenbart es schlagartig: Mit wenigen Noten entlarvt sie die Zynik des erschrockenen Königs; das scheinheilige Versprechen des Herodes wird mit einer spöttischen Schlingerfigur vorgetragen:

Notenbeispiel 132

Herodes wird hier als Prototyp des Feindes eingeführt, der uns Glück und Leben stehlen will. Von seinen Verfolgungsabsichten handelt der ganze Oratoriumsteil. Wieder gilt: Herodes ist nicht allein eine historische Figur, Herodes ist allgegenwärtig.

Schon die ältesten uns zugänglichen Quellen aus Ägypten sprechen von dieser Sachlage: Isis muß, ähnlich der Maria, ihr göttliches Kind Horus – er ist wie Jesus der „Menschensohn“, nämlich Vorbild, nein Inkarnation des Königs – vor Seth verstecken, der ihm die Königsherrschaft streitig machen will.[138] Ähnliches wird in einer anderen altägyptischen (unvollständig überlieferten) Geschichte berichtet: Dem großen, offenbar tyrannisch herrschenden Cheops wird prophezeit, daß ihm im entfernten Land von fremder Mutter und einem Gott gleich drei Nachfolge-Konkurrenten geboren werden. Er erschrickt und leitet Nachstellungen ein, die aber wohl ohne Erfolg bleiben. Denn die Geschichte bricht zwar ab, aber die prophezeiten Kinder sind in der fünften Dynastie tatsächlich an die Macht gekommen.[139] Zu erinnern ist hier auch an die Geschichte des kleines Moseskindes, das – bevor es als Mann seinem Volk Segen bringen sollte – von seiner Mutter versteckt und ausgesetzt werden mußte.[140]

Herodes und seine Gesinnungsgenossen bedrängen aber nicht nur in grauer Vorzeit und nicht nur Hochgeborene. Wer hätte Inkarnationen von Herodes nicht auch in seinem Leben kennengelernt? Widersacher, die sein Glück, seinen Frieden, seinen Lebensraum, seine Freiheit bedrohen oder einengen wollen? So ist es nicht verwunderlich, daß auch dieser Oratoriumsteil von uns, den Hörern spricht: bewegend und voller Zuversicht in seinem letzten Satz (Nr. 64), der wie ein gewaltiges Amen unter die Gedanken des ganze Oratoriums wirkt.

56. Rezitativ (Sopran)

Du Falscher, suche nur den Herrn zu fällen,
nimm alle falsche List,
dem Heiland nachzustellen;
der, dessen Kraft kein Mensch ermißt,
bleibt doch in sichrer Hand.
Dein Herz, dein falsches Herz, ist schon,
nebst aller seiner List, des Höchsten Sohn,
den du zu stürzen suchst, sehr wohl bekannt.

Das dramatische Rezitativ ist dem Sopran überantwortet. Das überrascht zunächst. Wir haben den Sopran bisher als Stimme des Engels und in Verbindung mit dem Baß oder Tenor als Stimme einer Verliebten kennengelernt. Beides mag hier zutreffen: Eine Stimme von oben, eine verliebt Sorgende, kann, auch wenn wir es zunächst nicht erwarten, ihre Stimme anklagend erheben. Dies tut sie mit Vehemenz. Bereits ihr erstes, entgegengeschleudertes *Du Falscher* landet auf der Dissonanz eines Septakkords. Mit ähnlichen Dissonanzen unterstreicht die Sängerin die *falsche List*, die dem Kind doch nicht schaden kann: Es *bleibt doch in sichrer Hand* – die Musik kadenziert in das hohe, dem heiter-lichten A-Dur parallele, aber eben weichere fis-Moll. In einer Kadenz, die ihre Selbstsicherheit durch festliche Punktierungen unterstreicht (Notenbeispiel 133), bekräftigt das Orchester, daß alle *List* durchschaut, das

Notenbeispiel 133

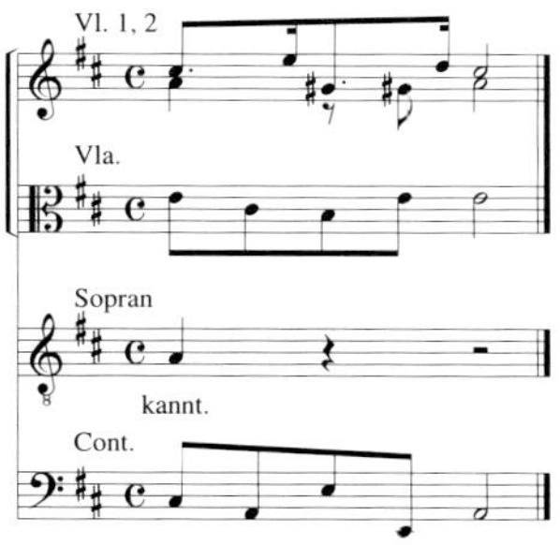

falsche Herz sehr wohl bekannt ist. Auch hier gilt, was wir im vierten Teil anläßlich der Namensgebung erfahren hatten: Mit der Diagnose kann die Therapie beginnen, mit dem Erkennen, dem Benennen des Unheils seine Abwendung. Davon spricht die folgende Arie.

57. Arie (Sopran)

Nur ein Wink von seinen Händen
stürzt ohnmächtger Menschen Macht.
Hier wird alle Kraft verlacht!
Spricht der Höchste nur ein Wort,
seiner Feinde Stolz zu enden,
o, so müssen sich sofort
Sterblicher Gedanken wenden.

Kann eine Musik stolz sein, übermütig sein, kann sie lachen? Offensichtlich, und zwar auch ohne erklärende Sprache, vielleicht sogar mehr als Sprache. Völlig ungewöhnlich: Der instrumentale Anteil der Sopranarie überwiegt ihren Gesangsanteil. Über die Hälfte der Takte musizieren die Instrumente – zu den Streichern gesellt sich obligat eine Oboe d'amore – allein. Mehr noch: Setzt man die beiden längeren Ritornelle (Takte 1–12 und 24–40) ohne die Gesangstakte aneinander, so ergibt sich ein wunderbarer, in sich geschlossener Instrumentalsatz, der denn auch am Schluß der Arie (ab Auftakt zu Takt 68) vollständig wiederholt wird. „Largo e staccato" überschreibt Bach den Satz, allerdings nur in Stimmdubletten aus der Parodie-Vorlage. Die Gültigkeit für das Weihnachtsoratorium ist also nicht gesichert.[141] Die Vorschrift „Largo" fordert im Barock zur „Breite" auf, dazu nämlich, den Dreiertakt nicht mehr als „Tripla" ganztaktig zu empfinden. Das oft in schnell verschobenen Rhythmen pulsierende, dazu ein gemessen an der eingängigen Liedhaftigkeit kontrapunktisch dichtes, oft imitatorisches Geschehen zwingt, das Tempo in Vierteln zu empfinden. Auch das gleichmäßige Schreiten des Continuos in Achteln und Vierteln verlangt solche Tempo-Empfindung. Mehr als ein langsames Tempo meint die Anweisung „Largo" freilich ein gewichtiges, rhythmisch pointiertes Musizieren. Die vielen detaillierten Bezeichnungen Bachs in dieser Arie – Bindungen, Anbindungen und Staccato-Zeichen – unterstreichen die Notwendigkeit zu solcher rhythmisch sorgfältigen Präzision. Alfred Dürr macht auf die Verwandtschaft oder gar Herkunft unserer Arie von der Polonaise aufmerksam.[142]

Zum Tanzcharakter der Arie paßt auch ihre überschaubare Periodik. Die einem Rundtanz ähnlichen Wiederholungen wirken ganz unmittelbar. Durch sie ergeben sich Gliederungsprinzipien, die durch ständige Wiederholung und Variierung die Grundinformation stützen und verstärken: Die drei Gesangsab-

57. Arie (Sopran): *Nur ein Wink von seinen Händen*

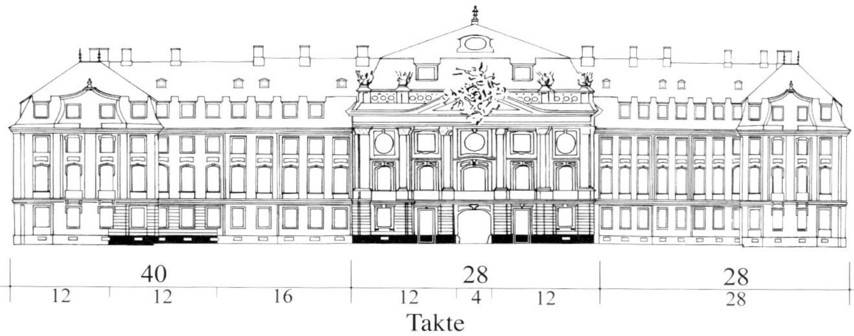

schnitte sind ebenmäßig je 12 Takte lang. Wenn man das anfängliche Ritornell wirklich als „Vorspiel" betrachtet, folgen ihm anschließend drei Abschnitte zu je 28 Takten. Nicht nur der tänzerische Rhythmus, sondern ebenso die aufdringliche Wiederholung der gleichen Gedanken und Formmaße verleiht der Musik ihre selbstsichere Kühnheit.

Die ersten zwölf Takte des Ritornells sind von zwei unterschiedlichen musikalischen Motiven geprägt, denen im weiteren Verlauf der Arie zwei verschiedene Textaussagen entsprechen. Den ersten vier Takten wird später der Text *Nur ein Wink von seinen Händen stürzt ohnmächtger Menschen Macht* beigegeben. Tatsächlich meint man im ersten Takt zu sehen, wie nach einer ausholenden Gebärde eine machtvoll gebietende Hand nach oben geschleudert in zwei Staccato-Noten an die Grenze ihrer Reichweite stößt (Notenbeispiel 134a). In den zwei Synkopen der beiden nächsten Takte zeichnet sich plastisch der Sturz (aus dem Takt) und die Ohnmacht (in der Festgefügtheit des Metrums zu bleiben) ab (Notenbeispiel 134b). Die Continuo-Instrumente unterstützen den Wink der Oberstimmen in einem aufwärts fahrenden Dreiklang. Er setzt auf der Terz der Tonart A-Dur ein. Der dadurch entstehende Sextakkord der Tonika gibt gleich dem ersten Akkord etwas Auffahrendes (Notenbeispiel 134c). In regelmäßig schreitenden Achteln geben die Continuostimmen dem Sturz und der Ohnmacht der Synkopen rhythmischen Halt (Notenbeispiel 134d). Die beiden Mittelstimmen beginnen mit hartnäckig auf einer Note bestehenden Tonwiederholungen (Notenbeispiel 134e) und bewegen sich dann in großer Selbständigkeit zum motivischen Geschehen, wobei ein langer Abwärts-„Sturz“ der zweiten Violinen dort auffällt, wo die erste in ihre Synkope stürzt (Notenbeispiel 134f).

Notenbeispiel 134

Die ersten vier Takte werden piano wiederholt. Wieder, wie in der Sopran-Arie des vierten Teils (Nr. 39), empfindet man dies Echo nicht als Spielerei. Erstaunt darüber, daß eine so übermütige Tanzmusik in einem geistlichen Werk der Bedrohung durch Herodes entgegengesetzt wird, glaubt man vielmehr, überrascht innehalten zu müssen. In einem zweiten Durchgang, in ihrem Echo-Nachklang, scheint sich die Musik innerlich zu vergewissern, daß sie tatsächlich so mutig, so stürmisch sein darf.

In einem dritten Abschnitt des Ritornells (Takte 9–12) wird alle *Macht* (so später textiert) verhöhnt: Unsicher taumelnde, nämlich ihren Rhythmus ständig wechselnde 16tel durcheilen den Tonraum. Dazu wird die so karikierte *Kraft* durch Erniedrigung einer erwarteten E-Dur-Terz nach Moll (Notenbeispiel 134g) klein gemacht. Schließlich verlacht die Musik die solchermaßen verspottete *alle Kraft* in einer aufstoßenden Synkope und einer Bindung, die später im Gesang zu ausgedehnter Dehnung des (später darauf gesungenen) Wortes in einer Ligatur führt (Notenbeispiel 134h).

Die Sopranistin setzt ein, und die zwölf Takte des Ritornells wiederholen sich. In den ersten vier Takten ist das Geschehen verdichtet dadurch, daß zusätzlich zum Einsatz der Sängerin die Instrumente jeweils nacheinander (Oboe, Viola, zweite Violine) imitatorisch mit dem anfänglichen Motiv der ausholenden Gebärde beginnen, so daß man gleichsam immer wieder den gleichen *Wink* wiederholt hört. In den Echotakten trennt sich die Singstimme von dem bisher gehörten Ablauf. Kanonisch zum Instrumentarium schleudert sie den *Wink von seinen Händen* eine Terz höher bis zum hohen a´´:

Notenbeispiel 135

Der letzte Viertakt-Abschnitt wird gegenüber dem Ritornell am wenigsten (auch nur in Mittelstimmen und Continuo) verändert. *Alle Kraft* freilich wird nicht nur mit den erniedrigten Noten kleiner gemacht; sie wird zudem dadurch konterkariert, daß das das Wort nicht, wie es ihm zukäme, wenn es ehrlich gemeint wäre, die Oktav, sondern nur eine Quint durchmißt.

Nach 24 Takten beginnt ein zweiter Ritornellabschnitt mit neuen musikalischen Gedanken, unter denen besonders der (später so textierte) *Stolz* durch sich hoch aufreckende, anapästische 32stel auffällt (Notenbeispiel 136). Dieser zweite, 16taktige Ritornellabschnitt wird anschließend in zwei Gesangsabschnitten von je zwölf Takten, die durch ein viertaktig kurzes Instrumentalzwischenspiel getrennt sind, durchgeführt und erweitert. Erweitert, indem

Notenbeispiel 136

beispielsweise gleich die ersten beiden Gesangstakte mit einem quintversetzten Oboen-Solo wiederholt und so bekräftigt werden, bevor die Musik dort fortfährt, wo sie unterbrochen war (Notenbeispiel 137). Oder erweitert durch

Notenbeispiel 137

einen zweiten kleinen Einschub, in dem das Wort *sofort* auffällig wiederholt und in ständiger Steigerung nach oben bekräftigt wird:

Notenbeispiel 138

Die Wortwiederholung ist immer wieder durch kurze Verschnaufpausen unterbrochen, als ginge der Sängerin in ihrer Erregung der Atem aus, als wolle sie mit kleinen Kunstpausen absichtlich die Spannung der Zuhörer steigern. Dieser Deklamationstrick wird in der zeitgenössischen Literatur der Rhetorik gleich mehrfach als abruptio oder aposiopesis geschildert[143] – tatsächlich wirkt er auch in bloßer Rede ähnlich spannungssteigernd, Aufmerksamkeit erheischend wie in der Musik. Das kleine instrumentale Zwischenspiel trennt die beiden Gesangsabschnitte zwar musikalisch – im ersten Abschnitt wird das erste Motiv, im zweiten nur das zweite Motiv des zweiten Ritornells durchgeführt –, aber nicht textlich. Der Text nämlich wird im zweiten Abschnitt wiederholt und durch die neue musikalische Ausarbeitung nur anders akzentuiert. Ein langes Instrumentalkonzert, das die beiden Ritornelle zusammenfaßt, beschließt die Arie.

In ihrer „Weltlichkeit" (wenn es sie denn gäbe!) ist die Arie ein wunderbarer Fremdkörper im geistlichen, kontrapunktisch-geistreichen Geschehen. Mancher Hörer wird schon bei ihren ersten Takten vom Sitz springen und tanzen wollen. Man kann nicht zuhören, ohne daß es einem in den Beinen zuckt! Eindringlicher kann alles, was mir schaden will, nicht verhöhnt werden. Jeder Herodes in meinem Leben, alles, was mich quält, ängstigt, einengt, alles, was mir Glück, Freude, Unversehrtheit rauben will: Hier wird es mit einem wahrhaft schallenden Gelächter gestürzt.

58. Evangelium

Als sie nun den König gehöret hatten, zogen sie hin. Und siehe, der Stern, den sie im Morgenlande gesehen hatten, ging für ihnen hin, bis daß er kam und stund oben über, da das Kindlein war. Da sie den Stern sahen, wurden sie hoch erfreuet und gingen in das Haus und funden das Kindlein mit Maria, seiner Mutter, und fielen nieder und beteten es an und täten ihre Schätze auf und schenkten ihm Gold, Weihrauch und Myrrhen.

Als würde er dem Leuchten des Sterns folgen, behält der Evangelist zunächst die hohe Tonarten-Sphäre des fis-Moll / A-Dur bei. Mit dem Satz *und gingen in das Haus* erreicht er nicht nur seinen untersten (für seine Stimmlage ziemlich tiefen) Ton d, sondern er beginnt auch eine Modulation abwärts durch die Tonarten, die ihn schließlich mit seinen Geschenken, *Gold, Weihrauch und Myrrhen*, in G-Dur landen läßt: In jener Tonart frühlingshaften Lichtes, die gemessen an der Grundtonart D-Dur eine Stufe tiefer steht; in jener Tonart, die wir im zweiten Teil als den Ort der Begegnung zwischen Mensch und Gott, zwischen Hirten und Engeln erlebt hatten.

59. Choral

Ich steh an deiner Krippen hier,
o Jesulein, mein Leben;
ich komme, bring und schenke dir,
was du mir hast gegeben.
Nimm hin! es ist mein Geist und Sinn,
Herz, Seel und Mut, nimm alles hin,
und laß dirs wohlgefallen!

Die Weisen brachten Gold, Weihrauch und Myrrhen. Der Volksglaube erhob sie – entsprechend ihren königlichen Geschenken – zu den Heiligen Drei Königen. „Ich" – das heißt: auch jeder Hörer steht an der Krippe. Er schenkt Wertvolleres: seinen *Geist und Sinn, Herz, Seel und Mut*. Das ist für Bach wie bereits für den von ihm häufig eingesetzten, offensichtlich geschätzten Dichter Paul Gerhardt typisch und auch unserer Zeit angemessen: Dinge, die unsere Vorfahren „tatsächlich", äußerlich wirklich erfuhren – dazu gehören beispielsweise auch die zahlreichen Kampfgeschichten –, können wir uns nur noch vorstellen als sich in unserem Inneren abspielend. Die Sprache des Mythos unterscheidet nicht zwischen innerer und äußerer Wirklichkeit. Sie zu verstehen, müssen wir erst wieder lernen.

Das Lied wirkt in dem Kampfgetümmel des sechsten Oratorienteiles wie ein unerhörter Ruhepunkt. An Innigkeit, Innerlichkeit, Zartheit und liebevoller Wortgenauigkeit in der Erfindung der Unterstimmen sucht es seinesgleichen. Zahlreiche Terzparallelen zwischen zwei Stimmen belegen die Einmütigkeit der Singenden. Die Geborgenheit der *Krippe* wird in einer Nachmalung schützender Wände im Tenor nachgezeichnet (Notenbeispiel 139a). Die Anrede *o Jesu* entlockt dem Alt einen leisen, synkopisch stockenden Ausruf (Notenbeispiel 139b). *Nimm hin* reicht der Baß dem Kind in einer Aufwärtsfigur entgegen (Notenbeispiel 139c). Daß sie *Geist und Sinn* hingeben, vermögen die Altstimmen nicht anders als durch eine kleine Seufzerfigur auszudrücken (Notenbeispiel 139d), wie überhaupt die Mittelstimmen bei der Aufzählung der innerlichen Geschenke in eine Bewegung der Rührung verfallen. Der Baß hält bei dem Gedanken, *Seel und Mut* hinzugeben, ängstlich mit punktierten Noten ähnlich inne wie gleich im ersten Takt ehrfurchtsvoll bei dem Gedanken: *Ich steh an deiner Krippen hier* (Notenbeispiel 139e). Das *wohlgefallen* ist dem Alt eine kleine Verzierung wert (Notenbeispiel 139f). Insbesondere

Notenbeispiel 139

aber zeichnet den Satz seine Bewegung aus: *Ich komme* – der Continuo befindet sich in ständig laufender Achtelbewegung mit auffallend vielen, alles umfassenden Oktavsprüngen, die der Chorbaß nicht mitvollzieht (eine Satzart, die für das kurz nach dem Weihnachtsoratorium entstandene Schemelli-Gesangbuch typisch, in den Oratorien und Kantaten aber die Ausnahme ist). Mit dem andächtigen Stehen ist es nicht genug; wichtiger ist Bewegung, Vorwärtsschreiten, wie es die Hirten mit ihrem *Lasset uns nun gehen* gefordert hatten und wie es dieser stille Liedsatz mit seinen laufenden Achteln im Baß hingebungsvoll verliebt erfüllt.

Bachs uns allen bekannte eigene, heute in das Evangelische Gesangbuch aufgenommene Liedmelodie ist erst kurz nach dem Weihnachtsoratorium entstanden. Das Schemelli-Gesangbuch (BWV 469), in dem sie enthalten ist, ist 1736 datiert. Vielleicht wäre sie aber in ihrer persönlichen, arienhaften Musiksprache von Bach auch nicht für das Oratorium gewählt worden. Die im Gegensatz zur eigenen Melodie in Dur stehende, damals gebräuchliche Gemeindefassung (auf das Lutherlied „Nun freut euch, lieben Christen g'mein") steht mit ihrem äußerst engen Tonumfang und in ihrer Schlichtheit in spannungsvollem Gegensatz zu Bachs Ausdeutung und ist in ihrer Einfachheit vielleicht geeigneter, das Innehalten und die Stille dieser Stelle im Oratorium musikalisch wiederzugeben.

60. Evangelium

Und Gott befahl ihnen im Traum, daß sie sich nicht sollten wieder zu Herodes lenken, und zogen durch einen andern Weg wieder in ihr Land.

Traumhaft wie die Begebenheit ist Bachs Evangelienvertonung. Mit einem Sextakkord des weit über dem G-Dur-Choralschluß liegenden H-Dur setzt sie wie eine Stimme aus einer anderen Welt ein, wobei sie auf dem *Traum* einen schillernden, verminderten Septakkord erreicht. Erst im Verlauf des dritten von den wenigen fünf Takten wird die hohe Tonart als Dominante zu e-Moll, der Paralleltonart des vorausgegangenen G-Dur erklärt und zieht nun durch einen *andern Weg*, nämlich durch zwei Septakkorde und eine Aufwärtsskala im Continuo, wieder in höher gelegenes *Land*, nach fis-Moll:

Notenbeispiel 140

Wieder setzt das folgende Accompagnato direkt und unmittelbar ein. Hier war dieser nahtlose Übergang ursprünglich nicht vorgesehen. Es war ein eigener Schlußtakt vorhanden, den Bach erst in einer Korrektur löschte.[144]

61. Rezitativ (Tenor)

So geht! Genug, mein Schatz geht nicht von hier,
er bleibet da bei mir,
ich will ihn auch nicht von mir lassen.
Sein Arm wird mich aus Lieb
mit sanfmutsvollem Trieb
und größter Zärtlichkeit umfassen;
er soll mein Bräutigam verbleiben,
ich will ihm Brust und Herz verschreiben.
Ich weiß gewiß, er liebet mich,
mein Herz liebt ihn auch inniglich
und wird ihn ewig ehren.
Was könnte mich nun für ein Feind
bei solchem Glück versehren!
Du, Jesu, bist und bleibst mein Freund;
und werd ich ängstlich zu dir flehn:
Herr, hilf, so laß mich Hülfe sehn!

Mein Herz liebt ihn auch inniglich – welche Instrumente könnten zur Begleitung geeigneter sein als zwei Oboen d'amore, die Instrumente liebevoller menschlicher (Hirten-)Zuneigung? Ihnen ist die letzte solistische Aufgabe hier und in der folgenden Arie anvertraut. Wir spüren eine Parallele zum ersten Accompagnato (*Nun wird mein liebster Bräutigam*, Nr. 3) nicht nur in der Besetzung der beiden Holzbläser, sondern auch in der Formung. Ähnlich wie dort (mit anderem Motiv auch im Rezitativ Nr. 30 *Und sie kamen eilend*) einzelne Verszeilen von einer kleinen Figur je zwei phrasierender Achtel unterbrochen werden, so hier – manchmal in den Oboenstimmen, manchmal in den Continuostimmen – von einer Figur ähnlich abphrasierender 16tel. In beiden Accompagnati hat man das Gefühl, mit diesen kurzen Zwischenspielen werde der Grundcharakter der Textaussage unterstrichen. Hier wirkt das kleine Motiv wie eine Musikbild der tröstlichen Aussage *Sein Arm wird mich ... umfassen.* In diesem 16tel-Motiv wohl entschlossen und kräftig (Notenbeispiel 141a) – „Allegro" schreibt Bach bei seinem ersten Auftreten vor –, in bald darauf ausholenden Achtel-Dreiklangsbildungen der ersten Oboe – „Adagio" lautet jetzt Bachs Anweisung – eher *aus Lieb ... mit größter Zärtlichkeit* – mit weitem, geöffnetem Herzen (Notenbeispiel 141b).

Notenbeispiel 141

„Allegro“ oder „Adagio“ schreibt Bach abwechselnd vor. Ganz gewiß sind diese Angaben hier (wie überhaupt bei Bach) nicht oder nicht in erster Linie Tempobezeichnungen, die eine Änderung des Grundtempos fordern. Es sind vielmehr Beschreibungen des jeweiligen Charakters der Musik, der den einzelnen Instrumentalisten (nur in deren Stimmen stehen die Bezeichungen!) aus ihren Stimmen oft nicht so deutlich kenntlich ist wie dem Dirigenten aus der Partitur. Der wohlgemute, zuversichtlich-forsche Text endet nach der zusammenfassenden Aussage *Du Jesu bist und bleibst mein Freund* „adagio“ in einem ängstlichen Flehn: *Herr hilf, Herr hilf! so laß mich Hülfe sehn!* Die beiden Oboen reihen seufzend phrasierte Achtel aneinander, immer wieder Luft holend, von Pausen unterbrochen. Der Tenor unterstreicht seinen Hilferuf das erste Mal durch eine quälend verminderte Quint abwärts, das zweite Mal mit der pathetischen Aufwärtssext (alles Notenbeispiel 142).

Notenbeispiel 142

62. Arie (Tenor)

Nun mögt ihr stolzen Feinde schrecken;
was könnt ihr mir für Furcht erwecken?
Mein Schatz, mein Hort ist hier bei mir.
Ihr mögt euch noch so grimmig stellen,
droht nur, mich ganz und gar zu fällen,
doch seht! mein Heiland wohnet hier.

Nach dem Secco-Rezitativ mit der biblischen Erzählung, nach dem Accompagnato mit den beiden Oboen tritt ein drittes Mal der Tenor auf, jetzt mit einer großen, gewichtigen, stolzen Arie. Die meisten Bachforscher[145] unterstellen, diese bei Bach seltene Überbeanspruchung eines Sängers könne nur einer zeitlichen Bedrängnis bei der Parodierung der (unbekannten, aber mit Sicherheit vorhandenen) Vorlage zuzuschreiben sein. Nach den bisher beobachteten, inhaltlich begründeten Besetzungsregeln und der sonst waltenden Ökonomie bei der Einteilung der Solopartien könne man nur mutmaßen, daß Accompagnato und Arie auch in der Vorlage mit Tenor besetzt gewesen seien und Bach nicht hinreichend Zeit hatte, die beiden Stücke zu transponieren.

Mich überzeugt diese Argumentation nicht. In der Matthäuspassion ist mit einem Accompagnato und einer ausgedehnten Arie zwischen dem Evangelium (Nr. 18–21) eine ähnliche Anforderung an den ersten Tenor gestellt. Und wie wäre allein mit Besetzungsökonomie etwa der spärliche Einsatz des Solosoprans in den ersten drei Teilen zu erklären? Ich habe immer das genaue Gegenteil empfunden. Kaum eine andere Arie scheint mir im Gesamtplan so sinnig und zwingend einer Stimme zugeordnet wie diese letzte des ganzen Oratoriums. Der Tenor, der uns mit seinem langen Bericht durch die Prophezeiungen, durch die Wunder zwischen Himmel und Erde, durch die Tiefen von Heimatlosigkeit und Feindschaft geführt hatte: er allein kann der Widersprüchlichkeit seiner Erzählung den krönenden Schluß aufsetzen. Nun endgültig erfahren wir, was in dem Erzähler-Tenor angelegt war. Er ist ein junger, oft aufgeregter, jedenfalls anteilnehmender Erzähler. Aber er ist auch ein jugendlicher, selbstbewußter Held: *Nun mögt ihr stolzen Feinde schrecken, was könnt ihr mir für Furcht erwecken?* – das sagt und singt sich nur in der strahlend hohen Lage, mit dem männlich-festen Timbre des Tenors so zuversichtlich und siegesgewiß, wie es der verunsicherte Hörer hören möchte.

Man könnte das ganze Weihnachtsoratorium unter die Überschrift stellen: „Das große Nun". *Nun wird mein liebster Bräutigam ... geboren werden, nun wird der Stern ... scheinen*, prophezeit das erste Accompagnato; nun, so spricht die letzte Arie es aus, da Himmel und Erde, Ewigkeit und Zeit sich begegnen, kann der Held frohgemut über alles lachen, was sich dem Wohl in den Weg stellen möchte. Mit demselben Quartauftakt, mit dem auch das erste Accompagnato begonnen hatte und den wir oft inzwischen als Motiv entschlossenen Anfangens gehört haben, beginnt das prägende Motiv der Arie. Die immer wiederkehrende Abphrasierung von je zwei Achteln, dazu die Wiederholung des ersten Taktes signalisieren Beharrlichkeit, ja trotzige Festigkeit. Die Achtel-Bewegung, die zunächst nur engräumig den Grundton umzingelt (Notenbeispiel 143a), wird im dritten Takt plötzlich zu einer pathetischen Aufwärtssext ausgeweitet (der Tenor verhöhnt später darauf die *Feinde* – Notenbeispiel 143b) und mündet mit vier heftigen 16teln (*schrecken* charakterisisiert damit der Tenor – Notenbeispiel 143c) auf den Grundton zurückgeführt.

Notenbeispiel 143

Eine Echowiederholung der ersten vier Takte wirkt wie ein innehaltendes Vergewissern der trutzigen Kampfansage. Tatsächlich liefert der Tenor später darauf die Begründung für seine erste, mutige Aussage: *was könnt ihr mir für Furcht erwecken?* Die zweite Hälfte des Ritornells ist geprägt von abphrasierten, liebevoll seufzenden Achteln – *mein Schatz, mein Hort ist hier*, textiert später der Sänger (Notenbeispiel 144); die Achtel münden in eine Schlußkadenz ein, die in Sprüngen und mit rhythmischem Impetus Entschlossenheit signalisiert.

Notenbeispiel 144

Nach 16 Takten Ritornell setzt der Tenor ein. Er hält sich eng an die Vorgabe des Ritornells, erst nach zehn Takten geht er eigene Wege (er verharrt mit den Worten *mein Schatz, mein Hort* auf den seufzenden Achteln), indes die Oboe abgewandelt die Ritornellmotivik übernimmt. Nach 16 Takten – das Ritornell war nach diesem Maß abgelaufen – endet der Gesangsteil nicht auf der Tonika, sondern auf einem Dominantseptakkord (in Umkehrung: nämlich einem Quintsextakkord), der auch erst durch einen verzögernden Vorhalt erreicht wird. Auf diesem auflösungsbedürftigen Akkord hält die Musik in einer Fermate inne, als wolle sie die Gewißheit *mein Hort ist hier bei mir* festhalten. Nach einer Generalpause schließen sich abermals 16 Gesangstakte mit der Vertonung des gleichen Textes an. In den ersten vier Takten übernimmt der Tenor das Ritornellmotiv. Danach wandert es in die erste Oboe, der Sänger begleitet in Terzparallelen, trennt sich von solcher Parallelität bei dem Wort *erwecken*, das er in einer trotzig nach oben gerichteten Septakkordbrechung hinausschleudert, und übernimmt am Ende der Phrase (anders als beim ersten Mal) wörtlich die entschlossene Schlußmotivik der Oboe aus dem Ritornell. Wie oft bei Bach: In der zweiten 16taktigen Gesangsphrase wiederholt er den Text, gibt ihm aber durch eine völlig neue musikalische Behandlung andere Akzente. Ein 16taktiges, gegenüber seinem ersten Erklingen leicht abgewandeltes Ritornell schließt den A-Teil der Arie ab.

62. Arie (Tenor): *Nun mögt ihr stolzen Feinde schrecken*

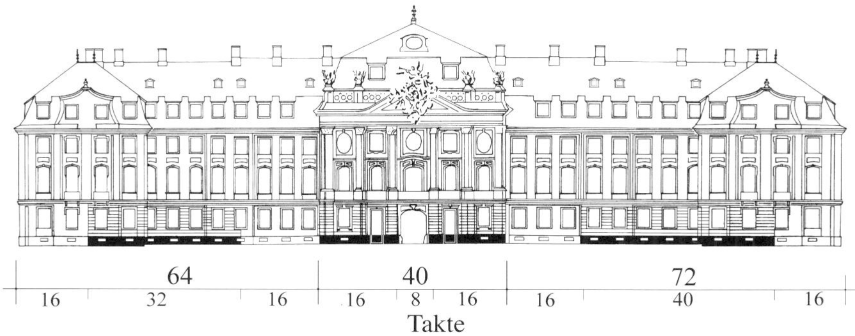

Der Mittelteil setzt die Periodik von 16 Takten fort: Zwei 16taktige Gesangsabschnitte werden von einem 8taktigen Zwischenspiel getrennt. Die letzten drei Textzeilen werden von neuer musikalischer Motivik interpretiert, die sich aber deutlich an bereits Gehörtes, so etwa die abphrasierten Achtel, anlehnt. Auch das Zwischenspiel arbeitet mit der Motivik des ersten Teils, indem es die Seufzersekunden und den Schluß des Ritornells wörtlich übernimmt. Deutlicher als im A-Teil unterscheidet sich die musikalische Bearbeitung der Textwiederholung in den letzten 16 Takten des Mittelteils. Besonders fallen anfangs grimmig widerborstige Anapäst-Rhythmen auf – sechsmal prägen sie den Taktanfang (Notenbeispiel 145). Schließlich betont der Sänger das

Notenbeispiel 145

wohnet mit seiner Spitzennote a, das *seht* mit der pathetischen Aufwärtssext und schließt – „adagio" schreibt Bach vor – mit der breit vorgebrachten Feststellung *wohnet hier*.

Ein abermals leicht abgeändertes Ritornell – es fächert zu Beginn die Thematik imitatorisch mehr auf als beim ersten Erklingen – eröffnet das Dacapo. Der Gesangsteil ist seinem ersten Erklingen sehr ähnlich. Nur verweilt er frohgemut auf den Worten *mein Schatz, mein Hort ist hier bei mir*, die er siegesgewiß viermal mit allumfassenden Oktaven hinausjubelt:

Notenbeispiel 146

Nach einer Fermate auf *mein Hort*, wieder mit einem (diesmal verminderten) Septakkord, breitet er, abermals nach einer Generalpause, die zuversichtliche Zusage *ist hier bei mir* in einer Adagio-Kadenz aus. Ein letztes Mal erklingt das Ritornell, noch einmal, diesmal an seinem Anfang, leicht abgeändert.

Die Arie wirkt durch ihre durchgängig beibehaltene, überaus einprägsame, charakteristische Motivik und durch ihre klare Periodik einheitlich, in sich geschlossen. Die Erweiterung im Dacapo und die ständig leicht abgewandelten Ritornelle hingegen signalisieren ein vom Text bewirktes Ausbrechen, ein stolz-mutiges Aufbrechen aus allzugroßer Fesselung durch die Form. Der Tenor, der viel Hoffnungsfrohes, viel Anrührendes, viel Schönes, aber auch viel Beängstigendes, viel Zorn und Bitterkeit Erregendes berichtet hatte, schließt das Oratorium mit einem Siegesgesang. Kaum kann man sich noch eine Steigerung vorstellen. Aber sie kommt.

63. Rezitativ (Sopran, Alt, Tenor, Baß)

Was will der Höllen Schrecken nun,
was will uns Welt und Sünde tun,
da wir in Jesu Händen ruhn?

„Wir alle fallen. Diese Hand da fällt.
Und sieh dir andre an: es ist in allen.
Und doch ist Einer, welcher dieses Fallen
unendlich sanft in seinen Händen hält."
(Rainer Maria Rilke[146])

Welch ein beruhigender Gedanke: „Du kannst nicht tiefer fallen als nur in Gottes Hand"![147] Alle vier Solosänger vereinigen sich zu einer letzten Aussage. In einem gebrochenen Dreiklang – jedesmal springen sie keck mit einem Quartauftakt hinein – fragen sie: *Was will der Höllen Schrecken nun, was will uns Welt und Sünde tun?* (Notenbeispiel 147). Übereinstimmend, fast

Notenbeispiel 147

akkordisch einmütig geben sie die Erklärung ihres Mutes: *da wir in Jesu Händen ruhn* (Notenbeispiel 148). Nur die Stimme des Vertrauens, der Alt,

Notenbeispiel 148

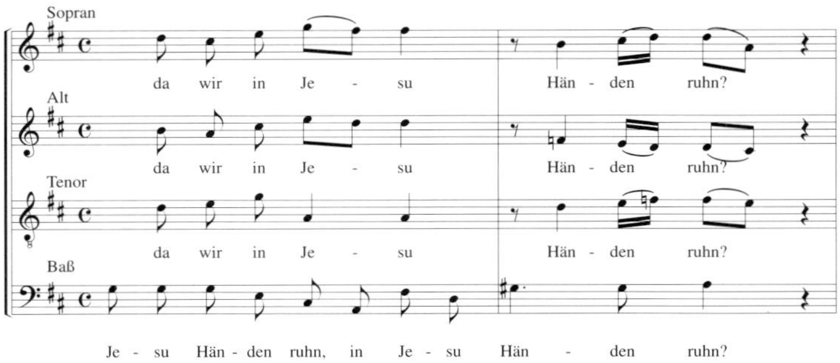

weiß es von vornherein besser: Sie überspringt die Fragen und wiederholt nur dreimal zuversichtlich: *da wir in Jesu Händen ruhn.*

Der Psychotherapeut Sheldon B. Kopp schildert[148], wie es aussehen kann, wenn wir erkennen, daß „alles Schreckliche im tiefsten Grunde das Hilflose" ist; wenn wir erfahren, daß Einer jedes „Fallen unendlich sanft in seinen Händen hält"; wenn wir versuchen, „alle Drachen unseres Lebens" zu „Prinzessinnen" zu machen und uns nicht hilflos mit falscher Panzerung vor ihnen schützen wollen. Er berichtet vom Traum eines schwierigen Patienten, eines „supertüchtigen, intellektuellen Kämpfers ..., übervoll mit Antworten, aber ohne eine Lösung". Dieser lautete:

> „Ich träumte letzte Nacht, daß ich an Bord eines Kriegsschiffes auf See war. Ich konnte Sie nicht sehen, aber ich fühlte, daß Sie irgendwo da draußen hinter dem Horizont waren. Es war schrecklich! Mein Schiff fiel auseinander; die Schweißnähte gaben nach; Teile der Stahlbepanzerung brachen ab und fielen ins Wasser. Alles zerbröckelte. Ich geriet in Panik, denn ich wußte, das Schiff würde untergehen. Als ich aufwachte, wußte ich, daß der Traum von dem handelte, was in der Therapie vorgeht. Je länger ich mit Ihnen spreche, desto mehr fühle ich meine Nähte platzen. Was zum Teufel haben Sie eigentlich vor mit mir? Mich verrückt machen?"

Sheldon Kopp schlägt dem Patienten vor, in seiner Vorstellung selbst „das Meer zu werden, anstatt sich auf den Platz am Ruder seines zerfallenden Spielzeugbootes zu beschränken" und fährt dann in seiner Schilderung fort:

> „Einen Moment lang sah er mich an, als ob er sich nicht ärgern könnte, weil ich offensichtlich einen Knall hatte. Dann, wie um mir einen Gefallen zu tun, saß er einige Minuten mit geschlossenen Augen still und versuchte, den Unsinn, das Meer zu sein, zu fassen zu kriegen. Als er endlich die Augen öffnete, waren sie weit vor Erstaunen. Sein normaler, durchdringender Blick war verschwunden, sein Gesichtsausdruck verändert. Gesicht und Stimme waren auf neue Art belebt, die Muskeln seiner starken Kiefer schienen zum ersten Mal entspannt. Es fiel ihm schwer, die Beschreibung seiner Erfahrung in die gewohnte Präzision zu bringen. ‚Alles ist so anders', sagte er, ‚wenn ich das Meer bin, ist es, als hätte ich keine Grenzen. Ich bewege mich so leicht, fühle mich frei von allem Kampf. Und dann konnte ich sehen, daß das Schiff, auch wenn es auseinanderfiel und unterging, nur ins Wasser sinken, verrosten und ein Teil des Meeres werden würde. Es ist, als ob nichts jemals wirklich verloren wäre, es gibt kein Problem, nichts muß verteidigt werden.' "

64. Choral

Nun seid ihr wohl gerochen
an eurer Feinde Schar,
denn Christus hat zerbrochen,
was euch zuwider war.
Tod, Teufel, Sünd und Hölle
sind ganz und gar geschwächt;
bei Gott hat seine Stelle
das menschliche Geschlecht.

Man muß hören, immer wieder und immer wieder neu hören, mit welchem Freuden- und Freiheitsgesang Bach schließt. Mit einem Trompetenkonzert der allervirtuosesten Art wird das düster phrygische Moll des Chorals, das das Oratorium mit der bangen Frage *Wie soll ich dich empfangen?* (Nr. 5) eröffnet hatte, jetzt, am Ende der langen Erfahrung mit den Wundern des Himmels und den Düsternissen der Erde, in schmetterndem D-Dur *zerbrochen*. Wieder, wie schon in mehreren Schlußchorälen (Nr. 9, 23 und 42), ist der eigentliche, vierstimmige Choralsatz von instrumentalen Zwischenspielen unterbrochen; mehr noch: wie ein erratischer Block in das Trompetenkonzert eingemauert. Noch einmal hören wir alle musikalischen Motive der Hoffnung, Visionen der Morgenröte: Mit dem fanfarenhaften Quartauftakt, der uns so oft schon zum Aufbruch, zum Anfangen aufgefordert hatte, eröffnet die Solo-Trompete allein den Satz (Notenbeispiel 149a). Stolze, selbstsichere Dreiklänge von ihr (Notenbeispiel 149b), auftrumpfende Akkordschläge des ganzen Orchesters (Notenbeispiel 149c), umfassende Oktaven und mutig „laufende" 16tel-Bewegung in den Continuostimmen (Notenbeispiel 149d)

Notenbeispiel 149

folgen. Mit insistierenden Wiederholungen oder Sequenzen signalisiert die Solo-Trompete Selbstsicherheit (Notenbeispiel 150a), mit bravourösen Rhythmen übermütige Freude (Notenbeispiel 150b), mit weiten Sprüngen in der Schlußkadenz Entschlossenheit (Notenbeispiel 150c). Außer einem längeren

Notenbeispiel 150

Vorspiel und außer einem längeren Zwischenspiel zum Abgesang des Chorals hin sind es immer nur ein bis zwei Takte, die die einzelnen Verszeilen trennen, bis der Choral bei der unerhörten Aussage angelangt ist: *Bei Gott hat seine Stelle* ... –. Fünf Takte Zwischenspiel sind eingeschaltet, als müßten die Sänger tief Atem holen, den Hörer auf die Folter spannen, bevor sie das schier Unfaßliche singen: – ... *das menschliche Geschlecht.*

Bei Gott hat seine Stelle das menschliche Geschlecht – das kann nur heißen: Überall wo gerade ich bin, habe ich meine Stelle, kann ich wie die zwei Mönche in der Legende (siehe Seite 80 f.) durch eine Tür treten, bei mir ankommen und zugleich den Ort finden, an dem sich Himmel und Erde berühren. Aber auch: Kann ich mein persönliches Glück finden, den „Drachen meines Lebens" mutig ins Auge schauen, ja sie vielleicht in „Prinzessinnen" verwandeln. Davon berichtet eine chassidische Erzählung, die Martin Buber überliefert[149]:

> „Den Jünglingen, die zum erstenmal zu ihm kamen, pflegte Rabbi Bunam die Geschichte von Eisik, dem Sohn Jekels, in Krakau zu erzählen. Dem war nach Jahren schwerer Not, die sein Gottvertrauen nicht erschüttert hatten, im Traum befohlen worden, in Prag unter der Brücke, die zum Königsschloß führt, nach einem Schatz zu suchen. Als der Traum zum drittenmal wiederkehrte, machte sich Eisik auf und wanderte nach Prag. Aber an der Brücke standen Tag und Nacht Wachtposten, und er getraute sich nicht zu graben. Doch kam er an jedem Morgen zur Brücke und umkreiste sie bis zum Abend. Endlich fragte ihn der Hauptmann der Wache, auf sein Treiben aufmerksam geworden, freundlich, ob er hier etwas suche oder auf jemand warte. Eisik erzählte, welcher Traum ihn aus fernem Land hergeführt habe. Der Hauptmann lachte: ‚Und da bist du armer Kerl mit deinen zerfetz-

ten Sohlen einem Traum zu Gefallen hergepilgert? Ja, wer den Träumen traut! Da hätte ich mich ja auch auf die Beine machen müssen, als es mir einmal im Traum befahl, nach Krakau zu wandern und in der Stube eines Juden, Eisik, Sohn Jekels, soll er heißen, unterm Ofen nach einem Schatz zu graben. Eisik Sohn Jekels! Ich kann's mir vorstellen, wie ich drüben, wo die Hälfte der Juden Eisik und die andre Jekel heißt, alle Häuser aufreiße!' Und er lachte wieder. Eisik verneigte sich, wanderte heim, grub den Schatz aus und baute das Bethaus, das Reb Eisik Reb Jekels Schul heißt. ‚Merke dir diese Geschichte', pflegte Rabbi Bunam hinzuzufügen, ‚und nimm auf, was du nirgends in der Welt finden kannst, daß es doch einen Ort gibt, wo du es finden kannst.' "

„Es gibt etwas, was man an einem einzigen Ort in der Welt finden kann. Es ist ein großer Schatz, man kann ihn Erfüllung des Daseins nennen. Und der Ort, an dem dieser Schatz zu finden ist, ist der Ort, an dem man steht" (Martin Buber[150]). Man muß nur die Tür öffnen wie die Mönche in der Legende. Man muß nur seine Augen heben und wird erkennen: Der Weg, der vor uns liegt, führt aus der Enge ins Freie und in die Morgensonne, wenn wir uns an das chinesische Sprichwort halten:

„Halte dein Gesicht in die Sonne,
dann fällt der Schatten nach hinten."

*

In meinem Arbeitszimmer steht die Reproduktion einer ägyptischen Stele. In beeindruckender Schlichtheit wiederholt sie die zentralen Aussagen der Musik Bachs, insbesondere der des Weihnachtsoratoriums, die mir so während des Schreibens immer vor Augen standen. Auf dem vor vielen Jahrtausenden

Bild 17: Altägyptische Stele des Königs Wadji (Djet), 1. Dynastie, Abydos, jetzt im Louvre, Paris.

(um 2960–2930 vor Christus[151]) entstandenen Grabstein für den König Wadji (Djet) ist ein prächtiger, dreitürmiger Palast abgebildet. Man kann sich hinter seinen hohen, wehrhaften Mauern mit den ausgewogenen Proportionen so sicher und behütet fühlen wie in Bachs gemauerten, manchmal wehrhaft festen Formen – die oft drei- bzw. fünfgliedrig sind wie der Palast auf der Stele.

Über dem Palast windet sich eine Schlange. Es ist eine Uräusschlange, eine Kobra, die sich oft träge auf der Erde schlängelt, hier jedoch gewandt und flink sich aufbäumt und angriffsbereit vorwärts stößt. Als wirksamer Schutz gegen jeden Angriff zierte sie auch das Diadem der ägyptischen Pharaonen. Darüber sitzt ein Falke. Sein blitzschneller Sturzflug, seine scharfen Augen machen ihn zum Zeichen für Wachsamkeit und Schutz. Beide Tiere erinnern daran, daß das Leben nicht nur aus Ruhe, Aufgehobenheit, Geborgenheit besteht, sondern ständig in Bewegung ist, sich schlängelt oder aufbäumt, überraschend und gewandt wie die Schlange, oder dahinfliegt, himmelstürmend wie der Falke. Solche ungebrochen vitale Kraft vorwärtsdrängender Bewegung bestimmt Bachs Melodik und Harmonik, die uns oft im Strom der Zeit mitreißt wie ein Katarakt. Beides will unser Leben bestimmen:

„Zu der stillen Erde sag: Ich rinne.
Zu dem raschen Wasser sprich: Ich bin."
(Rainer Maria Rilke[152])

Die ägyptische Stele hat noch andere Bedeutung, als auf Behütung und Aufbruch hinzuweisen[153]: Die Schlange als Tier der Erde symbolisiert die Kräfte des Unten. Der darüber thronende Falke als Beherrscher der Lüfte ist Symbol für die Kräfte des Oben. Aber nicht nur der Falke, auch die Schlange ist über dem Palast abgebildet. In Wahrheit nämlich wachen beide, Kräfte sowohl des Unten wie des Oben über den Palast und seinen Bewohner. Aus der *finstren Grube* unserer *Herzensstube* kann ein *schöner Fürstensaal* werden, wenn wir unsere dunklen Seiten ins Helle, über uns erheben und sie so zu Antriebskräften unseres Lebens werden lassen. Schlangen, Kräfte des Unten, das, *was euch zuwider war, Tod, Teufel, Sünd und Hölle* existieren zwar. Aber sie sind in ihrer negativen Wirkung *ganz und gar geschwächt*, wenn wir erkennen, daß wir sie zu unserm Heil und Schutz benötigen wie der Baum seine Wurzeln. Die Krone eines Baumes, so sagt man, entspricht seinen Wurzeln. Wenn wir unsere dunklen Seiten verleugnen, wird unser Lebensbaum gestutzt wie der Baum in einer Gärtnerei, wo man ihn – um ihn auspflanzen zu können – künstlich daran hindert, seine Wurzeln auszubreiten. Erst wenn er verpflanzt und von solcher Einengung befreit ist, kann sich auch seine Krone frei und weit entfalten. Unsere *finstre Sinnen* sind nicht nur unsere ärgsten, vielleicht unsere einzigen, jedenfalls gefährlich *stolzen Feinde*, sondern zugleich unsere Wurzeln, durch die wir die Kräfte unseres Lebens aufsaugen. Wenn sie *erleuchtet* werden, wenn wir das „Schreckliche" als „das im tiefsten Grunde Hilflose, das von uns Hilfe will" erkennen, können wir die „Drachen unseres Lebens" mutig zu Prinzessinnen, zu Antriebskräften und Impulsen unseres Lebens wachküssen. So wie Drachen als „geflügelte Schlangen" die Bedeutung von Schlange und Vogel in sich vereinen, können wir beide, die Kräfte des Unten wie des Oben, in uns zu ihrem Recht kommen lassen. „Erkenne das Licht, aber bewahre das Dunkle", sagt Lao Tse.[154] Im Letzten sind wir bewacht von den scharfen Augen des Falken in uns, beschützt von den Giftzähnen der Schlange in uns. Wir sind geborgen wie in festen Mauern eines Palastes und müssen vor nichts Angst haben. Denn *bei Gott hat seine Stelle das menschliche Geschlecht.*

Glossar

Abgesang
Formteil B der (bereits aus dem Minnegesang stammenden) „Bar"form einer Liedstrophe: A–A–B (A bezeichnet den „Stollen").

A cappella
„nach Art der (Sänger-)Kapellen". In heutiger Terminologie: für (mehrstimmigen) Gesang ohne Instrumentalbegleitung.

Accelerando
„beschleunigend". Allmählich schneller werdend.

Accompagnato
„begleitet". Das von Instrumenten begleitete Rezitativ (ursprünglich der italienischen Oper); im Gegensatz zum „Secco" – dem nur von Continuo-Instrumenten (Baßinstrumente und ein Akkord-Instrument) begleiteten Rezitativ.

Achsialsymmetrie
Eine Symmetrie, die sich dadurch ergibt, daß gleiche oder sich entsprechende Glieder um einen Mittelteil (Achse) gelagert sind. In der Architektur häufig bei Barockschlössern (siehe Schloß-Skizzen nach Johann Conrad Schlaun in diesem Buch), in der Musik beispielsweise jede Dacapo-Form A–B–A.

Anapäst
„Zurückgeschlagen". In der Metrik (Lehre vom Versmaß) eine Silbenfolge kurz – kurz – lang (beispielsweise: „in das Haus"). Diese Folge stellt, wenn sie auf betontem Taktteil beginnt, die natürliche Folge von betontem Anfang auf den Kopf und hat immer etwas Initiierendes, ja Aggressives an sich.

Bar-Form
Aus dem Minnegesang stammende, häufig gebrauchte Liedform, die aus einem Aufgesang: dem (nahezu immer wiederholten) „Stollen" und einem Abgesang besteht.

Cantus firmus
„fester (vorgegebener) Gesang". Die Hauptstimme in einem polyphonen Satz, meist ein Choral.

Chromatik
„Färbung". Durch Versetzungszeichen (♯ oder ♭) angezeigte Einführung von Halbtonschritten, die nicht in den sieben Tönen der (Dur- oder Moll-)Tonleiter enthalten sind. Gegensatz: Diatonik.

Circulo, Circulatio
„Umkreisung, Umzingelung". In der Figurenlehre „eine musikalische Periode, in der die Stimmen sich kreisartig zu bewegen scheinen. Sie dient dazu, eine kreisende Bewegung im Text auszudrücken, wie [...]: ‚Ich werde [...] die Stadt umzingeln'" (Athanasius Kircher, zitiert nach Bartel [s. Anm. 4], S. 119).

Colla parte
„Mit der Stimme (gehend)". Die Führung einer Stimme in wörtlicher Übereinstimmung mit ei-

ner anderen (z. B. einer Instrumental- mit einer Vokalstimme, bei Bach in seinen schlichten Choralsätzen).

Continuo
eigentlich „Basso continuo". In mehrstimmiger Musik durchgehende, „kontinuierliche" Baßstimme, die von einem oder mehreren Baß-Instrumenten und zur Darstellung des harmonischen Ablaufs einem Akkord-Instrument gespielt wird. Beispielsweise von Violoncello, Kontrabaß und Orgel. Das Wort wird synonym – auch in diesem Buch – für diese Instrumente gebraucht.

Crescendo
„anwachsend". An Lautstärke zunehmend.

Da capo
„Vom Kopf an". Anweisung, ein Musikstück von seinem Anfang zu wiederholen bis zu einem dann gesondert bezeichneten Schluß. Synonym für eine Form, die dieser Anweisung folgt mit dem Schema A–B–A.

Daktylus
„Finger". In der Metrik (Lehre vom Versmaß) eine Silbenfolge wie die Glieder eines Fingers: lang – kurz – kurz (beispielsweise „väterlich"). Häufig vorkommende, deswegen als natürlich empfundene Folge von betontem Anfang und unbetontem Fortgang (in der Musik eine lange Note, zwei kurze Noten).

Diatonik
„durch die (Ganz-)Töne (gehend)". Verwendung nur der sieben Tonleitertöne einer Moll- oder Dur-Tonleiter. Gegensatz: Chromatik.

Dissonanz
„mißtönend". Intervalle (z. B. Sekund, Septim) bzw. Akkorde (z. B. Septakkord), die nach den Regeln der Harmonielehre einer Auflösung in eine Konsonanz bedürfen.

Dominante
„Vorherrschende". Der Akkord auf dem 5. Ton der Tonleiter. Diese „5. Stufe" beherrscht das musikalische Geschehen und wird daher Dominante genannt. Sie hat eine starke Tendenz, sich in die 1. Stufe (Tonika) aufzulösen. Auf jedem Ton der Tonleiter kann ein Dreiklang aufgebaut werden. Wenn dabei nur tonleitereigene Töne verwendet werden, ensteht in Dur dreimal ein Dur-Akkord (auf dem 1., 4. und 5. Ton), dreimal ein Moll-Akkord (auf dem 2., 3. und 6. Ton), einmal ein verminderter Akkord (auf dem 7. Ton). Dominantische Funktion haben auch die 3. und 7. Stufe.

Dorisch
Kirchenton, bei dem die Halbtonschritte zwischen 2. und 3. sowie zwischen 6. und 7. Tonleiterton liegen.

Fugato
fugenmäßig gearbeiteter Abschnitt (meist nur eine Themendurchführung in jeder Stimme).

Fuge
„Flucht" (der einen Stimme vor der anderen). Nach strengen Regeln kontrapunktisch durchgearbeitete Musikform, deren Haupt-Charakteristikum das im Quintabstand nacheinander erfolgende Einsetzen aller beteiligten Stimmen mit dem gleichen Thema ist.

Impetus
Anstoß, Impuls.

Kadenz
Schluß-„Fall“ einer Akkordfolge, mit der vor dem Schluß (oder Teilschluß) eines Satzes die Tonart befestigt wird.

Kantilene
„gesangliche“ Stimme mit ausgeprägter Melodieführung.

Kirchentöne
Tonales Ordnungssystem, das vom frühen Mittelalter bis ins 16. Jahrhundert unserem Dur-Moll-System vorausging und noch bis ins 18. Jahrhundert (etwa bei Bach) Nachwirkungen zeitigte. In den Kirchentönen waren die Halb- und Ganztonschritte anders geordnet als in unseren beiden Tongeschlechtern Dur und Moll.

Koloratur
Ursprünglich Noten, die in ihrer farbigen (color) Notierung und damit ihrem Notenwert voneinander abwichen. Eingeschränkt jetzt auf Verzierungen bzw. schnelle Notenläufe in einer (Gesangs-)Stimme.

Ligatur
„Bindung“. Die Unterlegung einer Textsilbe mit mehreren (durch die Silbe „gebundenen“) Noten. Oft in der Notenhandschrift von Singstimmen mit einem Bogen gekennzeichnet und dadurch Anlaß zu Verwechslungen oder Mißverständnissen zur Vorschrift des „legato“-Musizierens, das mit dem gleichen Bogen gefordert wird. Siehe auch (hier bedeutungsgleich): Melisma. Gegenteil: Syllabisch.

Melisma, melismatisch
„melodische Verzierung“, „gesanglich“: mehrere Noten werden auf nur eine Silbe gesungen. Siehe auch (hier bedeutungsgleich): Ligatur.

Modulieren
„Abwandeln“. In eine andere Tonart übergehen.

Monade
Das „Eine“, „Unteilbare“. Bei Leibniz eine Ureinheit, aus der durch in ihr liegende Kraft, Entelechie alles entsteht.

Neapolitanischer Sextakkord
Sextakkord (also 1. Umkehrung) der 2. Stufe, bei der der Grundton (und in Dur zusätzlich die Sext) tiefalteriert ist. Z. B. in C-Dur oder c-Moll: f–as–des (statt normal: f–a–d).

Oberdominante
Bedeutungsgleich mit „Dominante“. Gebraucht zur Unterscheidung von Unter- oder Subdominante.

Oboe d'amore
„Liebes-Oboe“. Eine erst seit ca. 1720 eingeführte Oboe mit einer gegenüber der Oboe um eine Terz tieferen Stimmung (auf A).

Oboe da caccia
„Jagd-Oboe“. Eine etwa gleichzeitig mit der Oboe d'amore eingeführte Oboe in noch tieferer Stimmung (eine Quint gegenüber der Oboe, auf F). Seit ca. 1730/40 abgelöst (und heute meist gespielt) von dem verwandten Englisch Horn.

Orgelpunkt
Ein lang ausgehaltener (oder immer wieder repetierter) Ton in der Baßstimme (ausnahmsweise auch in anderen Stimmen), zu dem die anderen Stimmen zwischendurch auch dissonant geführt werden können.

Paralleltonart
Eine Dur- und eine Moll-Tonart sind parallel, wenn sie die gleichen Vorzeichen haben; sie stehen dann im Abstand einer kleinen Terz zueinander (z. B. G-Dur und e-Moll).

Parodie
„Umbildung“. Umformung eines Tonsatzes zu einem neuen Werk, bei Bach meist durch neue Textunterlegung.

Passus duriusculus
„Etwas harter Gang“. In der Figurenlehre (bei Christoph Bernhard) eine Reihe aufeinander folgender Halbtöne (chromatischer Gang, meist durch die Quart). So überwiegend in diesem Buch verwendet. In anderer Literatur wird der passus auch als ein Gang beschrieben, der durch eine Dissonanz begrenzt ist.

Perikope
„Abschnitt“. In den christlichen Kirchen Abschnitte aus der Bibel, deren Lesung für die einzelnen Sonntage verbindlich vorgeschrieben ist.

Phrygisch
Kirchenton, bei dem die Halbtonschritte zwischen 1. und 2. sowie zwischen 5. und 6. Tonleiterton liegen.

Quintenzirkel
Tonartenzirkel durch zwölf Quinten, die im temperierten System (das wegen der Halbtongleichheit enharmonische Verwechslungen ermöglicht) in ihren Ausgangspunkt zurückführen.

Ritornell
„Wiederkehr“. Im Gesangssatz ein instrumentales Vorspiel, das meist als Nachspiel (auch noch als Zwischenspiel) wiederkehrt.

Saltus duriusculus
Ein „etwas harter Sprung“ durch ein vermindertes oder übermäßiges Intervall (häufig Quint oder Septim). Laut Bartel (s. Anm. 4) eingesetzt als textausdeutendes Mittel für Grausamkeit oder Falschheit.

Secco(-Rezitativ)
„trocken“, das nur von Continuo-Instrumenten (z. B. Violoncello und Kontrabaß als Fundament und ein Tasteninstrument, z. B. Orgel oder Cembalo als Aussetzung) gestützte Rezitativ. Gegensatz: Accompagnato.

Septakkord
Der um die Septime erweiterte Dreiklang. Eine Dissonanz, die nach den Regeln des strengen Satzes aufgelöst werden muß. Kommt vielfach auf der 5. Stufe (Dominante) vor als Dominantseptakkord und führt dann in die Tonika (1. Stufe).

Sequenz
„Folge“. Hier als Begriff der musikalischen Satzlehre: Die Wiederholung einer Tonfolge auf einer höheren oder tieferen Tonstufe.

Sextakkord
Erste Umkehrung des Dreiklanges, bei dem die Terz (statt des Grundtons) im Baß liegt und so über dem Baß ein Terz-Sext-Akkord entsteht. Bei einer abermaligen Umkehrung entsteht der Quartsextakkord.

Soliloquenten
„einzeln Redende“. In Passionen und Oratorien Bezeichnung aller neben dem Evangelisten und Christus auftretenden Einzelpersonen (z. B. Herodes).

Stollen
In der Barform des Liedes der erste Formteil, der meist wiederholt wird.

Subdominante
„Unterdominante“. Die vierte Stufe einer Tonart bzw. der Dreiklang darauf.

Synkope
„Zusammenschlagung“: Verschiebung der Betonung gegenüber dem vorherrschenden Taktmetrum, z. B. durch Überbindung oder Vorziehen einer Note auf unbetonte Taktzeiten.

Topos
„Ort, Stelle“. In der Rhetorik das immanente Ziel einer Rede, der „Ort“, zu dem die Argumentation hinsteuert.

Umkehrung
In der Harmonielehre: Akkordstellung, bei der nicht der Grundton im Baß liegt. Liegt die Terz des Akkordes im Baß, so entsteht ein Sextakkord: er wird als fortführungsbedürftig empfunden; liegt die Quinte im Baß, so entsteht ein Quart-Sext-Akkord: er wird als stark auflösungsbedürftig empfunden.
In der Kontrapunktlehre: Umkehrung der Intervallrichtung in einem Thema oder Melodieabschnitt. Aus einem Sekundschritt nach oben wird einer nach unten usw.

Unterdominante
Siehe Subdominante.

Verminderter Septakkord
Ein Septakkord, der aus drei kleinen Terzen aufgebaut ist. Durch die derart entstehenden verminderten Intervalle Quint und Sept klingt dieser Akkord noch dissonanter als der normale Septakkord.

Wechseldominante
Die Dominante der Dominante (z. B. in C-Dur: D-Dur).

Anmerkungen

Vorüberlegungen

1 Die Urchristen hatten wenig Anlaß, das Geburtsdatum Jesu festzuhalten oder gar zu feiern: Erwarteten sie doch seine Wiederkunft noch in ihrer Generation. Später scheint es Bemühungen gegeben zu haben, das Geburtsdatum zu berechnen. Man kam dabei auf die unterschiedlichsten Daten. Der römische Kaiser Aurelian hatte im Jahr 274 das „Geburtsfest der unbesiegten Sonne" (natale solis invicti) eingeführt und auf den Tag der damals (fälschlicherweise) für den 25. Dezember angenommenen Sonnenwende gelegt. Auch in der Bibel (so bei Johannes 1,9 und 8,12 sowie Maleachi 3,20) wird der kommende Erlöser als „Licht der Welt" oder „Sonne der Gerechtigkeit" beschrieben. Was lag also für die Christen näher, als die Bedeutung des römischen Festes nicht etwa zu verkehren, sondern nur auf die von ihnen verehrte „Sonne der Gerechtigkeit" zu beziehen? Unter Papst Liberius (352–366) feierte die christliche Gemeinde in Rom zum ersten Mal das Weihnachtsfest am 25. Dezember. Und erst Kaiser Justin (565–578) legte den 25. Dezember endgültig als Geburtstag Christi für das Römische Reich fest. Die Ostkirche übernahm später das Datum. Aber bis heute haben sich in einigen Ländern andere Termine für das Geburtsfest Jesu erhalten (beispielsweise in Armenien der 6. Januar). Näheres bei: Karl-Heinz Bieritz, Das Kirchenjahr. Feste, Gedenk- und Feiertage in Geschichte und Gegenwart, Verlag C.H. Beck, München 1987, S. 186 f. Oder: Karl Alfred Odin, Die Geschichte unseres Weihnachtsfestes, in: Reclams Weihnachtsbuch, Stuttgart 1988, S. 397 ff.

2 Geschildert bei: Ingeborg Clarus, Du stirbst, damit du lebst. Ägyptische Mythologie in tiefenpsychologischer Sicht, Bonz Verlag, Fellbach–Offingen 1990, S. 21 und 57. Oder: Altägyptische Märchen, Mythen und andere volkstümliche Erzählungen, eingeleitet, übersetzt und erläutert von Emma Brunner-Traut, Eugen Diederichs Verlag, München 1991, Nr. 12, S. 121.

3 Das Philippusevangelium, in: Die Gnosis, Bd. II, Koptische und mandäische Quellen, Artemis & Winkler Verlag, Zürich 1995, S. 108 (Vers 67).

4 Bei Christoph Bernhard (1628–1692), einem hochgeschätzten Musiker und Theoretiker des Barock, der stark unter dem Einfluß von Heinrich Schütz stand, steht im „Tractatus compositionis augmentatus" zu lesen: „Passus duriusculus, einer Stimme gegen sich selbst, ist, wenn eine Stimme ein Semitonium minus steiget, oder fället." – Zitiert nach: Dietrich Bartel, Handbuch der musikalischen Figurenlehre, Laaber-Verlag, Laaber 1985, S. 31 und 234.

5 Der große Hamburger Theologe Helmut Thielicke erzählte mir einmal, daß er von seinen Studenten gefordert habe, sie sollten eine Predigt entwerfen ohne jede christliche Terminologie. Worte wie „Sünde, Jesus, Auferstehung" müßten völlig ausgespart bleiben. Ich habe leider nie eine solche Predigt gehört, denke aber, unseren Gottesdiensten bekäme es gut, wenn sich Prediger ein wenig an diesen Rat hielten. Zu schnell verbinden sich mit solchen Katechismus-Worten falsche Klischees, die nur verwässert, oft gar falsches Zeugnis geben von dem, was eigentlich gemeint ist.

6 Die Ägypter verbinden mit ihrer Verehrung für die Sonne auch den Gedanken an Auferstehung. Sie hofften, wie die Sonne nach einer langen Nachtfahrt wieder aufzuerstehen. Nirgends habe ich so starke Hoffnung, so feste Glaubensgewißheit an ein Leben nach dem Tod gefunden wie in den Darstellungen der thebanischen Gräber. So reifte bei meinen Ägyptenreisen noch mehr der Plan in mir, ein Buch über Bachs Gedanken zum Tod zu schreiben, das diesem Buch über das Weihnachtsoratorium nachfolgen soll.

7 Daß auch die biblischen Schriften ursprünglich von einer biologischen Vaterschaft Josefs ausgehen, belegen die Stammbäume in den Evangelien nach Matthäus und Lukas (Mt 1,1 ff. und Lk 3,23 ff.), die in sich verschieden sind, beide aber zu Josef als Vater hinführen. Diese Nachweise zum Vater hätten ja bei einer biologisch gemeinten Jungfrauengeburt keinen Sinn. In Ägypten wie in Israel war mit der „Jungfrauengeburt" nur klargestellt, daß es sich um den Erstgeborenen handelte, der besondere Rechte besaß. Bei den Ägyptern wurde der Erstgeborene erst zu „Horus", zum auf der Erde wandelnden Osiris-Sohn und -Vertreter, wenn er ausdrücklich dazu berufen wurde bzw. den königlichen Thron bestieg. Ähnliches sagen der Bericht von der Taufe und jener von der Verklärung Jesu aus, in dem Gott Jesus als Sohn anerkennt mit den Worten: „Dies ist mein lieber Sohn, an welchem ich Wohlgefallen habe" (Mt 3,17 und 17,5).

8 Emma Brunner Traut, Gelebte Mythen. Beiträge zum altägyptischen Mythos, Wissenschaftliche Buchgesellschaft, Darmstadt 1988.

9 Wolfgang Hildesheimer, Der ferne Bach. Eine Rede, Insel Verlag, Frankfurt am Main 1985, S. 12.

Teil I

10 Rainer Maria Rilke in einem Brief an Franz Xaver Kappus, in: ders., Briefe, Insel Verlag, Wiesbaden 1950, S. 66.

11 Siehe: Johann Sebastian Bach, Neue Ausgabe sämtlicher Werke, Serie II, Bd. 6, Weihnachts-Oratorium, Kritischer Bericht von Walter Blankenburg und Alfred Dürr, Bärenreiter Verlag, Kassel 1962, S. 162 und 26 f.

12 Siehe Anm. 10.

13 Ernst Bloch, Das Prinzip Hoffnung, Bd. III, suhrkamp taschenbuch wissenschaft, Suhrkamp-Verlag, Frankfurt am Main 1977, S. 1296 f.

14 Hans Mayer, Ein Denkmal für Brahms. Versuche über Musik und Literatur, Suhrkamp-Verlag, Frankfurt am Main 1983, darin: Beethoven und das Prinzip Hoffnung, S. 40.

15 So u. a. bei Johann Gottfried Walther und Meinrad Spieß. Nachweise in: Dietrich Bartel (s. Anm. 4), S. 115 f.

16 Hermann Hesse „Zu einer Toccata von Bach", in: ders., Die Gedichte, Suhrkamp-Verlag, Berlin 1949, S. 410.

17 Kantate BWV 66 *Erfreut euch, ihr Herzen*, u. a. Takt 4 im Continuo.

18 Die Kanzeln stehen heute im Dom-Museum zu Florenz.

19 Übrigens wurde der außerordentlich tiefe – die Pauken auch in der Tonhöhe nachahmende? – Chorsopran in der autographen Partitur und in Stimmen korrigiert und um eine Oktave nach oben versetzt. Man kann die Handschrift der Korrektur nicht identifizieren. Vielleicht ist es die von Bachs Sohn Carl Philipp Emanuel, der die Takte so in eine Ostermusik übernimmt. Ganz sicher allerdings ist sich die Forschung nicht, daß die Korrektur nicht doch schon zu Bachs Zeiten und mit seinem Einverständnis erfolgte. – Siehe Krit. Bericht (s. Anm. 11), S. 162 f. und 220.

20 Dies macht auch meine Zählung und Skizze ungenau, weil sie Überschneidungen etwa bei Auftakten nicht berücksichtigt. So beginnt beispielsweise das Fugato „Lasset das Zagen" auf der Zählzeit Zwei des Taktes 106. Man müßte diesen Takt zum Fugato zählen, hätte dann aber unterschlagen, daß er zugleich Schlußtakt der vorausgehenden Phrase ist und dort die Periode sinnfällig abrundet.

21 So ist unter dem Eingangs-Chor zum V. Teil bereits der Text (ohne Noten) des folgenden Evangeliums notiert. Bach führte aber dort die Komposition nicht aus, weil er bemerkt hatte, daß die Evangelienvertonung einen Chorsatz für die Weisen enthalten sollte, für den der vorgesehene Platz nicht ausreichte. – Siehe Krit. Bericht (s. Anm. 11), S. 64.

22 Rainer Maria Rilke, Brief an Lou Andreas-Salomé, in: ders. Briefe (s. Anm. 10), S. 69.

23 Die Bezeichnung der Violin- und der Singstimme weist an gleichen Stellen unterschiedliche Triller und Vorhalte auf. Vielleicht ist das durch Nachlässigkeit entstanden. Aber: Muß es bei Bach immer pedantisch geordnet zugehen? Ich gleiche die unterschiedlichen Bezeichnungen nicht an – so entstehen neue, interessante Reibungen.

24 August Everding, Theater kann auch Freude machen, in: WELT am SONNTAG Nr. 52 vom 25.12.1994. Nachdruck in: August Everding, Zur Sache, wenns beliebt! Reden, Vorträge, Kolumnen, Heyne Verlag, München 1996, S. 220.

25 Christoph Bernhard, zitiert nach: Dietrich Bartel (s. Anm. 4), S. 250.

26 Brahms etwa im Schlußchoral seiner Motette *Warum ist das Licht gegeben dem Mühseligen*; Mendelssohn Bartholdy etwa in seinem Oratorium *Paulus*.

27 Ein Vergleich der beiden Sätze belegt die Stringenz der Wortauslegung in den beiden Sätzen. Ich habe in einem Seminar einmal die beiden Choräle, dazu zwei andere Bach-Sätze des gleichen Chorals auf dieselbe Tonstufe transponiert, den Teilnehmern untextiert vorgelegt und um Zuordnung der Texte gebeten. Jeder Teilnehmer ordnete die beiden Sätze aus dem Weihnachtsoratorium und der Matthäuspassion ihren jeweiligen Texten richtig zu.

28 Überliefert auf einer ägyptischen Stele der 30. Dynastie, also etwa 350 vor Christus. Text und Erläuterung in: Emma Brunner-Traut, Altägyptische Märchen (s. Anm. 2), S. 141 ff. und 310 f.

29 Johannes Lehmann, Moses. Der Mann aus Ägypten, Hoffmann & Campe Verlag, Hamburg 1983, S. 200 und 269.

30 Ebd., S. 269: „Wenn es stimmt, daß Moses mit den anderen Geboten auch befohlen hatte ‚Du sollst kein Haus begehren', dann war sein Ziel das Nomadenleben in der Wüste und nichts anderes."

31 Johannes Brahms vertont diese Worte in seinem *Deutschen Requiem.* Zum Zeichen der stetigen Wanderschaft unterlegt er den Chor mit einer unerbittlichen Schrittbewegung der Violoncelli und Kontrabässe in Pizzicato-Vierteln, die an ähnliche Bewegungen des Continuo bei Bach erinnern, etwa im Hirtenchor Nr. 26 *Lasset uns nun gehen.*

32 Eckart Peterich, Italien, Bd. II, Prestel Verlag, München 1961, S. 65 f. Das Denkmal steht heute im Museum auf dem Capitol.

33 Siehe Krit. Bericht (s. Anm. 11), S. 190.

34 Johann Sebastian Bach, Weihnachts=Oratorium, Faksimile-Lichtdruck des Autographs, Bärenreiter Verlag, Kassel 1960.

35 Siehe Krit. Bericht (s. Anm. 11), S. 167 ff.

36 Ebd., S. 79.

37 Ebd., S. 121 ff.

38 Ebd., S. 126 ff. und 220.

39 Ebd., S. 209.

40 Die Kantaten für diese Sonntage, die uns überliefert sind oder von denen wir doch wenigstens Kenntnis haben, sind ausnahmslos in Bachs Weimarer Jahren entstanden.

41 Das vermutet Alfred Dürr, in: Krit. Bericht (s. Anm. 11), S. 190 und 209.

42 Siehe Krit. Bericht (s. Anm. 11), S. 11.

43 Ebd., S. 194 und 208.

44 Ebd., S. 219.

45 Allerdings überarbeitete Bach auch geistliche Kantaten für eine Wiederaufführung. Besonders dann, wenn auch sie nur zu einmaliger Aufführung konzipiert waren, wie etwa zu einer Trauungsfeier.

46 Die berühmte, viel zitierte Äußerung lautet vollständig so: „Der General Bass ist das vollkommste Fundament der Music welcher mit beyden Händen gespielet wird dergestalt das die lincke Hand die vorgeschriebene Noten spielet die rechte aber Con- und Dissonantien darzu greift damit dieses eine wohlklingende Harmonie gebe zur Ehre Gottes und zulässiger Ergötzung des Gemüths und soll wie aller Music, also auch des General Basses Finis und End Uhrsache anders nicht als nur zu Gottes Ehre und Recreation des Gemüths seyn. Wo dieses nicht in acht genommen wird da ists keine eigentliche Music sondern ein Teuflisches Geplerr und Geleyer." Das Zitat ist entnommen aus „Des Königlichen Hof-Compositeurs und Capellmeisters ingleichen Directoris Musices wie auch Cantoris der Thomasschule Herrn Johann Sebastian Bach zu Leipzig Vorschriften und Grundsätze zum vierstimmigen spielen des General-Bass oder Accom-

pagnement für seine Scholaren in der Music 1738". Mitgeteilt in: Bach-Dokumente II, Bärenreiter Verlag, Kassel 1969, S. 333 f. Die Schrift ist nur in einer einzigen Abschrift erhalten und hat auffällige Ähnlichkeit zum Text einer „Musicalischen Handleitung" eines Friderich Erhard Niedt aus dem Jahr 1700. Die Autorschaft Bachs ist somit nicht absolut gesichert. Der Inhalt paßt freilich gut zum Gedankengut Bachs. Da das Zitat mir die Grundeinstellung Bachs treffend wiederzugeben scheint, bleibe ich bei meiner oben geäußerten Meinung. Freilich fällt auf, daß Bach in Vorworten seiner rein (weltlichen) Instrumentalwerke eine geistliche Formel, etwa „Dem Höchsten Gott allein zu Ehren" (so Titelseite Orgelbüchlein) nicht verwendet. Er hebt dort nur ab auf den Lehrzweck, etwa „Zum Nutzen und Gebrauch der Lehrbegierigen Jugend" (so z. B. Titelseite Wohltemperiertes Klavier I) oder den ästhetischen Zweck „Denen Liebhabern zur Gemüths Ergoezung verfertig" (so z. B. Titelseiten der Clavierübungen I–IV). Vielleicht hat Bach im Einzelfall seine Worte nicht so auf die theologische Goldwaage gelegt, denn der Hinweis auf die Ehre Gottes fehlt auch bei einem rein geistlichen Werk, nämlich bei der Clavierübung III, die Orgel-Bearbeitungen über Kyrie und Gloria und die Katechismus-Choräle enthält.

Teil II

47 Angelus Silesius, Cherubinischer Wandersmann III,32. Numerierung der Verse in allen Ausgaben gleich. U. a.: Manesse Verlag, Zürich 1985.

48 Rainer Maria Rilke, Das Stunden-Buch. Vom Mönchischen Leben, in: ders., Sämtliche Werke, Bd. I, Insel-Verlag, Frankfurt am Main 1955, S. 256.

49 In modernen Partituren ist dieses Bild nicht so deutlich, da über dem Chor der Oboen noch die beiden Flöten notiert sind, die die beiden Violinen colla parte begleiten. Bach fügte die Flöten erst beim Ausschreiben der Stimmen hinzu, in der autographen Partitur fehlen sie noch.

50 Die Drei gilt in fast allen Religionen als Zahl Gottes: Die „Drei"-„Einigkeit" eint in einer Synthese die Polarität, die „Zwie"spältigkeit der Welt. Die Vier, als die Zahl, die über dies hinausgeht, ist der Anfang der Vielfältigkeit und steht – synonym für vier Himmelsrichtungen, vier Jahreszeiten, vier Elemente u. ä. – für die Welt. Näheres in meinem Buch: Das gehet meiner Seele nah. Bachs Matthäuspassion, Piper Verlag, München–Zürich 1993, S. 94 ff.

51 Siehe Krit. Bericht (s. Anm. 11), S. 32.

52 Elias Walther, zit. nach: Dietrich Bartel (s. Anm. 4), S. 168.

53 Thomas Mann, Joseph und seine Brüder, Bd. 1, in ders.: Das erzählerische Werk, Bd. 6, Fischer Taschenbuch Verlag, Frankfurt am Main 1975, S. 141 f.

54 Philipp Spitta, Johann Sebastian Bach, Breitkopf & Härtel, Wiesbaden 1970, Bd. II, S. 411.

55 Zitiert nach: Jörg Zink, Zwölf Nächte. Ein Weihnachts-Bildband zur Besinnung, Kreuz-Verlag, Stuttgart 1965, S. 214.

56 Lao Tse, Tao-Te-King, Spruch Nr. 16. Diogenes Taschenbuch 21875, Zürich 1985.

57 Zitiert nach: Emma Brunner Traut, Gelebte Mythen (s. Anm. 8), S. 51.

58 Die Sonne als Symbol des Lichts spielt in allen Religionen eine zentrale Rolle. In vielleicht drastischster Weise beim ägyptischen Pharao Amenhotep IV. Dieser „Echnaton" (d. h. „Strahl der Sonne") sich nennende König verehrte die Sonne als höchstes Prinzip. Vielleicht scheiterte der extrem monotheistische Versuch des Echnaton daran, daß er alles Dunkle, alle Nacht im Leben unberücksichtigt ließ. Immerhin untersagte er den Künstlern seiner Zeit die traditionelle Idealisierung etwa der Königsdarstellungen. Sollte doch die volle Wahrheit gelten, die die Sonne an den Tag brachte. Er selbst war offenbar krank und litt an einer Art Elephantiasis des Gesichts. Abbildungen geben seine mißgestaltete Physiognomie ebenso ehrlich und wahrheitsgetreu wieder wie die unglaubliche Ebenmäßigkeit und Schönheit seiner Frau Nofretete.

59 Diese These bei: Arthur Zajonc, Die gemeinsame Geschichte von Licht und Bewußtsein, Rowohlt Verlag, Reinbek bei Hamburg 1993.

60 „Unsere Augen sind nicht nur zum Sehen da", schreibt Hoimar von Dithfurt. Es ist vielmehr so, daß „keineswegs alle von der Netzhaut unserer Augen ausgehenden Nervenfasern zu jenem ‚Feld' der Großhirnrinde ziehen, das als ‚Sehrinde' bezeichnet wird ... Ein kleiner Teil endet bereits im Zwischenhirn. An der Endstelle dieser Fasern liegt eine kleine Zusammenballung von Nervenzellen ..., welche die von der Netzhaut hier eintreffenden Meldungen sammeln, in irgendeiner noch unbekannten Weise verarbeiten und anschließend bezeichnenderweise an die Hirnanhangdrüse, die alle Hormondrüsen unseres Körpers steuert, sowie an bestimmte vegetative Zentren und andere Stellen des Zwischenhirns und Hirnstamms leiten, über deren Funktion wir heute noch nichts wissen. Um was für Meldungen von der Netzhaut es sich handelt, ist vorläufig auch noch weitgehend unbekannt. Daß diese Meldungen mit dem ‚Sehen' nichts zu tun haben, ergibt sich jedoch mit Sicherheit schon aus der Endstation, an der sie hier im Zwischenhirn eintreffen." Zit. nach: Hoimar von Dithfurt, Der Geist fiel nicht vom Himmel. Die Evolution unseres Bewußtseins, Deutscher Taschenbuch Verlag, München 1980, S. 159 f.

61 Es handelte sich um die junge, gerade entdeckte Christiane Oelze.

62 Übrigens: Der Nominativ „David" ist bei Bach im Anschluß an Luther aus dem griechischen Urtext übernommen, wo der hebräische, nicht gräzisierte Name „David" indeklinabel gebraucht wird. Der hier in alten Ausgaben eingefügte Genitiv „Davids" ist im Deutschen korrekter, entspricht aber nicht Bachs Schreibweise.

63 Es ist unter den Musikern heute eine interessante Auseinandersetzung im Gange, ob auch dort, wo Bach lang durchgehaltene Continuonoten schreibt (wie etwa in der Johannespassion), die Akkorde darüber nur kurz anzuschlagen seien – wie in der Matthäuspassion, in der Bach selbst die Continuonoten, die er in der autographen Partitur in lang durchgehaltenen Noten unter dem Evangelisten notiert hatte, in den Stimmen in kurze Noten mit vielen Pausen änderte. Die Notierung der Oboen hier – wie die in den Stimmen der Matthäuspassion – könnte diese Ansicht bestärken. Es ist wohl aber nicht auszuschließen, daß Bach im Lauf seines Lebens selbst seine Praxis geändert hat und daß die verschiedenen Notierungen auch verschieden auszuführen sind.

64 Walter Blankenburg macht darauf aufmerksam, daß vor Bach auch schon Johann Schelle und Heinrich Schütz diesen Vers schlichter behandeln als die vorausgegangenen Engelworte. Vgl.

Walter Blankenburg, Das Weihnachts-Oratorium von Johann Sebastian Bach, dtv / Bärenreiter Verlag, Kassel 1982, S. 59 und 64.

65 So bei Thomas Balthasar Janowka (1669–1741): „Der Takt hat nämlich eine gleichmäßige, die synkopierenden Noten dagegen eine ungleichmäßige mensura, und so zerbrechen sie gewissermaßen den Takt.“ Zit. nach: Dietrich Bartel (s. Anm. 4), S. 266.

66 Joachim Kaiser, Erlebte Musik. Von Bach bis Strawinsky, Hoffmann und Campe Verlag, Hamburg 1977, S. 27.

67 Alfred Dürr, Meisterwerke der Musik. Bach Weihnachts-Oratorium, Wilhelm Fink-Verlag, München 1967, S. 23.

68 Albert Schweitzer möchte die Arie dem Rezitativ Nr. 30 folgen lassen, als Fortsetzung der Evangelisten-Worte *Maria aber behielt alle diese Worte und bewegte sie in ihrem Herzen.* Er schreibt: „Dann ist es das Wiegenlied, das die Mutter dem himmlischen Kind singt, nun sie wieder mit ihm allein ist.“ Demgegenüber ist zu bemerken, daß Bach (auch in den Passionen) selten so personalisiert, sondern durch Besetzung der Stimmlage eher charakterisiert. Zitat aus: Albert Schweitzer, Johann Sebastian Bach, Breitkopf & Härtel Musikverlag, Leipzig 1963, S. 656.

69 Darauf macht Walter Blankenburg aufmerksam in: ders., Das Weihnachts-Oratorium (s. Anm. 64), S. 69.

70 Luthers Übersetzung, die dem Weihnachsoratorium zugrundeliegt, unterscheidet sich hier markant von der altlateinischen Bibelübersetzung, der Vulgata, die bis vor wenigen Jahrzehnten in der katholischen Kirche und entsprechend in den klassischen Messevertonungen in Gebrauch war: „hominibus bonae voluntatis“ („den Menschen guten Willens“). Hinsichtlich des Nominativs „ein Wohlgefallen“ folgt Luther späten Handschriften des Neuen Testaments; der Genitiv ist sicher die ursprüngliche Lesart. Die wichtigere inhaltliche Frage aber, ob hier vom guten Willen des Menschen oder vom Wohlgefallen Gottes die Rede ist, ist definitiv entschieden, seit in den hebräischen Texten von Qumran wiederholt die Wendung „Söhne seines bzw. deines Wohlgefallens“, eindeutig auf Gott bezogen, aufgetaucht ist (zuerst 1952 nachgewiesen von C.-H. Hunzinger). Gemeint sind Menschen unter der gnädigen Zuwendung Gottes. Die Fasssung der revidierten Lutherbibel 1984 „den Menschen seines Wohlgefallens“ ist ein behutsamer Versuch, dem Rechnung zu tragen. Ähnlich ist die Wiedergabe in der katholischen Einheitsübersetzung von 1979: „bei den Menschen seiner Gnade“.

71 Cees Nooteboom, Die folgende Geschichte, Suhrkamp Verlag, Frankfurt am Main 1991, S. 93.

72 Siehe Krit. Bericht (s. Anm. 11), S. 44 f.

73 Ebd., S. 45.

Teil III

74 Sheldon B. Kopp, Triffst Du Buddha unterwegs. Psychotherapie und Selbsterfahrung, Fischer Taschenbuch Verlag, Frankfurt am Main 1978, S. 113.

75 Gerd Heinz-Mohr, Lexikon der Symbole. Bilder und Zeichen der christlichen Kunst, Eugen Diederichs Verlag, Düsseldorf 1971, S. 314.

76 Darauf weist Alfred Dürr hin, in: ders., Meisterwerke der Musik (s. Anm. 67), S. 37. Der „Passe-Pied" ist ursprünglich ein regionaler französischer Volkstanz aus der Bretagne. Später ein höfischer Tanz im 3/8-Takt.

77 Hermann Hesse, Die Gedichte, Suhrkamp-Verlag vorm. S. Fischer, Berlin 1947, S. 448.

78 Darauf macht als erster Friedrich Smend aufmerksam, in: ders., Joh. Seb. Bach Kirchenkantaten, Christl. Zeitschr.-Verlag, Berlin-Dahlem 1947–1949, Heft 5, S. 36.

79 Martin Luther, Weimarer Ausgabe 7, 336, S. 31–36.

80 Angelus Silesius, Cherubinischer Wandersmann (s. Anm. 47), III,6.

81 Die in der Zeichnung angegebenen, scheinbar asymetrischen Maße 20 – 7 – 25 entstehen durch Überlappen der Schlußakkorde. Immanent wirkt eine Gliederung von 20 – 8 – 24+1.

82 Walter Blankenburg, Das Weihnachts-Oratorium (s. Anm. 64), S. 84.

83 Siehe Krit. Bericht (s. Anm. 11), S. 203 f.

84 Nach heutigem Wissensstand ist die Matthäuspassion für den Karfreitag 1727 komponiert. Ganz ausschließen aber läßt sich die frühere Annahme nicht, sie sei erst 1729 entstanden.

85 Angelus Silesius, Cherubinischer Wandersmann (s. Anm. 47), IV,215 und V,148.

86 Dabei scheint aber die wichtige Aussage darin zu liegen, daß Tod nicht „Ausgelöschtsein" bedeutet, sondern „Leben". Und es wurde wohl nicht so sehr das jenseitige Leben als Abbild des irdischen, sondern umgekehrt das irdische als Traum des jenseitigen aufgefaßt. Wie der Nil in ägyptischer Vorstellung die Milchstraße am Himmel wiederholte, so wurden die Pyramiden offenbar als Pendants zu Sternen und deren Konstellationen (siehe: Robert Bauval & Adrian Gilbert, Das Geheimnis des Orion. Nach mehr als 4000 Jahren wird das Rätsel der Pyramiden gelöst, Paul List Verlag, München–Leipzig 1994), die Tempel als Wiederholung des Urhügels, somit des ganzen Kosmos geplant. Alles irdische Leben war deswegen mit dem Jenseitigen als verwandt gedacht, weil es aus dem Ur-Chaos, der amorphen Masse des Nun, nur herausgelöst, von ihm aber immer noch umgeben war.

87 Bilder und Texte aus: Erik Hornung, Die Unterweltsbücher der Ägypter, Artemis Verlag, Zürich–München 1989, S. 185–189 und 205.

88 Zitiert nach dem Tonbandmitschnitt eines Konzerts mit den beiden Bachkantaten *Ich habe genug* (BWV 82) und *Ich will den Kreuzstab gerne tragen* (BWV 56) am 13. Oktober 1985 in St. Michaelis, in dem Helmut Thielicke einen Vortrag hielt über ein Zitat aus der Kreuzstabkantate „Wohin ich mit den Frommen aus vielem Trübsal werde kommen". Die Begebenheit hat Helmut

Thielicke auch geschildert, in: ders., Der Evangelische Glaube, Grundzüge der Dogmatik, Bd. III, Theologie des Geistes, JCB Mohr Verlag, Tübingen 1978, S. 542.

89 Z. B. bei Bachs Zeitgenossen Johann Christoph Gottsched (1700–1766): „Das Aufsteigen (Gradatio), wenn man gleichsam stuffenweise von einer geringern Sache zu etwas höherm fortschreitet, und also immer was wichtigers sagt. Er geht, er ruft, er schreyt…" Oder beim ersten Bach-Biographen Johann Nikolaus Forkel (1749–1818): „Eine der schönsten und wirksamsten Figuren ist die Gradatio (Steigerung). Man steigt gleichsam stuffenweise von schwächern Sätzen zu stärkern fort, und drückt dadurch eine immer zunehmende Leidenschaft aus. Die gewöhnliche Art, sie in der Tonsprache auszudrücken, geschieht durch das crescendo, womit man einen Satz vom gelindesten Piano an, bis zu dem stärksten Fortissimo fortführt. Eine bessere Art ist es, wenn diese Steigerung durch beständigen allmählichen Zuwachs an neuen Gedanken und Modulation bewerkstelligt, und dann mit der ersten Art verbunden wird." Zitate bei: Dietrich Bartel (s. Anm. 4), S. 123 und 125.

90 Hans Sedlmayr, Verlust der Mitte, Ullstein Buch Nr. 39, im Verlag Das Goldene Vlies GmbH, Frankfurt am Main 1955.

91 Siehe dazu: Friedrich Smend, Bach-Studien, Bärenreiter Verlag, Kassel 1969. Darin: Die Johannespassion von Bach. Auf ihren Bau untersucht, S. 11 ff.

92 Andreas Werckmeister, Der Edlen Music-Kunst, Frankfurt–Leipzig 1691, S. 11 f.

93 Robert Musil, Der Mann ohne Eigenschaften, Rowohlt Taschenbuch Verlag, Reinbek bei Hamburg 1992, S. 860.

Teil IV

94 In: „Gespräch eines Lebensmüden mit seiner Seele", (aus der Ersten Zwischenzeit, 2140–2040 v. Chr.), in: Erik Hornung, Meisterwerke der altägyptischen Dichtung, Artemis Verlag, Zürich 1978, S. 79 f.

95 Z. B. die Taufkapelle des Domes in Florenz. – Zitate aus: Gerd Heinz-Mohr, Lexikon der Symbole, Eugen Diederichs Verlag, Düsseldorf 1971. Ausführlich bin ich auf die Zahlensymbolik in meinem Buch über die Matthäuspassion eingegangen. Siehe Günter Jena, Das gehet meiner Seele nah. Bachs Matthäuspassion, Piper Verlag, München–Zürich 1993, S. 94–112.

96 Renate Steiger macht in einem Beitrag darauf aufmerksam, daß in zeitgenössischen Predigtbänden die Beschneidung als erste Verletzung Jesu mit seiner Passsion in Verbindung gebracht wird. So ist bei Martin Moller (Görlitz 1601) zu lesen: „Du zahlest aber/ mein HErr Jesu/ nicht mit Goldt oder Silber/ sondern mit deinem heyligen thewren Blut (1. Petr. 1,18 f.)/ ja in deiner Beschneidung hastu dein erstes Blutßtröpfflin vergossen/ dein schmertzliches Leyden angehaben/vnd deinem Vater hiemit das erste AnGelt für mich verrichtet. Denn durch dich/ HErr Jesu/ haben wir die Erlösung in deinem Blute/ vnd dein Blut macht vns rein von aller Sünde."

Ähnlich bei Johann Olearius (Leipzig 1681): „Es ist aber die Beschneidung Christi ein solcher A c t u s der Handlung und ein denckwürdiges Stück seiner Erniedrigung/ da unser Heyland warer GOtt und Mensch in seinem angenommenen Fleisch bey der blutigen Verletzung desselben sich freywillig dem Göttlichen Gesetze unterworffen." – Diese Auslegung verbindet Renate Steiger mit Textstellen aus dem IV. Teil des Weihnachtsoratoriums, etwa aus dem Eingangs-Chor *Gottes Sohn will der Erden Heiland und Erlöser werden* und sieht darin eine Auslegung Bachs auch der Beschneidung. So unbezweifelbar die angeführten zeitgenössischen Texte solche Deutung nahelegen: Ich nehme an, daß heutige Hörer diesen Zusammenhang, auch wenn sie ihn kennen würden, nicht nachvollziehen können. Siehe Renate Steiger, „Fallt mit Dancken, fallt mit Loben vor des Höchsten Gnaden=Thron". Zum IV. Teil des Weihnachts-Oratoriums von Johann Sebastian Bach, in: ARS ET MUSICA IN LITURGIA, Celebratory volume presented to Casper Honders on the occasion of his seventieth birthday on 6 June 1993, Nederlands Instituut voor Kerkmuziek, S. 204 f.

97 Erik Hornung, Die Unterweltsbücher der Ägypter (s. Anm. 87). Die 908 Figuren sind auf S. 60–193 abgebildet und erläutert. Das Amduat ist überliefert aus den Felsengräbern in Theben/Luxor, zuerst bei Thutmosis I. (1505–1493 v. Chr.). Sein Ursprung liegt gewiß früher. Vor dem Amduat gab es nur vereinzelte Sprüche und Aufzeichnungen in Pyramiden und auf Särgen („Pyramidentexte", „Sargtexte").

98 Ebd., Zweite Stunde des Amduat, S. 72.

99 Emma Brunner-Traut, Gelebte Mythen (s. Anm. 8), S. 9.

100 Huub Oosterhuis, Du bist der Atem und die Glut, Verlag Herder, Freiburg i. Br. 1994, S. 286 f.

101 Siehe Erik Hornung, Der Eine und die Vielen, Ägyptische Gottesvorstellungen, Wissenschaftliche Buchgesellschaft, Darmstadt 1993, S. 33 f.

102 Günter Eich, Allah hat hundert Namen, Verlag Ferdinand Schöningh, Paderborn (nach: Suhrkamp Verlag, Frankfurt am Main 1958), S. 48.

103 Angelus Silesius, Cherubinischer Wandersmann (s. Anm. 47), V,196.

104 „Die List der Isis", in: Emma Brunner-Traut, Altägyptische Märchen (s. Anm. 2), S. 149 ff.

105 Emma Brunner-Traut, Gelebte Mythen (s. Anm. 8), S. 67.

106 So Walter Blankenburg, in: ders., Das Weihnachts-Oratorium (s. Anm. 64), S. 98.

107 Acht Tage nach der Geburt wurden die jüdischen Knaben beschnitten. Dabei wurde ihnen der Name gegeben. 40 Tage nach der Geburt – solange galt die Mutter nach der Geburt eines Sohnes als unrein, nach der Geburt einer Tochter sogar 80 Tage lang – wurden ein Schaf und eine Taube als Reinigungsopfer an einen Priester im Tempel übergeben. Der Erstgeborene mußte zudem „vor Gott gebracht", d. h. „dargestellt" und durch ein Geldopfer ausgelöst werden.

108 Walter Blankenburg macht darauf aufmerksam, daß die Hanna des Lukasevangeliums Pate gestanden haben könnte, eine Figur, die der des Simeon ähnelt. Walter Blankenburg, Das Weihnachts-Oratorium (s. Anm. 64), S. 103.

109 Walter Blankenburg deutet die Stimmen (Sopran und Echo) als Zwiegespräch zwischen der gläubigen Seele und dem Christuskind. In: ders., Das Weihnachts-Oratorium (s. Anm. 64), S. 103.

110 Krit. Bericht (s. Anm. 11), S. 102.

111 Thomas Mann, Doktor Faustus, Fischer Taschenbuch Verlag, Frankfurt am Main 1975, S. 485.

112 Diese Arie ist möglicherweise selbst Parodie aus einer verlorengegangenen Kantate. Siehe Krit. Bericht (s. Anm. 11), S. 166 und 205 f.

113 Ernst Koch, Tröstendes Echo. Zur theologischen Deutung der Echo-Arie im IV. Teil des Weihnachts-Oratoriums von Johann Sebastian Bach, in: Bach-Jahrbuch 1989, Evangelische Verlagsanstalt GmbH, Berlin 1989, S. 203 ff.

114 Renate Steiger, Fallt mit Dancken (s. Anm. 96), S. 199.

115 Herbert Hunger, Lexikon der griechischen und römischen Mythologie, rororo Taschenbuch Verlag GmbH, Reinbek 1974, S. 119.

116 Martin Buber, Die Schriften über das dialogische Prinzip, Lambert Schneider Verlag, Heidelberg 1962, S. 139 ff.

117 Zitiert nach: Dietrich Bartel (s. Anm. 4), S. 259.

118 Die in vielen Ausgaben gewählte Textfassung „mein Erlöser, Schutz und Heil“ verstärkt, wohl ungewollt, den personenbezogenen Eindruck. Sie geht übrigens auf die hier nicht autographen Stimmen zurück. Die Neue Bach-Ausgabe wählt die uns sicher näherliegende Fassung der autographen Partitur. Siehe Krit. Bericht (s. Anm. 11), S. 191.

119 Ebd., S. 169.

120 Hans Heinrich Eggebrecht, Bachs Kunst der Fuge. Erscheinung und Deutung, Serie Piper, München–Zürich 1985, S. 44.

121 Krit. Bericht (s. Anm. 11), S. 193.

Teil V

122 Angelus Silesius, Cherubinischer Wandersmann (s. Anm. 47) I,61 und 82.

123 Krit. Bericht (s. Anm. 11), S. 206.

124 Siehe: Robert Bauval & Adrian Gilbert, Das Geheimnis des Orion (s. Anm. 85).

125 Krit. Bericht (s. Anm. 11), S. 166 und 170.

126 Ebd., S. 66.

127 Manfred Lurker, Lexikon der Götter und Symbole der alten Ägypter, Scherz-Verlag, Bern–München 1989, S. 23.

128 Die Motivik wird in der zeitgenössischen Literatur als Anaphora und Tmesis erklärt. Bei Johann Gottfried Walther (1684–1748): „Anaphora ... entstehet, wenn ein periodus, oder auch nur ein eintzeln Wort, absonderlichen Nachdrucks halber, in einer Composition öffters wiederholet wird." Mauritius Johann Vogt (1669–1730): „Tmesis ... Sie geschieht durch zersplitterte Abschnitte". Zit. nach: Dietrich Bartel (s. Anm. 4), S. 92 und 274.

129 Darauf macht Walter Blankenburg aufmerksam (s. Anm. 64), S. 123.

130 Krit. Bericht (s. Anm. 11), S. 170.

131 Die nach heutigen Regeln falsche Grammatik des Textes ist übrigens in den verschiedensten Versionen überliefert. In der autographen Partitur und einer nicht autographen, aber von Bach korrigierten Altstimme blinkt der Gnadenstrahl in „demselben"; im Textdruck in „denselben"; in drei ebenfalls nicht autographen, aber von Bach korrigierten Singstimmen in „derselben" (siehe Krit. Bericht [s. Anm. 11], S. 192 und 310). Ich wähle (entgegen der Neuen Bach-Ausgabe, die hier dem Textdruck folgt) diese letzte Fassung als uns am einleuchtendsten. Regelmäßig wird diese Textstelle von Sängern beim Studium beanstandet. Man kann nur amüsiert feststellen, daß es die Regulierung des Dudens erst seit dem 19. Jahrhundert gibt und daß die Freiheit der Formulierung manchmal zu Gedankensprüngen führt, die wir in unserer orthodox-logischen Denkweise nur schwer nachvollziehen können (denn natürlich erwarten wir, daß die Sonne in der oder noch besser in die *finstre Herzensstube* und nicht in den ohnehin *schönen Fürstensaal* blinken soll).

Teil VI

132 Rainer Maria Rilke, Brief an Franz Xaver Kappus, in: ders., Briefe (s. Anm. 10), S. 99.

133 Lt. Krit. Bericht (s. Anm. 11), S. 170, die Sätze 54, 56, 57, 61–64. Nur die Sätze 55 und 58–60 wären dann Neukompositionen.

134 Ebd., S. 166 und 170.

135 Alfred Dürr, Die Kantaten Johann Sebastian Bachs, Bärenreiter Verlag, Kassel 1971, Bd. I, S. 172.

136 Auf die unterschiedlichen, charakteristischen Phrasierungen hat Bach offenbar großen Wert gelegt. Die Artikulation ist in den Stimmen zu Beginn der Legato-Bögen noch durch einen akzentuierenden Keil gekennzeichnet. – Siehe Krit. Bericht (s. Anm. 11), S. 313.

137 Ebd., Seite 70.

138 Emma Brunner Traut, Altägyptische Märchen (s. Anm. 2), S. 121 ff. und 141 ff.

139 Ebd., S. 43 ff.

140 Das Herodesmotiv in Ägypten wird geschildert, in: Emma Brunner-Traut, Gelebte Mythen (s. Anm. 8), S. 50 f.

141 Siehe Krit. Bericht (s. Anm. 11), S. 323.

142 Von der Polonaise im Dreiertakt, die sich im 18. Jahrhundert aus einem Nachtanz zu der im Zweiertakt marschartig schreitenden entwickelt hat. – Siehe Alfred Dürr, Meisterwerke (s. Anm. 67), S. 34.

143 So beschreibt Christoph Bernhard (1628–1692) die abruptio als „Zerrißen in der Mitte eines Contextus, wenn anstatt eines Punctes eine Pause gesetzet wird". Zit. nach: Dietrich Bartel (s. Anm. 4), S. 76.

144 Siehe Krit. Bericht (s. Anm. 11), S. 73.

145 So Alfred Dürr, in: Krit. Bericht (s. Anm. 11), S. 218, und Walter Blankenburg (s. Anm. 64), S. 133.

146 Rainer Maria Rilke, Das Buch der Bilder, Des Ersten Buches Zweiter Teil, in: ders., Sämtliche Werke (s. Anm. 48), Bd. I, S. 400.

147 Arno Pötsch in einem Lied, aufgenommen in das Evangelische Gesangbuch unter Nr. 533.

148 Sheldon B. Kopp, Triffst Du Buddha unterwegs (s. Anm 74), S. 90 f.

149 Martin Buber, Der Weg des Menschen nach der chassidischen Lehre, Lambert Schneider Verlag, Gerlingen 1993, S. 49 ff.

150 Ebd., S. 51.

151 Nach Thomas Schneider, Lexikon der Pharaonen. Die altägyptischen Könige von der Frühzeit bis zur Römerherrschaft, Artemis & Winkler Verlag, Zürich 1994, S. 310.

152 Rainer Maria Rilke, Sonette an Orpheus, Nr. XXIX, in: ders., Sämtliche Werke (s. Anm. 48), Bd. I, S. 771.

153 Eine tiefenpsychologische Deutung der Stele bei: Ingeborg Clarus (s. Anm. 2), S. 75–78.

154 Lao Tse, Tao-Te-King (s. Anm. 56), aus Spruch 28.